JN297930

International Finance

新版
現代の国際金融を学ぶ

理論・実務・現実問題

中條 誠一［著］
Seiichi Nakajyo

勁草書房

新版のはしがき

 2012年に，学生や社会人が現代の国際金融の理論，実務，現実問題のすべてにわたって，総合的かつ体系的に学ぶことができるようなテキストを目指した初版を出版してから，早くも4年が経過しようとしている。この間，世界経済は大きな変化を遂げてきたが，とりわけ国際金融面での変容は目を見張るものがある。そうした中，IMFの国際収支マニュアル（第6版）に準じて，2014年より国際収支統計が改訂となり，国際収支の状況を旧来のように解説したり，講義をすることができなくなった。そこで，まず新しい国際収支統計に基づいて，その国の対外関係をどのように見ればよいのかがわかるように書き換えることにした。

 このことが新版を上梓した直接の動機であるが，それだけでなく国際金融における近年の新しい動きに応じたテーマを加えることの必要性を痛感したことも事実である。具体的には，壮大な実験であったユーロが危機に見舞われてきたが，それはなぜなのか，どのような対応が必要なのかという問題が1つである。もう1つは，ユーロ危機の影響もあり，アジアでの通貨協力が進展しない中で，中国が人民元の国際化に乗り出したことである。この2つを新たに国際金融が抱える現実問題として，正面から取り上げることにしたが，本書の出版の意図や特徴は次のように初版の時と変わりはない。

 2000年代に入ってからも，グローバル・インバランスの拡大，アメリカ発の世界金融危機，ヨーロッパにおける財政問題に端を発したユーロ危機，さらには中国の人民元の国際化など，国際金融面での混乱や変化が相次ぎ，マクロ的にもミクロ的にも対応が迫られている。その際に，現状を正しく理解し，問題の核心を把握することが何よりも重要であることは多くを語るまでもない。今日のグローバル化した国際社会では，各国の政策当局者はもちろん，個々の企業の担当者，さらには個人といえども，国際金融情勢のいかんによって，少なからぬ影響を被るからである。

ますます，国際金融情勢への関心が高まりつつある中で，学問としての国際金融論は実務や現実問題と大きく遊離したままである。筆者は，1973年から1984年までの11年間の商社勤務時代において，大学および大学院で学んだ国際金融の理論がいかに現実と乖離しているか，現実に役立つように説明されていないかを痛感した。残念ながら，国際金融論のテキストでは特定の仮定を置いた理論の説明がほとんどであり，現実との相違やその相違を踏まえた実務への応用の仕方が欠落してしまっている。逆に，実務の本は細かく複雑な技術的解説に終始し，その本質的機能や理論へのつながりがほとんど書かれていない。このギャップを埋めなければ，「経済学は役に立たない」との評価を払拭することはできないように思われる。そのためには，理論の現実への応用方法，逆に実務的行動の理論へのつながりまで明らかにしなければならない。不十分ながらも多少の実務経験をしたことと，それを踏まえて研究活動をしてきたことを生かして，独自に「理論」，「実務」，そして「現実問題」のつながりがわかるテキストをめざすことにした。多少は，理論と実務や現実問題の溝を埋めて，国際金融論を身近なものにすると同時に，使える理論にできるようなテキストになったものと自負している。

　本書の特徴を一言でいうならば，理論と現実問題に基本的な実務編を加えて，3部構成にし，かつできるだけそれぞれの間の関連性を説明するようにしたことにある。これまでの国際金融論のテキストには「理論」編と「現実問題」編はあっても，明確な形で「実務」編が一緒になったものは少なかったが，本書はそれを備えたものにした。ただし，それは既存の実務書のような複雑な技術的解説をするためではなく，実業界に入ってから複雑な実務を身に付けやすくするための基礎知識，すなわち本質的機能を理解することを目指したものとした。具体的には，国際金融市場の概要，そこで取引される金融商品，外国為替の基礎知識，国際財務の基本的実務を取り上げたが，詳細な実務の解説書と違い，それぞれの実務的行為の持つ機能を理解できるように，金融理論や外国為替理論を応用しながら紹介した。

　たとえば，先物，オプション，スワップといったデリバティブについて，その複雑な仕組みやそれを組み込んだ高度な金融商品を初心者に知ってもらう必要はない。その役割と基本的機能，長所と短所さえ理解できれば，実業界で実

際に直面した時に体得しやすく，役立つからである。そのために，新版では初版以上に，具体的事例を簡潔なものに替え，より理解しやすくするよう試みた。

　単に「実務」編を加えただけではなく，3つの編ではそれぞれの中身の説明をするとともに，できるだけ相互の関連性を明らかにした。従来から「理論」によって「現実問題」を解説することはなされてきた。しかし，「実務」も加えた3つが明確に関連づけられて説明されてこなかったことが，国際金融論はわかりにくいとか，実務とは隔たりがあるといった感覚を実務家に抱かせる原因があったのではなかろうか。そのすべてを解消することは，筆者の能力を超えるが，関連箇所に次のような説明を加え，「理論」「実務」「現実問題」の融合を図る努力をしてみた。

(1) 為替レート決定理論は，実際にはどのように活用できるのか。具体的には，購買力平価説とアセット・アプローチ理論は為替レートの先行き予想や適正レートの判断にどのように使えるのか。さらに，金利平価説をベースにした裁定的な国際金融ビジネスとは，どのようなものかを示した。

(2) 国際金融取引，外国為替取引の機能や動機は何か。ヘッジ，投機，裁定という機能によって，複雑な取引を整理・区分して理解することが，基本的仕組みを知るうえでいかに重要かを示した。たとえば，上記のように複雑なデリバティブの仕組みを3つの機能ごとにわかりやすく解説した。

(3) 理論的に機能面から投機とされるものは，実際の金融取引，実務ではどのような行為をいうのか。投機は，広く身近でなされている行為であることを強調した。

(4) 直物取引，先物取引，為替スワップ取引といった実際の外国為替の取引は，為替レート決定理論にどのようにつながっているのか。実務的行為がどのように理論につながっているのかを示した。

(5) 同じような観点から，グローバル化した企業が展開している国際財務活動は，マクロの国際金融市場や外国為替市場にどのような影響を与えているのかを解説した。

　以上のような独自の試みによって，国際金融論が身近なものになり，国際金融ビジネスの現場でも有用性が高まることを期待したい。大学で国際金融論を学ぶ学生には，現実の行為や事象を具体的にイメージしながら理解を深め，実

業界に入った際に，国際金融業務に生かしてもらいたい．それだけでなく，すでに現在国際金融業務に携わっている実務家の方々が，自分の行っている業務がどのような機能を持ったものかを改めて考え，そのマクロ経済への影響を理解したり，顧客へのわかりやすい説明をすることにつながれば，筆者にとって望外の喜びである．

　本書の出版にあたっては，東北大学名誉教授の田中素香先生，東北大学名誉教授・常磐大学教授の佐竹正夫先生からアドバイスやチェックをしていただいた．さらに，勁草書房の編集部の方々，とくに宮本詳三編集部長には大変お世話になった．初版に引き続き新版を公刊することができたのは，皆さんのご協力によるところが大きい．ここに，深甚なる感謝の意を表したい．

2015 年 9 月
著　　者

目　次

新版のはしがき

第 1 部　国際金融の理論

第 1 章　国際収支と基礎理論 …………………………………………… 3
1　国際収支の概念　3
　1 − 1　国際収支とは　3
　1 − 2　居住者と非居住者とは　4
　1 − 3　発生主義の原則と複式簿記の原則　4
　1 − 4　経常収支（勘定）と金融収支（勘定）　6
2　国際収支表　8
　2 − 1　経常収支　8
　2 − 2　金融収支　10
　2 − 3　資本移転等収支と誤差脱漏　12
　2 − 4　国際収支表から見た日本の姿　12
3　国際収支の理論　14
　3 − 1　為替レートの国際収支調整機能　14
　3 − 2　I-S バランス論　18
　3 − 3　経常収支と対外資産・負債残高　22
　（コラム）どうして，中国は経常収支も（旧来の）資本収支も黒字なのか？　24

第 2 章　為替レート決定理論 …………………………………………… 26
1　購買力平価説　27
　1 − 1　購買力平価の定義とその成立メカニズム　27
　1 − 2　2つの購買力平価説：計算方法と考え方　28

1－3　購買力平価説の実用的意義は何か　31
　2　アセット・アプローチ理論　33
　　2－1　なぜ購買力平価説が通用しなくなったのか　33
　　2－2　アセット・アプローチ理論のエッセンス　34
　　2－3　為替レートの決定因は期待　36
　　2－4　具体的モデルの行き過ぎた一般化　38
　　2－5　どのように予測をするか　40
　3　金利平価説　43
　　3－1　性格が異なる為替レート決定理論　43
　　3－2　金利平価説が成立する仕組み　44
　　3－3　現実にはチャンスの多い金利裁定取引　46
　（コラム）ビッグマック・レートにどんな意味があるのか？　49

第3章　国際通貨 ……………………………………………… 51
　1　国際決済システムと国際通貨　51
　　1－1　膨大な国際取引の決済に必要な国際通貨　51
　　1－2　国際通貨とは　53
　2　国際通貨国のメリットとデメリット　57
　　2－1　多大なメリット　57
　　2－2　国際通貨国のデメリット　61
　3　国際通貨の条件　62
　　3－1　国際通貨になるために　62
　　3－2　基軸通貨の「慣性」　63
　（コラム）流動性のジレンマ論：1国の国民通貨を基軸通貨とすることには限界？　65

第4章　為替相場制度 ……………………………………………… 67
　1　戦後の為替相場制度の概要　67
　　1－1　IMF体制の基本的仕組み　67
　　1－2　IMF体制の崩壊と今日の為替相場制度　69

2　為替相場制度の具体的類型　72
　　2－1　固定相場制　72
　　2－2　変動相場制　73
　　2－3　中間的為替相場制度　73
　3　固定相場制と変動相場制のメリットとデメリット　75
　　3－1　固定相場制のメリットとデメリット　75
　　3－2　変動相場制に期待されたメリットと現実　76
　4　国際金融のトリレンマ　79

第2部　国際金融の実務

第5章　国際金融市場とデリバティブ　83
　1　国際金融市場の概要　83
　　1－1　国際金融市場とは　83
　　1－2　国際金融市場の機能　84
　　1－3　国際金融市場の区分と規模　86
　2　伝統的市場とユーロ市場　89
　　2－1　両市場の相違と伝統的市場　89
　　2－2　ユーロ市場　91
　3　デリバティブ取引　93
　　3－1　デリバティブとは何か　93
　　3－2　外国為替の先物取引　95
　　3－3　通貨オプション　99
　　3－4　通貨スワップ　105
　　（コラム）日常生活の中にも見られるオプションとスワップ　109

第6章　外国為替と外国為替市場　111
　1　外国為替とは何か　111
　2　為替レートとその建て方　114
　3　外国為替市場と種々の為替レート　115

3－1　銀行間為替相場と対顧客為替相場　115
　　3－2　直物取引，先物取引，為替スワップ取引　117
　　3－3　基準為替相場，クロス・レート，裁定為替相場　119
　　3－4　名目為替レート，実質為替レート，実効為替レート　120
　4　どのように為替レート決定理論につながるか　121
　　4－1　3種類に分類できる外国為替の取引　121
　　4－2　外国為替市場の概要と為替レート決定理論　124
　（コラム）どうしてニューヨークでの原油先物投機は，われわれの生活に混乱をもたらすのか？　127

第7章　国際財務活動 …………………………………………………128
　1　外貨資金の調達・運用　129
　　1－1　インパクト・ローンと外貨預金　129
　　1－2　国際債の発行　130
　2　為替リスク管理　132
　　2－1　為替リスクの捉え方と基本的対応姿勢　132
　　2－2　為替リスク・ヘッジ手段　135
　3　グローバル企業の国際財務　137
　　3－1　一元化する国際財務管理　137
　　3－2　ネッティングの仕組み　138
　　3－3　プーリングの仕組み　140
　4　国際金融論にどう関わってくるか　141
　　4－1　企業にとっての合理的行動が，市場の失敗をもたらすことも　142
　　4－2　国際財務の一元化がもたらすもの　143
　（コラム）マージャンの勝ち負けの清算と同じ原理のネッティング　144

第3部　国際金融の現実問題

第8章　アジア通貨危機と世界金融危機 …………………………………147
　1　不安定なグローバル金融資本主義の世界　147

1-1　金融資本の規模の肥大化　148
　　1-2　誰でもが投機家になりうる世界　149
　　1-3　最先端金融技術・商品によって，膨らむ投機　151
　　1-4　いつでも危機が発生しうる素地がある世界経済　152
　2　アジア通貨危機の原因と教訓　153
　　2-1　アジア通貨危機の特徴と背後にあった問題　153
　　2-2　危機の引き金を引いたものは何か　156
　　2-3　アジア通貨危機の教訓と対応　159
　3　世界金融危機の原因と教訓　161
　　3-1　世界金融危機の原因　161
　　3-2　世界金融危機の教訓と対応　165

第9章　欧州通貨統合とユーロ危機　………………………………………… 168
　1　欧州通貨統合の歴史　168
　　1-1　欧州通貨統合の原点　168
　　1-2　欧州通貨制度（EMS）　170
　　1-3　EMSの維持と脱ドル　171
　　1-4　マーストリヒト条約に基づく通貨統合と参加条件　172
　2　通貨統合の理論とユーロ圏の経済運営　174
　　2-1　通貨を統合するということはどういうことか　174
　　2-2　最適通貨圏の理論　175
　　2-3　通貨統合のコストとベネフィット　176
　　2-4　ユーロ圏でのマクロ経済対策運営　177
　3　ユーロ危機の原因とその対応　180
　　3-1　財政・金融危機としてのユーロ危機　180
　　3-2　ユーロ危機への対応　184
　　3-3　ユーロ危機の根底にある問題　187
　（コラム）局地的な基軸通貨にとどまるユーロ　190

第10章 グローバル・インバランス……………………………193
1 グローバル・インバランス問題とは　193
2 グローバル・インバランスの原因　195
　2-1 ドルに対する人民元の過小評価　196
　2-2 新興国の過剰貯蓄・アメリカの過剰消費　197
　2-3 アメリカへは資本流入を促す要因があること　200
3 アメリカの経常収支赤字のサステイナビリティ　201
　3-1 ドル暴落の懸念　201
　3-2 復活したブレトンウッズ（BWⅡ）説　202
　3-3 アメリカの対外債権・債務の特異性を強調する主張　203
　3-4 ドル暴落の危険性とその対応　207

第11章 アジア通貨システムの改革と人民元の国際化……………211
1 アジアの通貨システム改革の必要性　212
　1-1 3極基軸通貨体制への移行を目指して　212
　1-2 アジア通貨危機の教訓と新たな問題　214
2 共通通貨圏の創出へ向けたロードマップ　215
　2-1 助走段階が必要なアジア　215
　2-2 脱ドルへ向けて固定的な通貨システム構築を　219
3 人民元の国際化と人民元圏の誕生　223
　3-1 通貨統合より可能性の高い人民元圏誕生　223
　3-2 人民元の国際化の現状　224
　3-3 中国における人民元の国際化戦略　229
4 将来の通貨システム次第で異なるアジア　233

索　引……………………………………………………………………237

第 1 部
国際金融の理論

第 1 章　国際収支と基礎理論
第 2 章　為替レート決定理論
第 3 章　国際通貨
第 4 章　為替相場制度

第1章
国際収支と基礎理論

　国際金融論を勉強するためには，国際収支表の概要や見方を知ることと，国際収支に関わる基礎的理論を理解しておくことが不可欠である。なぜならば，国際金融論で主に対象とする国際間のお金の貸し借りである資本取引（金融取引ともいう。国際収支表では，お金の貸し借りの項目を金融収支と呼ぶことになったが，本書では原則として従来どおり，資本取引あるいは国際資本取引と記すことにする）の状況を把握するためには，国際収支表への理解なくしては不可能だからである。それだけでなく，対外的な財やサービスなどの経常取引と国際間の資本取引の関係，さらにはそれらと国民経済全体との関連性の理解，国際収支表上に記載されるあらゆる取引から発生する外国為替の売買や為替レート変動の理解にも，それはなくてはならないからである。それゆえ，本テキストとしても最初に国際収支を取り上げることにしたい。

1
国際収支の概念

1－1　国際収支とは

　国際収支とは，1ヵ月，1年といった一定期間に，居住者が非居住者との間で行ったすべての経済取引を記録したものである。したがって，国際収支を見れば，その国が財やサービスといった物の世界（実物経済面）で，外国とどのような取引（経常取引）をしているか，さらにお金の世界（金融経済面）で，外国と

どのような貸し借り（資本取引）をしているか，さらに各種の取引において黒字なのか赤字なのかといったバランスが一目瞭然となる。

その統計を作成するにあたっては，国際通貨基金（IMF）がその際の基準として「国際収支マニュアル」を定めており，原則それにしたがって作成されている。日本銀行は，2014年1月からそのマニュアル第6版に基づいて，国際収支統計を発表することにした。その改訂を踏まえて，新しい国際収支の内容を見てみたい。

1－2　居住者と非居住者とは

国際収支は，ほぼ国籍の違うもの同士や国境を越えた経済取引を捉えたものであるが，厳密にいうと若干の違いがある。正確には，取引を行うもの（経済主体）の居住性によって定義される「居住者と非居住者」の間の取引として捉えている。すなわち，居住者とは「1年以上その国に居を構え，経済活動を行っている経済主体」ということになっている。

もちろん，それはおおむね国籍や国境で線引きをした場合と同じといえるが，以下のようなケースについて多少注意を要するということである。たとえば，外国からの進出企業や支店は株式保有状態に関係なく，経済活動基盤が進出先にあるため居住者となる。しかし，旅行者はいうまでもないが，外国からの留学生は1年以上滞在しても，生活費の源泉が外国の親元にあると見て，非居住者扱いされている。したがって，外国の留学生が日本の大学に学費を支払えば，国際経済取引ということで国際収支表の対象になる。このほかにも，その国に長期に活動拠点があっても，大使館や外国の軍事施設などは，非居住者扱いになる。

1－3　発生主義の原則と複式簿記の原則

個々の取引を国際収支表に計上するのは，その取引が行われた時点とされている。一般に，国際ビジネスは商品の受渡しと決済にタイムラグがあるが，国際収支表では決済が済んでいなくとも，受渡しにより取引が実行された時点で計上するという発生主義を採用している。

国際収支表では，複式簿記の原則にしたがって，必ず1つの取引を貸方（お

図1－1　国際収支表の基本的仕組み

	貸方（お金が入る方）	借方（お金が出て行く方）
経常収支・黒字	★100万ドルの自動車輸出	★100万ドルの輸出手形
金融収支・黒字	☆ドル建て預金口座から100万ドルの引落し	☆100万ドルでアメリカ国債の購入

総合収支（±0）

注）IMF国際収支マニュアル第6版により金融収支の符号が変更されたため，おおまかにいうと経常収支－金融収支で総合収支が±0となる。
出所）筆者作成。

金が入る方と考えればよい）と借方（お金が出て行く方と考えればよい）に同時に計上することになっている。

たとえば，日本のトヨタが海外に自動車を輸出手形決済で輸出したとすると，日本の港で船に積み込まれ通関手続きがなされた時点で輸出100万ドルが貸方に計上される。そこで，トヨタは輸出手形を日本のみずほ銀行に持ち込み買取りを受けたとすると，それが海外から期日に決済されるまではみずほ銀行が海外に100万ドルの融資をしたことになるため，輸出手形による貿易信用として借方に100万ドルが同時に計上されるというわけである。あるいは，自動車を現金でなく手形決済で輸出するという1つの取引を，次のように2つの取引に分けて記帳していると考えてもよい。すなわち，自動車を輸出して100万ドルを得たのでお金が入ってくる方の貸方に，その100万ドルを輸出手形という形の貿易金融で海外に融資したのでお金が出て行く方の借方に計上したというわけである。

ある日本の機関投資家が，アメリカの銀行にあるドル建て預金口座からの引落しで，アメリカの国債を100万ドル購入したとすると，その購入は借方に100万ドル記載される。その代金はその機関投資家のドル建て預金口座からの引落しで支払われるが，同様の考え方としては2つに分けて，預金口座の取崩

しで100万ドルが入ってくるので貸方に，それでアメリカの国債を購入し，100万ドルが出て行ったので借方にということである．つまり，貸方の方は，何らかの形でお金が入ってくることを意味し，借方の方は，何らかの形でお金が出て行くことを意味しているとみなすとわかりやすいであろう．

1 – 4　経常収支（勘定）と金融収支（勘定）

　国際経済取引は多種多様であるが，大きくは財やサービスなどの取引である経常取引とお金の貸し借り（別の言い方をすると，金融資産の売買）である資本取引に区分できる．前者を計上するのが経常収支，あるいは経常勘定であり，後者はこれまで資本収支，あるいは資本勘定と呼ばれてきたが，今回の改訂で金融収支，金融勘定ということになった．企業でいえば，国際収支表は損益計算書であるとしているテキストも見られるが，正確にはそれは誤りである．その会社の営業活動における損益状況を表している損益計算書に相当するのは，1国の財・サービスに関する対外ビジネスの受取りや支払いを計上している経常収支にほかならない．

　あえていえば，経常収支は財やサービスの取引に伴うお金の出し入れ，金融収支はお金の貸し借りに伴うお金の出し入れを記帳したものであるから，国際収支表全体は1国の金銭出納帳であるというのが正しい理解であろう．

　上述のように，国際収支表は複式簿記方式で記帳されているわけであるから，総合収支とも呼ばれる国際収支全体では±0であり，黒字・赤字はありえない．したがって，マスコミや一般的な場で「国際収支の黒字，赤字」といった表現がなされていても，それは全体の話ではない．通常は，経常収支の黒字，赤字を指すことが多い．

　さらに今回の改訂では，資本収支が金融収支と呼ばれるようになっただけではなく，その符号が逆になったことが特筆される．従来は，国際収支を経常収支と資本収支に大きく2分するならば，日本のような経常収支黒字国は，必ず資本収支は赤字になるし，アメリカのように経常収支が赤字の国は，資本収支が黒字になるとされていた．それは，すべての取引が複式簿記方式で計上される中で，

経常収支＝財・サービス輸出など（貸方）－財・サービス輸入など（借方）
資本収支＝負債の増加（貸方）－資産の増加（借方）

で，黒字，赤字が判定され，

経常収支＋資本収支＝0

という関係（誤差脱漏は無視）が成立していたからである。

　そうすると，日本のように対外的な財・サービスなどの取引での稼ぎの方が支払よりも多く，その稼いだ外貨を海外に投資し，運用している国が「資本収支赤字」というのに違和感を覚える人がいたかもしれない。それに対しては，財・サービスなどの取引であろうと，お金の貸し借りであろうと，単純に海外からお金が入ってくる方（貸方）が黒字要因，反対にお金が出て行く方（借方）が赤字要因とみなしていると説明してきた。だから，日本のような国は経常取引で稼いだ外貨で，外国の株や債券，預金証書といった金融資産を多く購入し，その代金を海外に支払っているわけであり，日本からお金が出て行く方（借方）が多いから，資本収支は赤字ということになる。したがって，その赤字というのは，海外金融資産の取得と引き換えに海外にたくさんお金を貸しているということで，決して悪い状態ではないと講義してきた。

　しかし，今回の改訂で金融収支と呼ばれるようになったお金の貸し借り（金融資産の売買）は，

金融収支＝資産の増加（借方）－負債の増加（貸方）

とされ，黒字，赤字の符号が上の資本収支とは逆に付けられることになった。ということは，日本のような国は，海外からお金を借りて負債が膨らむ以上に，海外にお金を貸して資産が増加する方が多く，金融収支は黒字ということになる。より一般的な感覚に近くなったのかもしれない。しかしそうなると，経常収支も金融収支も黒字ということになり，両者を合計しても国際収支は±0にならない。全体の国際収支では，後ほど説明するように，とくに別掲されることになった資本移転等収支も加えて，

経常収支＋資本移転等収支－金融収支＝0

という関係（誤差脱漏は無視）が成立することになったというわけである。

　符号が変わっても，両者の関係が変わったわけではない。無償の資金援助などの資本移転等収支も加えて，経常収支が黒字になっていれば，その国は稼いだ外貨を何らかの形で運用することになる。それは，資産の増加が負債の増加を上回ることを意味し，金融収支が黒字として記帳されることになった。

　逆に，前者が赤字になっていれば，外貨が不足し，何らかの形でお金を借りてきてファイナンスをしなければならない。そうなれば，負債の増加が資産の増加を上回るため，金融収支は赤字として記帳されることになった。金融収支の黒字，赤字をこのように決めたことにより，資本移転等収支を加えた経常収支から金融収支を引くと，全体の国際収支が±0になるというわけである。

2
国際収支表

　ここで，実際の国際収支表を見てみよう。具体的事例として，表1－1に近年の日本の国際収支表を掲げてみた。それを見ると，おおむね経常収支と金融収支に分けられているが，若干の特殊な項目として，資本移転等収支と誤差脱漏が別掲されていること，および多くの種類の取引が含まれていることがうかがわれる。その主な内容を理解することによって，その国の国際経済関係や国際経済における立ち位置を知ることができる。

2－1　経常収支
貿易収支
　財の輸出と輸入であり，ともにFOB (free on board：本船渡し) 建てで計上する。それは，できるだけ正確に財の価値のみを計上するために，港で船に積み込んだ時点の価格が適用されるということである。国際収支統計より早く発表される貿易統計に「通関統計」があるが，この統計では輸出はFOBであるが，輸入はCIF (cost, insurance and freight：運賃保険料込み価格) 建てとなっており，

表1−1 日本の国際収支表

(単位：兆円)

		2005	2010	2011	2012	2013	2014
経常収支		18.7	19.4	10.4	4.8	3.9	2.6
	貿易・サービス収支	7.7	6.9	− 3.1	− 8.1	− 12.3	− 13.5
	貿易収支	11.8	9.5	− 0.3	− 4.3	− 8.8	− 10.4
	輸出	63.0	64.4	63.0	62.0	67.8	74.1
	輸入	51.2	54.9	63.3	66.2	76.6	84.5
	サービス収支	− 4.1	− 2.7	− 2.8	− 3.8	− 3.5	− 3.1
	第1次所得収支	11.9	13.6	14.6	14.0	17.1	18.1
	第2次所得収支	− 0.8	− 1.1	− 1.1	− 1.1	− 1.0	− 2.0
資本移転等収支		− 0.5	− 0.4	0.0	− 0.1	− 0.7	− 0.2
金融収支		16.3	21.7	12.6	4.2	− 0.9	5.4
	直接投資	5.2	6.3	9.3	9.5	13.7	11.8
	証券投資	1.1	12.7	− 13.5	2.4	− 26.5	− 5.0
	金融派生商品	0.8	− 1.0	− 1.3	0.6	5.6	3.6
	その他投資	6.8	0.0	4.4	− 5.2	2.5	− 5.8
	外貨準備	2.5	3.8	13.8	− 3.1	3.9	0.8
誤差脱漏		− 1.8	2.7	2.2	− 0.5	− 4.1	3.0

出所）日本銀行『国際収支統計月報』各号より作成。

若干数値が異なることに留意すべきである。

サービス収支

　財ではなく，居住者と非居住者の間のサービスの提供による受払いが計上される。国際的なサービス取引といっても，それはきわめて多岐にわたる。代表的なものは日本の船会社が外国企業の貨物を輸送して得た運賃などの「運輸」，日本人旅行者が海外で支払ったホテル代や観光代などの「旅行」である。しかし，それだけにとどまらず，国際電話，テレックス，国際郵便などのサービスに伴う受払いである「通信」，保険会社による国際的な保険業務に伴う受払いである「保険」，「金融」においては，利子や配当といった収益以外の各種手数料受払いが該当するし，近年技術貿易が拡大し注目されているのが「知的財産権

等使用料」である。

第1次所得収支

今日では，財やサービスといった「生産物」のみが国際取引として移動するだけでなく，労働，資本などの「生産要素」も国際間を比較的自由に移動する時代を迎えている。その「生産要素」が国際間を移動することによって，労働であれば賃金などの報酬，資本であれば利子や配当などがやり取りされた場合，ここに計上される。

労働の場合には，ある国への出稼ぎ労働者，船舶や航空機で働く外国人労働者などの報酬で，フィリピン，トルコなどでは相当額にのぼるが，一般には目立った額ではない。これに対して，資本の果実ともいえる利子，配当などの「投資収益」は資本取引の自由化が進み国際投資が巨額化するにつれて，投資国には重要な収益源となっている。ここで注意を要するのは，お金の貸し借りである資本取引は金融収支に，その結果得られる果実は第1次所得収支の中の「投資収益」に計上されるということである。さらに，現実の投資収益には利子や配当といったインカム・ゲインだけでなく，その株や債券の価格上昇益，さらには為替レートの変動による為替差益といったキャピタル・ゲインがあるが，ここでの「投資収益」とされるのは前者のみである。

第2次所得収支

物を輸出すれば代金を支払うというように，ほとんどの国際経済取引は必ず対価を伴う。しかし，対価を伴うことなく，一方的になされる取引を移転取引という。そのうち食料，医療品といったように物品の公的無償援助，民間の海外勤務者の留守宅送金，海外親族からの援助などがここに計上される。

2-2 金融収支

直接投資

ある国の企業等居住者が，相手国の企業の経営に参画する目的で出資し，その株式を取得することを直接投資という。国際収支統計上は，相手企業へ10％以上の出資比率を持つ場合に，その目的があるとみなしている。直接投資は出

資という形で資本が移動するだけでなく，人，技術，経営ノウハウ，信用力，ブランドなど，親会社の持つ経営資源がワンセットで移転され，相手企業あるいは相手国経済に対して，生産拡大，雇用拡大，輸出拡大，技術力の向上などをもたらし，経済開発・発展に寄与する可能性が大きい。

証券投資

　直接投資のように経営に参画するための投資ではなく，さまざまな種類の証券の値上がり益や利子，配当収入を求めて，居住者または非居住者が売買をすることをいう。具体的には，外国の株式，中長期債券，TB（財務省証券），CP（コマーシャル・ペーパー）などが取引されており，比較的双方向性が強く，かつ金融環境次第で資金の流れが変化する傾向が強いといえる。

金融派生商品

　先物，オプション，スワップといったデリバティブ（金融派生商品）に伴って，実際に移動した資金を計上する。後ほど第5章でデリバティブの仕組みを説明するが，これはいろいろな形での将来の便益を約束する取引であり，かつ多くが清算決済されるため，世界で約630兆ドルにものぼる取引額（想定元本）の資金がそのまま移動するわけではない。

その他投資

　ここには，前記の事例で取り上げたような輸出手形など，貿易に伴って供与される貿易信用，銀行や一般事業会社が海外との間で行っている借款・貸付け，さらには政府の経済援助としての借款（たとえば，日本の円借款のような有償の援助）が含まれる。とくに，銀行が海外から資金を調達したり，シンジケート・ローン，プロジェクト・ファイナンスなどとして，海外に資金を供与するといった国際金融業務に伴うものが大きい。

外貨準備

　政府が外国為替市場において市場介入をすると，政府の保有する対外的な金融資産である外貨準備が増減する。そのため，その増減額がここに計上される

ことになる。

　外貨準備はその国が今後の国際経済取引を円滑に行っていくために必要な外貨（国際流動性ともいう）として用意しておくものであり，その増減には重要な意義があるため，広い意味では資本収支のひとつであるにもかかわらず，従来はとくに（狭義の）資本収支とは別掲されていた。しかし，今回の改訂では，外貨準備といえども，多くがアメリカの財務省証券（TB）などで運用されており，政府による対外的なお金の貸し借りであるということから，金融収支の中に含めて計上されることになった。

2-3　資本移転等収支と誤差脱漏
資本移転等収支

　対価を伴わない移転取引のうち，第2次所得収支とは性格の異なるものを経常収支や金融収支と並んで，資本移転等収支として別掲することになった。具体的には，政府による空港，港湾などの建設に伴う資金・現物供与（投資贈与），さらには政府および民間による債務免除，鉱業権や商標権などの無形資産の権利売買が含まれる。

誤差脱漏

　1国のすべての国際経済取引を統計的に完全に把握することは不可能であり，誤差や脱漏が発生するためそれを誤差脱漏として処理している。それを無視すれば，すでに学んだように，経常収支と資本移転等収支の黒字，赤字に対応して，金融収支でお金の貸し借りがなされ，金融収支にマイナスをつければ，国際収支全体では±0になる。

2-4　国際収支表から見た日本の姿

　国際収支表を見ると，その国が国際的に見てどのような姿，あるいは立ち位置にあるかがわかる。ここで，日本はどのような国なのかを見てみたい。

　国際収支には，国際収支発展段階説という考え方があり，経済の発展とともに構造変化があるといわれている。それは，経常収支全体とそのうちの貿易・サービス収支と第1次所得収支，さらに金融収支の間に，次のような変遷があ

るというものである。人間のライフ・サイクルに似て，幼年期に当たる「未成熟債務国」では競争力が弱く貿易・サービス収支は赤字，もちろん第1次所得収支も赤字であり，したがって経常収支は赤字にならざるをえない。あたかも，それを親に頼るように海外からの借金，すなわち金融収支の赤字で賄うことになる。

　しかし，青年期といえる「成熟債務国」から「債務返済国」へと成長すると，競争力がつき貿易・サービス収支が黒字化する。やがて，経常収支全体でも黒字となり，それを海外へ運用できる金融収支黒字国へと転換する。

　その次の壮年期から初老期といえる「未成熟債権国」から「成熟債権国」になると，競争力が低下して行き貿易・サービス収支が赤字へと転落するが，海外への運用資産からの投資収益で第1次所得収支が黒字のため，何とか経常収支は黒字を維持しうる。したがって，金融収支は黒字で，海外への運用を続けることができる。

　しかし，老年期ともいうべき「債権取崩期」となると，完全に体力が衰えて経常収支が赤字に転落し，子どもらの介護に頼るかのように，再び海外からの借金に依存する金融収支の赤字状態に陥るという。

　日本は，1970年代に「未成熟債権国」に入ったといわれたが，現在はそこから「成熟債権国」へ移行しつつあると思われる。ライフ・サイクルでいうと，「定年を間近に控えた年代」にたとえるとわかりやすい。東日本大震災という特殊事情を除いても，基本的には体力が低下し，壮年期のようにバリバリ働けなくなり，貿易・サービス収支，とりわけ貿易収支が赤字に転落してしまっている。

　しかし，壮年期にモーレツ・サラリーマンとして大いに稼ぎ，それを預金や株，債券などの金融資産に投資してきたために，かなりの資産を蓄積しており，その果実である投資収益が相当額にのぼっている。つまり，**表1－1**のわが国の国際収支表から，投資収益を中心にした第1次所得収支の黒字が貿易収支の赤字をカバーし，どうにか経常収支の黒字を維持している姿が確認できる。まさに，「貿易立国」から「投資立国」へ転換したといえよう。

　ただし，人間と違って1国経済の場合は，このまま老年期を迎える必然性があるとはいえない。これまで培ってきた技術やノウハウ，豊富な資金を生かし，

新たな有望産業・商品を育成することによって，貿易やサービス収支面で再び競争力を高めていくことが不可能ではない。少子高齢化で内需に多くを期待できない日本としては，決して「貿易立国」の復活もあきらめてはならない。

3
国際収支の理論

　国際収支に関わる理論は，第3部で国際金融上の現実問題を考えるうえでのベースになる。グローバル・インバランス問題，アメリカの経常収支赤字のサステイナビリティなどを考察するためには，国際収支に関する次のような理論を知らなければならない。為替レートの変動によって，国際収支不均衡はどれほど調整できるのか，マクロ的に見た場合の国際収支不均衡の背景にあるI-Sバランスとは何か，通貨・金融危機の背後にある対外純債務はどのようにして膨らみ，危機をもたらすのかを理解しなければならない。こうした現実問題を考察するのに役立つ基礎理論を，以下に3つ紹介しておきたい。

3－1　為替レートの国際収支調整機能
弾力性アプローチ
　変動相場制や管理フロート制の下では，為替レートが変動することによって，経常収支の不均衡が是正されると考えられているが，現実には必ずしもその機能が十分作用していない。どのようにして調整機能が働くのかを説明し，それには限界もあることを理解することにしよう。
　弾力性アプローチと呼ばれるその理論では，きわめて自然に

　　　経常収支＝輸出－輸入（ただし，輸出入の中には，他の経常取引を含む）

と見て，それを

　　　経常収支（円ベース）＝（円建て輸出価格×輸出数量）
　　　　　　　　　　　　　－（円建て輸入価格×輸入数量）

と分解し，右辺のそれぞれの項目に対して，為替レートの変化がどのように影

響するかを分析する。

　いまここで，為替レートが1%円高になった場合に，円建てで見た日米の経常収支がどう変化するかを見てみたい。その際には，現実には異なるが，簡単化のために貿易は輸出国通貨（輸出は円建て，輸入はドル建て）でなされていると仮定する。

　そうすると，まず日本の輸出業者は極力円ベースで収益を確保しようとするため，円建てでの輸出価格を変更することはない（±0%）。しかし，日本の輸出品をアメリカで販売する際の現地ドル価格は円高分の1%上昇することになる。そうすると，アメリカでの売れ行きは落ちるため，輸出数量は減少せざるをえない。いま，価格が1%上昇した時に，輸出数量がe%減少したとする。そうすると，円建てで見た輸出金額はe%減少することになる。

　一方，輸入では，アメリカの輸出業者は円高になってもドルでは従来どおりの収益を確保できるため，あえてドル建て輸出価格を変更することはない。しかし，日本に輸入し国内で販売する際の円での輸入品販売価格は1%下落し，売れ行きが良くなるため輸入数量は増加しよう。その輸入数量の増加率をe^*%とすると，輸入金額は$(1-e^*)$%変化するが，増加するか減少するかはわからない。

　つまり，一般常識として，円高は輸出減少・輸入増加をもたらし，経常収支を悪化させるとされているが，それは数量ベースでは妥当するものの，金額では輸入は増加する場合も，減少する場合もありうる。にもかかわらず，円高で日本の経常収支が常識どおり悪化するとすれば，どういう時であろうか。輸出減少・輸入増加の場合はまったく問題がないので，輸出が減少する中で，輸入も減少するケースについて，経常収支が悪化して調整される条件を考えてみればよい。そのためには，輸入の減少$(1-e^*)$%以上に輸出が減少（e%）すればよいということであり，結局その条件は$(e+e^*)>1$ということになる。これが，マーシャル・ラーナー条件と呼ばれる有名な条件式である。

　大切なことは，この式の意味が何かを理解することである。ここでのeやe^*という記号は，前者が輸出の価格弾力性，後者が輸入の価格弾力性と呼ばれ，為替レートが1%変化し，それによってそれぞれの市場で販売価格が1%変化した時に，売れ行きが変化し輸出数量や輸入数量が何%変化するかということ

を表している。この輸出の価格弾力性と輸入の価格弾力性の和が1より大きいような市場，つまり日本の輸出品の現地販売価格にアメリカ人が敏感に反応するか，アメリカからの輸入品のそれに日本人が敏感に反応するか，そのいずれでもあるような状態であれば，多くの人々が常識的に想定しているとおりに，為替レートによって国際収支（経常収支）は調整されることになる。しかし，そうでないと為替レートに期待される調整機能は働かないということにほかならない。

Jカーブ効果

　弾力性アプローチによって，為替レートが変動しても，国際収支の不均衡が自動的に是正されるためには一定の条件が満たされなければならないことがわかった。現実には，短期的にこうした条件が満たされていなかったことが，Jカーブ効果としてしばしば指摘されてきた。

　たとえば図1－2に示されるように，当初経常収支が黒字であることから市場でその国の通貨に上昇圧力が生じ，実際に通貨高が起こったとすると，その後の経常収支はむしろしばらくは黒字幅が拡大し，1年から1年半を経てよ

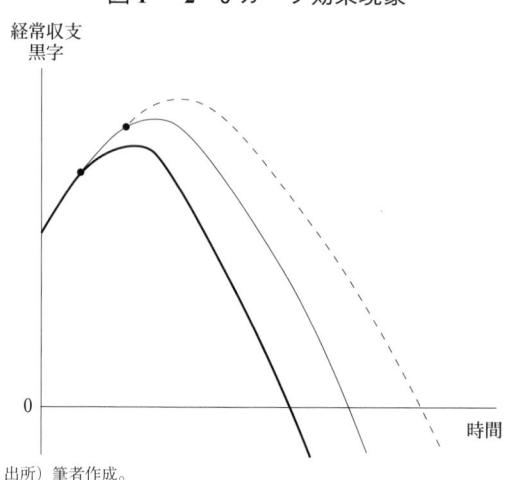

図1－2　Jカーブ効果現象

出所）筆者作成。

うやく縮小に向かうという現象が見られた。この形がJの字に似ているため，Jカーブ効果と名づけられている。日本の場合，1980年代後半に，経常収支の黒字に対する外圧を受けて円高が起こると，Jカーブ効果によって経常収支黒字が膨らみ，さらに円高が進行するという図1－2のようなスパイラル現象が起こり，「円高が円高を呼ぶ」といわれる経験をしている。

　また，2011年に東日本大震災の影響もあって，およそ30年ぶりに赤字に転落した日本の貿易収支は，2012年末から円安が進行して来たにもかかわらず，なかなか赤字幅が縮小せず，上記の事例とは逆の意味でJカーブ効果がマスコミで話題となっている。

　なぜ，このようなJカーブ効果が起こるのであろうか。いうまでもなく，理論的には短期的にマーシャル・ラーナー条件が満たされていないからであるが，現実にはどうしてなのかを理解しなければ意味がない。まず指摘されるのは，統計的あるいは技術的要因である。たとえば，円高が起こった場合，商談，契約ではすぐに取引への影響が出るが，それが国際収支統計に現れるのは通関時（発生主義）であり，タイム・ラグがある。そうするとその間に，次のようなことが起こりうる。貿易収支を見ると，先ほどの理論では輸出国通貨建てで取引をするとしたが，日本の現実は輸出では約60％，輸入では80％弱がドル建てとなっている。その結果は，円高前に契約された輸出入の通関申告をする際に，円建て申告価格が下落するが，ドル建て契約のより多い輸入額の目減りが輸出額より多くなり，貿易収支や経常収支の黒字は膨らんでしまうことになる。

　しかし，より根本的に重要なことは，たとえば円高が進行しても日本の貿易収支や経常収支の黒字が減少しにくかったというケースについては，次のような実情があったことを看過してはならない。

(1)　日本の輸出品の中で，自動車，事務用機器，精密機器，産業機械，プラントといった主力輸出品は，価格競争力だけで勝負をしているわけではない。品質，機能，デザイン，ブランド力，アフターサービスなどの非価格競争力が強いため，円高になっても海外での需要が減少しにくいこと。

(2)　日本の輸出品の中で，産業機械やプラントのような資本財，各種部品のような中間財の場合，一度輸出され海外の工場のラインに組み込まれてしまうと，多少の円高でコストが上昇しても，簡単には他の商品に代替できな

いため輸出が減少しにくいこと。
(3) 日本の輸入品の中で，半分近くを占める原油，鉄鉱石，原料炭，綿花，穀物などの原燃料は，その時の景気動向に左右される傾向が強く，円高になって価格が下落したからといって，すぐに国内需要が増加するわけではないこと。

逆に，近年は円安下でも貿易収支の改善が進まないことが話題となっているが，このケースについては，次のような事情が作用していると見られる。この場合にも，まず統計的，技術的要因が作用している。円安が進行する前に商談，契約がなされたものが通関される段になると，ドル建て契約分の円建て申告価格は上昇する。それによる水膨れはドル建て契約比率の大きい輸入額が輸出額を上回るため，貿易収支は悪化を余儀なくされることになる。

しかし，このような一時的な要因以上に，今回のような円安局面でもＪカーブ効果の前段部分，すなわち為替レートによる調整機能を働きにくくしているものとして，次のような実情があることを見逃してはならない。
(1) 輸出面では，これまでの長期にわたる円高進行の中で，日本の企業が相当程度生産拠点を海外に移転しているため，円安になってもすぐに日本からの輸出に切り替えることができず，輸出数量が増加しにくいこと。
(2) 輸入面では，やはり原燃料，とくに発電のための原油やLNGが多く，輸入の価格弾力性のきわめて低いこれらにおいては，円安で輸入価格が上昇したとしても，輸入数量を減らすわけにはいかないこと。

しかし，大幅な円安の中で時間の経過とともに，輸出採算が好転した企業の中には，国内からの輸出に再転換したり，輸出比率の引き上げを図る動きが出始めたこと，原油などの原燃料価格自体が下落したことから，最近は貿易収支改善というＪカーブ効果の後段に入りつつある。

単に理論だけでなく，こうした実情まで理解することができれば，たとえば米中間で議論になっている問題，すなわち人民元の切上げで，両国の経常収支不均衡が是正できるか否かなどを考える切り口が見えてこよう。

3－2　I-Sバランス論

いま世界では，米中間のみでなくグローバル・インバランス問題が注目され

ており(第10章参照),G20ではその是正のため,各国の経常収支のほかに貯蓄率や財政収支など,複数の指標で監視することが話し合われた。そのニュースを聞いて,なぜ経常収支の不均衡問題なのに貯蓄率や財政収支が出てくるのか,疑問を覚えた読者が多かったのではなかろうか。実は,マクロ経済学的に見ると,対外的な経済関係である経常収支は国内経済と密接な関係があるからであり,その理論さえ知っていれば何ら不思議のない話ではある。

国際マクロ経済学では,経常収支は次のように捉えることができる。

経常収支＝国民総生産－内需（またはアブソープション）　　　　(1)

経常収支＝貯蓄－投資＋財政収支　　　　　　　　　　　　　　　(2)

参考：導出方法

　　総供給＝国内総生産＋財・サービス輸入
　　総需要＝消費＋投資＋財政支出＋財・サービス輸出

総供給＝総需要より

　　貿易・サービス収支＝国内総生産－(消費＋投資＋財政支出)

この両辺に,第1次所得収支と第2次所得収支のネットの合計をそれぞれ加えると

　　経常収支＝国民総生産－(消費＋投資＋財政支出)

となり,右辺の( )内は内需またはアブソープションと呼ばれるため

　　経常収支＝国民総生産－内需（または,アブソープション）　　(1)

が導出される。

これに,さらに右辺に税収を挿入すると

　　経常収支＝(国民総生産－税収)－消費－投資＋(税収－財政支出)

となり,右辺の( )内の第1項は可処分所得であり,税収から財政支出を引いたものは財政収支にほかならないから

> 経常収支＝民間可処分所得－消費－投資＋財政収支
>
> が得られる。さらに，民間可処分所得から消費を引いたものは，民間の貯蓄であるため
>
> 経常収支＝貯蓄－投資＋財政収支 　　　　　　　　　　　　　　　(2)
>
> が導かれる。

　数学的な導出方法は前のページの枠内の式の展開を見てもらうとして，ここではより重要なその現実経済的，政策的意味を説明することにしたい。まず，(1)の関係が現実に生じうることは容易に理解されよう。なぜならば，その国での生産（GNP）をアブソープションとも呼ばれる国内での需要が上回れば，ネットで財・サービス等の輸入がなければならないため経常収支は赤字になるし，逆の場合には，超過分は輸入を上回ってネットで輸出されているはずであり，経常収支は黒字になるからである。このことから政策的には，たとえば経常収支赤字国は内需抑制策をとるか，その中で投資のみは奨励する政策をとり，生産能力を高めて国民総生産を増加させることによって，赤字の是正を図るべきであるといった示唆が得られるであろう。

　より注目すべきは，I-Sバランス式といわれる(2)の関係である。一見すると，経常収支がどうして貯蓄や投資，財政収支と関係があるのか理解に苦しむが，その成立は1国の資金循環を考えてみるとうなずける。1国経済に循環する資金の増加は，経済の4つの部門（家計，企業，政府，海外）の中で，主に家計での貯蓄によって生み出される。仮に，それが100万円だったとしよう。その資金は，金融機関によって仲介され，種々の金融資産（現金も含め，預金，株式，債券など）として運用されながら必要な部門へ融通される。まず，銀行や証券会社を通じて，企業に50万円が回り，設備投資に投入されたとしよう。さらに，政府が景気刺激のために財政赤字に陥り，国債の発行で30万円を借り入れたとしよう。それでも，国内的には20万円が余ってしまうが，それは捨てられてしまうわけではない。

　国際化された現代では，その分は海外の株や債券購入，外貨預金といった形

で，海外の金融資産の購入に回されているはずである。ということは，その国の金融収支は海外の金融資産の購入のために20万円の支払超（資産の増加－負債の増加）で黒字となる。先ほど学んだ新しい金融収支と経常収支の関係式，経常収支＋資本移転等収支－金融収支＝0において，微々たる資本移転等収支を無視すれば，経常収支は20万円の黒字に必ずなるというわけである。すなわち，上記の(2)式が20万円＝100万円－50万円－30万円として成り立つことになるであろう。

　現実の経済において，この関係は正しく成り立っていることがわかる。たとえば，アメリカ人はまるで「江戸っ子」気質で宵越しの金は持たず，きわめて消費が旺盛で貯蓄が少ない。このため，企業の投資や巨額の財政赤字を国内資金で賄うことができず，海外からの巨額な純資金流入に頼らざるをえず，国際収支は金融収支・経常収支ともに赤字状態にある。逆に，日本，さらに今日の中国は高い貯蓄率のため貯蓄が旺盛で，国内の投資や財政赤字の補填に必要な資金を賄って余りあるため，ネットで海外金融資産を購入できる資本輸出国であり，国際収支は金融収支・経常収支ともに黒字状態にあるということである。

　これまでは，前者のような国は資本収支黒字・経常収支赤字，後者のような国は資本収支赤字・経常収支黒字というように，資本収支と経常収支は逆の符号になると講義してきた。しかし，符号の判定基準が変更されたために表示を変えなければならないが，基本的な考え方が変わったわけではない。頭の切り替えさえできれば問題はない。

　このI-Sバランス式は，今日ではあたかも一般常識化しつつあり，いろんな場でそれを踏まえた議論がなされるようになっている。もちろん，冒頭のG20でのグローバル・インバランス是正のための対応策として，貯蓄率や財政収支も監視するというのは，この考え方に基づくものである。かつての日米貿易摩擦に関する交渉の中でも，アメリカ側が為替レートの国際収支調整機能に期待をして円高誘導や(1)式を踏まえて内需刺激を日本に求めたのに対して，日本側がアメリカに対して貯蓄促進政策，財政赤字削減といった経済構造改革を求めたのは，その応用例にほかならない。また近年まで，中国がアメリカの人民元切上げ要求に対して，為替レートの国際収支調整機能の効果には疑問があるとして，むしろアメリカこそ過剰消費の経済体質を改善すべきと主張したのは，

ここでの理論に基づいたものである。

3-3　経常収支と対外資産・負債残高

　最後は，国際経済関係にもフローとストックの2つの面があることと，その間に存在する理論的関係を理解してもらうことである。

　経済活動や経済の規模を捉える場合には2つの見方，したがってデータがある。1つは，一定期間内にどれだけ国民総生産がなされたか，あるいは消費，投資などがなされたかという捉え方で，これらの数値はフロー・データということになる。これに対して，もう1つは一定時点で国民の資産（国富）がどれだけあるか，預金残高，株式発行残高がどれくらいにのぼっているかという捉え方で，これらの数値はストック・データと呼ばれる。あたかも，ある家の豊かさを判断するのと似たようなところがある。たとえば，年々の所得が多く，一定の生活を営むための支出を賄えるというフローの面から見ただけでは，本当にその家が裕福なのかはわからない。実は，過去に病気や投資の失敗などで，いまでも巨額の債務を抱えているかもしれないからであり，ストック面も見なければいけないというわけである。

　その国の対外経済関係でも同様である。いうまでもなく，国際収支はフローで見た対外経済関係を示している。その年々の対外経済活動の結果として，対外的に資産や負債が発生するが，現時点でそれがどれほど溜まっているかを示したものが，対外資産・負債残高と呼ばれるもので，日本ではストック・データとして各年の年末値が公表されている。その両者の間には，次のような理論的関係がある。すなわち，

　　経常収支の黒字＝対外純資産の増加額または対外純負債の減少額
　　経常収支の赤字＝対外純負債の増加額または対外純資産の減少額

ということである。要するに，経常収支が黒字である国とは，家計でいえば支出を上回る所得があるということであり，企業でいえば利益をあげているということである。したがって，それらの家計や企業はその剰余金を何らかの金融資産で運用できるため，その分純資産が増加するか，借金の方が多い場合にはその分純負債を減らすことができるのと同じことである。ここで，対外資産と

は，その増減が国際収支表の金融収支の借方に計上されるもので，日本の保有する外国企業の株式，外国の債券，外貨預金，外国への貸付金などである。対外負債とは，その増減が金融収支の貸方に計上されるもので，外国が保有する日本企業の株式や日本の債券，円預金，外国からの借入金などである。

　ということは，長年にわたって経常収支が黒字を継続している国は，いずれ負債を上回る資産を保有し，純資産を積み上げていくことになり，そういう国を「債権大国」と呼んでいる。現在は，**表1-2**に見られるように，日本が世界最大の「債権大国」であり，それを新興国，とくに中国が追い上げている状態にある。ただし，日本と中国では，保有している資産の中身にかなりの差異がある。日本の場合は，政府が持つ外貨準備だけでなく民間が種々の金融資産を保有しているのに対して，中国では資本取引が厳しく制限されている中で，人民元の安定化のために外国為替市場でドル買い介入をしてきたため，圧倒的に政府の保有する外貨準備が多いという構造になっている。

　逆に，長年にわたって巨額の経常収支の赤字を記録しているアメリカは，世

表1-2　主要国の対外純資産または対外純債務残高

（単位：兆円）

		純資産または純債務
日本	2013年末	325.0
中国	2013年末	207.6
ドイツ	2013年末	192.2
スイス	2013年末	103.6
香港	2013年末	80.8
ロシア	2012年末	11.5
カナダ	2013年末	2.6
イギリス	2013年末	△3.7
フランス	2012年末	△50.4
イタリア	2013年末	△67.7
アメリカ	2013年末	△482.0

注）△は対外純債務残高を表す。日銀の統計では「負債」という名称を用いているが，一般的には対外純債務残高と呼ぶことが多い。
出所）日本銀行国際局および各国データより作成。

界最大の「借金大国」というわけである。ただし，アメリカの場合，ドルが世界の基軸通貨であるという特権によって，ここでの理論どおり経常収支赤字と同額で対外純債務が膨らんでいない。その点は，第10章のグローバル・インバランス問題に関連して取り上げることにしたい。

（コラム）どうして，中国は経常収支も（旧来の）資本収支も黒字なのか？

　旧来の国際収支表では，財・サービスの輸出ばかりでなく，海外からお金を借りても，要するにお金が入ってくる方を黒字要因，逆に出て行く方を赤字要因とみなし，経常収支と資本収支は符号が逆で，合計すれば±0となっていた。にもかかわらず，躍進目覚ましかった中国については，その旧来の国際収支表に基づいて，次のような報道がしばしばなされてきた。すなわち，「中国は，貿易収支が巨額の黒字のため経常収支は黒字，そのうえ世界第2位の直接投資受入国のため資本収支も黒字を記録」といった記事である。経常収支が黒字なら資本収支は赤字のはずなのに，どうしてなのかと不思議に思ったかもしれない。

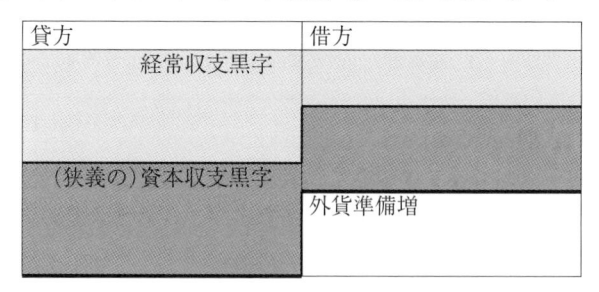

貸方	借方
経常収支黒字	
（狭義の）資本収支黒字	外貨準備増

　こうした記事で資本収支といっているのは，外貨準備の増減を除いたもので，正確には「狭義の資本収支」というべきものを指している。外貨準備の増減も政府によるお金の貸し借り（資産の増減）であるから広い意味で資本収支であるが，本論で説明したように特別の意義があるため，従来の国際収支表では別掲していた。そうすると，誤差脱漏を無視していえば，上図のように中国の国際収支は，経常収支が黒字で，かつ（狭義の）資本収支が対内直接投資などで入ってくるお金の方が出て行くお金を上回り，「双子の黒字」ともいわれる状況にあった。このままだと，外国為替市場で外貨が超過供給となり，外貨であるドルの下落・人民元の上昇が起こってしまうため，中国政府はドル買い介入をし，外貨準備を大き

く増加させ，大幅赤字になっていたというわけである。

　いまのところ中国は国際収支統計を改訂していないが，した場合にはどうなるのであろうか。もし，中国が今までどおり上図のような国際収支構造（ただし，誤差脱漏だけでなく資本移転等収支も無視）をしているとすれば，もちろん従来どおり経常収支は黒字であり，金融収支も同額の黒字ということにほかならない。あえて，金融収支から外貨準備を除いて考えるならば，外貨準備を除く金融収支は赤字，外貨準備は増加し黒字と，逆の符号になる。計上の仕方は変わっても，貿易での稼ぎに対内直接投資などで入ってくる外貨が多く，市場介入によって外貨準備を膨らましていることに変わりはない。

　ただし，近年は中国の国際収支構造に変調の兆しが出始めたことも見落としてはならない。それは，外貨準備を除く金融収支が黒字を記録する局面が見かけられることである。旧来の（狭義の）資本収支でいえば黒字でなく，赤字に転じる事態が出始めたことで，「双子の黒字」が解消しつつある。これは，「走出去」政策によって対外直接投資が本格化してきたこと，一方的な人民元高予想が崩れ，外資の逆流などが起こるようになったためと見られる。その結果，中国の外国為替市場では外貨の供給過剰が解消され，政府の市場介入による外貨準備の増加が目立たなくなったり，減少さえする事態が起こっている。

第2章
為替レート決定理論

　変動相場制下では，為替レートは外国為替市場において，外国為替の需要と供給が等しくなるように決定される。為替レートも，パンや自動車などの場合と同じように，外貨の値段ということであれば，その需要と供給によって決まると見るのが自然であろう。

　しかし，パンや自動車の場合は，その需要と供給を人々の嗜好や生産能力などから計り知ることができるが，外国為替の需給の場合は，それが発生する原因は実に多様であり，それを把握することは難しい。すなわち，財の輸出入にとどまらず，運賃受払い，海外旅行代金，海外投資収益，政府経済援助，海外直接投資，国際証券投資，外国為替銀行の国際融資など，第1章で見た国際収支表に記帳されるあらゆる国際経済活動に伴って，その需給が発生しているからである。となると，需給均衡を唱えただけでは皮相的であり，そこから為替レート予測にあたっての建設的ヒントはほとんど得られない。そのため，パンや自動車と同じ価格決定理論であるにもかかわらず，為替レートに関しては別途外国為替需給の本源的背景を探ることによって，為替レート決定理論がいくつか提唱されてきた。

　本章では，その代表的理論として，伝統的な理論である購買力平価説と短期

的な為替レートの変動を説明する新たな理論としてのアセット・アプローチ理論の2つを現実における活用方法も含めて，取り上げることにする。さらに，為替レート決定理論といっても，直物レートと先物レートという2つの為替レートの関係を説明するもので，上記の2つとは性格が異なる金利平価説もここで取り上げることにする。

1
購買力平価説

1-1　購買力平価の定義とその成立メカニズム

　1921年に，スウェーデンのG. カッセルによって唱えられた購買力平価説（Purchasing Power Parity Theory：PPP理論）は，今日でもフロー・アプローチの伝統的理論として，一定の意義と実践性を有している。「各国通貨は，それぞれの国内において，財やサービスを購入する購買力を持つ。その各国通貨の購買力が，ちょうど等しくなるように為替レートが決定されるべきである」というのがその考え方，定義であるといえる。

　もっと具体的には，図2-1を見てもらいたい。いま，日本においてあらゆる財・サービスをつめ込んだ籠が，1,000万円で購入できるとする。それと同じものが入った1バスケットが，アメリカでは10万ドルで購入できるとすれば，日本の1,000万円とアメリカの10万ドルの購買力は同じということになる。したがって，両者の比としてすぐに，購買力平価は100円/ドルと計算されよう。

　では，どうして現実の為替レートはこの購買力平価になるように決まるのであろうか。それは，平価が成立していない時に，どのようなことが起こるかを考えてみれば簡単にわかる。仮に，上記のように購買力平価が100円/ドルであるにもかかわらず，外国為替市場で120円/ドルと，ドルが過大に評価されていたとする。この時には，ドルはアメリカでそのまま使用するよりも，外国為替市場で円に転換した方が，使い出があることになる。すなわち，10万ドルを1,200万円に換えて，日本から財・サービスを輸入すれば，1バスケット以外に200/1,000＝1/5バスケット余計に財・サービスを手に入れることができる。ということは，アメリカでは輸入が増大し，経常収支が赤字になるであろうし，

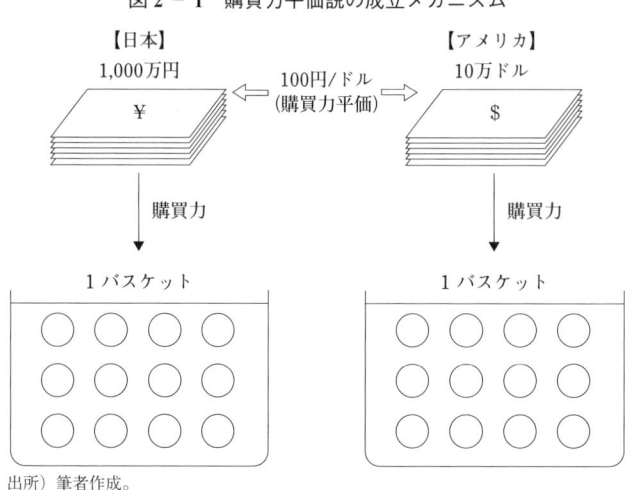

図 2 − 1　購買力平価説の成立メカニズム

【日本】　　　　　　　　　　　　【アメリカ】
1,000万円　　　100円/ドル　　　10万ドル
　　　　　　　（購買力平価）

¥　　　　　　　　　　　　　　　　$

↓購買力　　　　　　　　　　　　↓購買力

1バスケット　　　　　　　　　　1バスケット

出所）筆者作成。

　日本は経常収支が黒字化しよう。それは，東京かニューヨークの外国為替市場において，ドルを売る人が買う人より多くなるということにほかならない。そうすれば，120円/ドルは維持できなくなり，結局購買力平価の100円/ドルに収斂するようなメカニズムが作用するというわけである。
　逆に，外国為替市場で80円/ドルというように円が過大に評価されている時には，これとまったく逆のメカニズムが働くことはいうまでもない。

1 − 2　2つの購買力平価説：計算方法と考え方
絶対的購買力平価説
　ところで，通貨の購買力というと，いまひとつピンとこないかもしれない。その場合には，通貨の購買力は裏を返せば物価水準であるから，これで置き換えてみればよい。すなわち，通貨の購買力が強くお金の使い出があるということは物価が低いということであり，通貨の購買力が弱くお金の使い出がないということは物価が高いということにほかならない。ということは，物価水準が低く通貨の購買力が高い国の通貨は，そうでない国の通貨に対して切り上がり，結局両者が均衡するところでは，

$$\text{購買力平価} = \frac{\text{日本の物価水準(円建て)}}{\text{アメリカの物価水準(ドル建て)}}$$

が成立する。図2-1でいうと、日本とアメリカのバスケットの中に、同質のありとあらゆる財・サービスが入っているとすれば、その値段1,000万円と10万ドルはそれぞれの国における物価水準にほかならず、その比100円/ドルが購買力平価として算出されるというわけである。

　通貨の購買力という本来の概念による説明だけでなく、次のような説明の方が一般的かもしれない。対外開放が進んだ経済では、財・サービスの国際貿易では競争原理が働き、各国間の商品で一物一価の法則が成立する傾向がある。つまり、同じ自動車は日本において円で買っても、アメリカにおいてドルで買っても、同じ値段になるように為替レートが決まるメカニズムがあるということである。現実には、すべての財・サービスの1つひとつについて一物一価の法則が成立するわけではないが、貿易されている財・サービス（貿易財という）を中心に、全体としての物価水準について、上式が成立する傾向はあると思われる。両国の貿易財を中心とした財・サービスの物価水準の比、すなわち購買力平価どおりに為替レートが決まっているならば、個々の商品については、日本の方が価格競争力の強い輸出品とアメリカがそうであるものがあって、相互に輸出入がなされ、全体として両国の経常収支が均衡することになるというわけである。

　これが絶対的購買力平価説という考え方であるが、実際にこの考え方に基づいて購買力平価を計算するとなると、説明の便宜上事例としてあげたように簡単ではない。あらゆる財・サービス、あるいは貿易財としての財・サービスすべての価格を調査し、そのうえで物価水準を計算するとなると、膨大な作業になるし、大きな問題に直面する。すべての財・サービスの価格を調査しえたとしても、日本とアメリカでの調査対象商品がまったく同一であるということはないであろうし、仮に同一であったとしても、パン1個の価格と自動車1台の価格を単純に合計するわけにはいかない。その際には、日本人とアメリカ人の嗜好に応じたウエートをつけて合計することになるが、両者の嗜好が異なれば、正確に購買力平価を計算することはできない。それだけではなく、実際の貿易

においては，輸送費や関税などのコストや障壁が存在し，単純に貿易されている財・サービスの物価水準の比では購買力平価を求められないという問題もあるからである。

相対的購買力平価説

そのため，相対的購買力平価説と呼ばれる考え方，簡便な計算方法が，実際にはよく利用されている。すなわち過去において購買力平価が成立していたと思われる為替レートを基準とし，そこからの両国の物価変動率格差を考慮して，新しい平価を計算しようというものである。すなわち

$$購買力平価 = 基準時の為替レート \times \frac{基準時を100とした日本の物価指数}{基準時を100としたアメリカの物価指数}$$

という式によって求められる。経常収支が均衡しており購買力平価どおりの為替レートが成立していた年を基準時とすれば，そこから両国の人々の嗜好や産業・貿易構造が大きく変わることなく，かつ貿易のコストや障壁に変化がなければ，計算結果も正しい購買力平価といえるからである。これであれば，基準年の為替レートが100円/ドルであり，それ以降アメリカで20％，日本で10％物価が上昇したとすれば，今年の新しい為替レートは110/120 = 91.67円/ドルになるだろうと簡潔に計算，予想することができるというわけである。

この式からすると，購買力平価説の考え方，意味はきわめて単純であることがわかるであろう。たとえば，上記のような事例では，アメリカの財・サービスは100円/ドルの為替レートでは総じて10％割高になり，価格競争力の低下からアメリカの経常収支は悪化を余儀なくされる。しかし，両国の物価変動率格差を反映した購買力平価どおりに為替レートが，91.67円/ドルへと円高になれば，アメリカの財・サービスはドル安によって有利になり，従来どおりの競争条件で経常収支の均衡を維持しながら貿易ができることになる。つまり，購買力平価説というのは，相対的に物価の安定している国の通貨が割高，インフレ国は割安になるといったように，両国の物価上昇による価格競争力の変化を相殺するように，為替レートは動くべき，あるいは動くはずであるという考え方である。その結果として，当初の均衡時における国際競争条件が保たれ，その後も経常収支の均衡が維持されるように為替レートが決定されるということ

にほかならない。きわめて単純ではあるが，国際貿易における為替レートの本質的役割を重視した考え方であることが理解されよう。

1 − 3　購買力平価説の実用的意義は何か

最後に，購買力平価説に基づいて，現実の為替レートの動きがどれほど予測可能かという点とどのような実用的意義があるかを見てみよう。

実際に，相対的購買平価説にしたがって計算するとなると，過去に購買力平価が成立していた基準時をどこにとるかという問題にまず直面する。円・ドルレートの場合，よく採用されるのは1973年であるが，1990年を基準として試算したものが図2−2である。

さらに，実際に購買力平価を計算するとなると，基準時の設定以外にも，消費者物価，生産者物価，輸出物価などのうちどれを使って計算するかで，結果がかなり異なる。一物一価の法則が働きやすい貿易財に限定するという点では，輸出物価がよいのかもしれないが，輸出物価には為替レートの動きに左右されるという逆の因果関係があるためあまり使用されることはない。一般的には，

図2−2　購買力平価と現実の為替レートの動向

注）購買力平価は1990年基準。
出所）野村証券金融市場調査部。

消費者物価を使用するか，貿易財を多く含む生産者物価を使用することが多く，かつ生産者物価によって計算した購買力平価が現実の為替レートの動きに近いといわれている。しかし，それでさえも，一応現実の為替レートのトレンドは追っているとしても，日々の動きは大きく乖離していることが図から理解されよう。仮に，将来の両国の物価変動率を正しく予測したとしても，これほどの予測誤差が生じるとすれば，現実のビジネスの現場では，ほとんど役に立たないといわざるをえない。

にもかかわらず，依然として購買力平価説が代表的な為替レート決定理論の1つとして重視されているのは，次のような実用的意義を持っているからである。まず第1は，為替レートの予測への活用という点では，長期的な動向を見きわめるうえでは1つの目安になりうるという点である。筆者も，商社勤務時代には，全社の5ヵ年計画や超長期にわたる大型プラント輸出プロジェクト商談のために，この説に基づいて為替レートの趨勢を提示したことがある。政府などでの長期の政策立案においても，この説が参考にされることはあると思われる。

しかし，より重要な実用的意義は，購買力平価には長期均衡レートとか適正レートという意味があることを忘れてはならない。購買力平価の定義から容易にわかるように，これは両国の通貨の購買力が均衡するような為替レートであり，そこでは全体として両国の財・サービスの価格競争力が拮抗し，適正な競争条件の下で貿易ができ，したがって経常収支の均衡が期待できる為替レート水準であるということができる。ということは，何らかの理由で現実の為替レートがこの水準から大きく乖離しているとすれば，そこの国の通貨が過小評価ないしは過大評価されているということの判断材料の1つとして，有用な情報を提供してくれるということにほかならない。

もっとも身近な事例としては，中国の人民元の切上げ問題があげられる。すなわち，最近は中国の為替政策の弾力化などで鎮静化しているが，かつては欧米や日本において人民元の過小評価が問題視された。その主張は，主に購買力平価説に依拠してなされていた。ここに，きわめて古典的な購買力平価説が，いまなお有用性を失うことなく活用されている所以があるといえよう。

2
アセット・アプローチ理論

2−1　なぜ購買力平価説が通用しなくなったのか

　購買力平価説は，長期的な趨勢はともかく，短期的な動向をほとんど説明できなくなっている。そこで短期の為替レート決定理論として，新たに登場したのがアセット・アプローチ（Asset Approach）理論である。それを理解するために，短期的に購買力平価説が通用しなくなった理由を知ることから始めたい。

　結論からいうならば，その理由は国際経済取引において，資本取引が激増してきており，財・サービスといった経常取引に伴って外国為替を売買するウエートが大きく後退していることにある。購買力平価説のような伝統的な理論では，基本的に為替レートは外国為替の需給，とりわけ財やサービス貿易といった経常取引に伴うものが最大の需給要因として念頭に置かれていた。したがって，両国の物価動向を反映した購買力平価どおりに為替レートが決まれば，適正な競争条件が維持されるため，結局経常収支が均衡することになるとしてきたわけである。

　ところが，近年では急速に経常取引に伴って外国為替を売買する相対的割合が低下し，その為替レート変動に対する影響力の後退が鮮明になってきている。すなわち，BIS（国際決済銀行）の調査から推計すると，2013年の世界全体の外国為替市場の対顧客取引は約115兆ドルと見られるが，世界の財・サービス貿易額は22.8兆ドルで，20％程度に過ぎない。もちろん，厳密には外国為替の対顧客取引と財・サービス貿易額を比較しただけで，単純に残りがすべて資本取引に伴うものということはできない。実務編で学ぶことになるが，財・サービス貿易に伴う企業の為替操作の繰返しやネッティングによる外国為替売買の相殺といった実態があるからである。しかし，それらを斟酌しても，資本取引に伴うものが圧倒的比重を占めていることは間違いない。とすれば，両国の物価動向を反映して為替レートが変動し，経常収支を均衡させるところに為替レートが落ち着く傾向があるという購買力平価説が成立しにくいことは容易に理解できよう。

経常取引に代わって、大部分の外国為替需給が資本取引に関わって発生しているというのが今日の姿である。その背景には、経済発展とともに、先進各国で金融資産の蓄積が顕著なことがある。たとえば、日本では個人金融資産だけでも約1,700兆円にのぼっている。しかも、近年急速に金融の自由化・国際化が進展し、いまや巨額の資金が国境を越えて自由に移動し、その巨額の内外の金融資産で相互に運用される時代を迎えているからである。そこでは、財・サービスとは違って、もともとその取引に際して時間のかからない資本取引の場合、金利格差や為替レートの先行き予想によって、少しでも高い収益が得られると思われる国に向けて、大量かつ瞬時に資金が移動し、そのたびに膨大な外国為替の売買が発生するため、為替レートが短期的に急変することになる。こうした時代背景の中で、新しい短期の為替レート決定理論として、アセット・アプローチ理論が登場することとなった。

2-2 アセット・アプローチ理論のエッセンス

アセット・アプローチの理論を理解するためには、そのエッセンスともいえるストック市場の均衡の意味を知ることが重要である。

すでに、前章で経済にはフローとストックという概念があることを知った。われわれが経済学で学ぶのは、多くがフローの世界の話であるが、金融面の株式市場、預金・貸付市場、債券市場、さらに外国為替市場などは代表的なストック市場というわけである。その特徴は、たとえばトヨタの株式であれば、供給はその時点での発行総数であり、一定値（供給曲線は垂直）として所与である。それをある株価でどれだけ所有したいと思うかが需要曲線となるが、これは関連情報などによって、たえず左右にシフトする。たとえば、トヨタ車に欠陥があるというニュースが流れれば、新規保有は手控えられ、既存の保有者は手放そうとする（これは供給増でなく需要減）ため、発行済みのトヨタの株がすべて保有されないという超過供給状態に直面する。しかし、だからといってトヨタの株式を捨てたり、焼却するわけにもいかず、一挙に株価が暴落し、そこまで低価格になったのなら儲かりそうだから購入したいという人によって発行株式がすべて保有されるところに株価が落ち着くというわけである。株式などのストック市場というと、いずれも価格変動が激しいというイメージが付きまとっ

ているのは，その特性による。

それでは，ストック市場の1つである外国為替市場の需給均衡とは，どういうことであろうか。一言でいえば，「現時点で日本を中心に存在する円建て金融資産，アメリカを中心に存在するドル建て金融資産が，内外の投資家によって余すところなく保有され，ストック市場の需給均衡が達成されるところに円・ドルレートが決定される」ということにつきる。当初，現存する円建て金融資産（現金，預金，株式，債券など）とドル建て金融資産が，ある内外金利と為替レートの先行き予想の下で，誰かによってすべて保有されるという均衡状態にあったとしよう。それを図示したものが，図2－3である。そこに，円建て金融資産の収益が高まるかもしれないという何らかの情報が流れたとすると，ドル建て金融資産を手放し，円建て金融資産に乗り換えようとする動きが強まり，ドル建て金融資産は超過供給，円建て金融資産は超過需要というストック市場の不均衡が発生する。しかし，余ったドル建て金融資産を遺棄するわけにもいかないし，足りない円建て金融資産が湧き出るわけでもない。その時には，内外の金利か為替レートが急変して，一挙にこの不均衡が是正され，再び図のような均衡状態に戻ることになる。一般的には，為替レートの方が弾力的であ

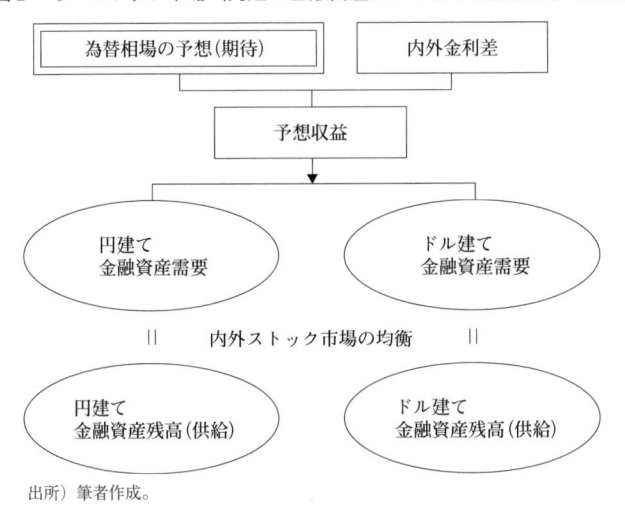

図2－3　ストック市場（円建て金融資産とドル建て金融資産）の均衡

出所）筆者作成。

るため，円高・ドル安への激変によって，円建て金融資産の保有意欲が殺がれ，ドル建て金融資産の保有意欲が刺激され，余すところなく現存の両資産がすべて保有されるところに，円・ドルレートが落ち着くということである。

すなわち，統合化が進んだ今日の国際金融・資本市場では，巨大な1つの市場の中に異なった通貨建ての金融資産が存在し，その間である通貨建ての金融資産を手放し，他の通貨建てのものに乗り換えようと思っている人とその逆の人とが，たえず国際資産選択行動を行っている。そこで発生する各金融資産の需給不均衡によって為替レートは変動しており，結局為替レートは各国通貨建て金融資産の交換比率にほかならないといえる。これが，アセット・アプローチ理論の根底にある基本的考え方である。

2－3　為替レートの決定因は期待

次に，通貨の異なる金融資産の間での持ち替えがどのようになされているかを見てみたい。そうすれば，具体的に何が為替レートを動かしているかがわかるからである。資本取引の自由化が進んだ今日では，内外の投資家は自国通貨で投資する場合と外国通貨で投資する場合の予想収益率を比較して，有利な方での運用を選択する。たとえば，円建て金融資産（以下，単に円という）とドル建て金融資産（以下，単にドルという）であれば，円金利とドル金利に円・ドルレートの予想変動率を勘案して行動する。すなわち，ある額の円での元本を，そのまま円で運用するのとドルで運用する場合の関係は，

円元本（1＋円金利）≧円元本/円・ドルレートの現在値×（1＋ドル金利）
　　　　　　　　　　×円・ドルレート予想値

となる。ここから予想収益率格差は，金利を％表示にして簡略化するならば，

予想収益率格差≒（円金利(％)－ドル金利(％)）＋為替レートの予想変動率

ということになり，わかりやすいであろう。たとえば，いまドル金利が10％で，円金利が5％であっても，その投資期間中に円・ドルレートが5％よりも円高になると予想されるならば，円での運用の方が有利と見られるため，ドルから円への持ち替え意欲が高まり，実際に円高になってしまう。結局，新しい均衡点

では，両方の金融資産の予想収益率が等しくなるはずであるから，

円金利（％）－ドル金利（％）
$$\fallingdotseq \frac{円・ドルレートの予想値 - 円・ドルレートの現在値}{円・ドルレートの現在値} \times 100$$

が成立するように，現在値，すなわち今日の円・ドルレートが決定されることになる。つまり，内外の投資家にとって，その時の内外金利差と運用期間における円・ドルレートの変動予想の下で，円で運用しても，ドルで運用しても，予想収益率が同じになるようになれば，両国間で資産の持ち替えはストップする。それがストック市場の均衡点であり，現在の円・ドルレートがそこに決まるというわけである。この式は，将来の為替レート予想に基づいて，リスクを冒しながら投機行動をした場合の均衡状態を示すもので，次節で紹介する金利平価説の式と区別し，「カバー無しの金利平価」式と呼ばれている。

より重要なことは，この式の現実的意味である。それは，きわめて単純であり，要するに円とドルの金利が前記の事例のような状態にあるとすれば，多くの投資家が今後円・ドルレートが5％よりも大幅に円高になると予想したならば，実際に円高が起こり，もう5％しか円高にはならないと思うところに落ち着くし，逆の予想の場合も同じようにして円・ドルレートが決まる。このことからとりあえずいえることは，刻々と変動する短期の為替レートを決めているのは，内外金利差と為替レートの予想変動率の2つの要因であるということである。

しかし，より踏み込んで現実を見てみると，国際的な投資活動といっても短期的か，長期的かによって，この2つの要因は重視される度合いが異なることを看過してはならない。まず，長期的観点から安定的な投資収益の確保を目指している投資家になればなるほど，予想収益率格差を考えるうえで，内外金利差を重視する傾向が強まる。どうしてかというと，前記のように5％の内外金利格差があるとすると，アメリカの国債などで10年運用すれば62.9％もの金利収益率格差が発生する。ちょうど償還時に，それを超える円高・ドル安が起こらない限り，アメリカでの運用が有利となる。具体的には，運用開始時に100円/ドルであるとすると，償還時に62.9円/ドルを超えるような円高に直面

するということであり，常識的に見て，そのような危険性はかなり薄らぐ。仮に起こりえても，そこに至るまでに売却や先物予約といった対応が可能であるからである。

ところが，短期的運用となると，そうはいかない。せいぜい数％しかない内外金利差による収益率格差などは，為替レートの変動によって，たちまち吹き飛んでしまうことになりかねない。したがって，目先の利を追うようになればなるほど，もっぱら為替レートの先行き予想が，投資というよりは，投機戦略を決定づけるといっても過言ではない。こうして，ヘッジ・ファンドに代表されるような投機的色彩の強い資金をはじめとして，短期的な勝負に賭ける幅広い投機資金が，少しでも高い収益が予想される国に向けて瞬時に移動することになり，それに伴って為替レートが急変するようになる。ということは，最終的に短期的な為替レートの変動を大きく左右しているのは，主として投資家・投機家といった市場関係者がどのような為替レートの先行き見通しを抱いているかということになる。つまり，内外金利差よりも為替レートの予想変動率の方が決定的な要因といえる。

これをアセット・アプローチ理論では重要視し，期待（expectation）と呼ぶが，平たくいえば市場の相場観にほかならない。やや極論するならば，今日の外国為替市場では，より多くの収益を求めて投機的行動をとる市場関係者の多くが，将来為替レートがどのように動くと予想しているかによって，実際の変動が決まっているということを教えているに過ぎない。ただし，将来の為替レート予想が，即当日実現することになる。なぜならば，将来の為替レート予想によって，有利と思われる通貨の金融資産にいますぐ乗り換えようとするからである。

2－4　具体的モデルの行き過ぎた一般化

以上のようなアセット・アプローチ理論は，当たり前過ぎるほど当たり前のことを主張しているだけである。問題なのは，市場でどのように予想がなされ，全体としての相場観が形成されていくかである。この点については，科学的に解明し，理論モデル化することが不可能な領域であり，実務的には意義を認めることができない。しかし，純粋理論に興味ある読者のために，批判的な立場から若干の言及をしておきたい。

アセット・アプローチの理論家たちは，いくつかの仮説を置いて，この予想形成を一般的な形で定式化する努力をしてきた。合理的期待仮説，適応的期待仮説，回帰的期待仮説などがそれである。その中の1つ，回帰的な予想形成を前提とすると，**表2－1**に示されるように為替レートは決定されるという。つまり，簡単にいうと，人びとは今後の内外インフレ率の予想と，現時点の為替レートが購買力平価で決まる長期均衡レートからどれだけ乖離しているかを考え，そのギャップを調整するように為替レートの先行きを予想する。その予想に基づいて，内外の金融資産の予想収益を比較し，投資行動を起こすが，その際に外貨建て金融資産はなじみが薄くリスクが伴うため，リスク・プレミアムとして，より高い予想収益を期待する行動がとられるという。そうすると，現実の為替レートは購買力平価で決まる長期均衡レートから，内外の実質金利差やリスク・プレミアムに応じて乖離するように変動してしまうというわけである。その際，年々その国が経常収支の黒字を続け，外貨建て金融資産が多くな

表2－1　代表的なアセット・アプローチ・モデル
（実質為替リスク・モデル）

回帰的予想形成式

$$\tilde{s}=(\tilde{P}-\tilde{P}^*)+\theta(g-s) \quad ①$$

内外通貨建て金融資産市場の均衡条件式

$$r=r^*+\tilde{s}-\beta \quad ②$$

①式と②式より導出される為替レート決定式

$$s=g+\frac{1}{\theta}[(r^*-\tilde{P}^*)-(r-\tilde{P})]-\frac{1}{\theta}\beta \quad ③$$

ただし，$\tilde{s}$：直物レートの予想上昇率
　　　　s：現実の直物レートの対数値
　　　　g：購買力平価で決まる長期均衡レートの対数値
　　　　$\tilde{P}$：予想物価上昇率
　　　　θ：調整係数
　　　　r：利子率
　　　　β：リスク・プレミアム（契約ベースの累積経常収支等にリスク回避度をかけたもの）
　　　　＊印は外国の変数

ると、それを保有するリスク・プレミアムは高まると見ている。そうすると、このモデルからは為替レートは購買力平価、内外実質金利差、累積経常収支等によって決まるという結論が導かれることになるという。

難解なアセット・アプローチ理論モデルの1つについて、エッセンスを紹介したが、学問的貢献はともかく、日々為替レートへの対応を余儀なくされている実務家で、これを現実的、実践的と思う人は多くはない。もし、ビジネスの世界で、今後の為替レートが購買力平価や内外実質金利差、累積経常収支等といった比較的具体的に捉えうる要因によって動いているのであれば、日夜神経をすり減らすような苦労はしなくて済む。実務の現場から見ると、明らかに行き過ぎた一般化があり、実務家には受け入れがたい点が多い。

たとえば、現実の為替レートが購買力平価で決まる長期均衡レートから乖離していることをたえず意識し、そのギャップを調整するように、いつも先行きの予想をするであろうか。そもそも、外国為替市場で理論的に購買力平価、あるいはそれを反映した長期均衡レートを認識している人がそれほど多いとは思われない。仮に漠然と意識していたとしても、行き過ぎ感を強く感じた時に、何かのショックで予想の修正がなされるに過ぎないし、もし行き過ぎ感を認識したとしても、徐々に長期均衡レートに収束するなどという悠長な予想をする人は少ないであろう。

結局のところ、アセット・アプローチ理論といっても、ビジネスの現場で受け入れられるのは基本的考え方のみであり、予想の形成まで一般化し、定式化した具体的モデルとなると違和感を抱かざるをえない。つまり、市場参加者の予想の仕方が個人的にも、その時々でも異なる中で、具体的にモデル化するために、画一化、普遍化しようとしても無理があるといわざるをえない。予想形成の現場は心理戦の場であり、為替レート決定の理論モデルには限界があることを認識すべきである。

2-5 どのように予測をするか

アセット・アプローチ理論は、短期的に為替レートがどのように決まっているかを現実的に説明している。しかし、だからといって実践的というわけではない。為替レートの予測に対して、有用な手掛かりをほとんど与えてくれない

からである。この理論から得られる実践的アドバイスといえば，為替レート変動は市場の相場観次第であり，いかに相場観を読むことができるかによって，予測の精度が左右されるということくらいであろう。それ以上は理論家の守備範囲を越えており，実務家が経験と勘によって行うべきことであるが，筆者の商社マン時代の経験から若干の手立てを考えてみたい。

　第1に，有名なケインズの「美人投票」の視点から予測をすべきであるといえる。理論では，為替レートの予想は合理的に行われていると仮定しているが，現実の世界では信じがたい話である。人びとの予想を具体的な理論モデルのように画一化，普遍化することは困難であるが，たとえ非合理的であろうと市場関係者がどのような予想を抱いているかを見きわめ，同じような相場観を持つ以外に当たる予測をすることはできない。別の言い方をするならば，「自らが為替レートの予想をするのではなく，市場関係者の多くがどのような相場観を抱くかを予想すること」が予測のポイントであるということにほかならない。

　これは，人びとの投票によってクイーンを選び，そのクイーンに投票した人に賞金の当たるような「美人投票」を想定してもらえば，容易に理解できよう。人それぞれに好みがあることであり，それにしたがって投票してもよい。しかし，賞金を得たいと思うのであれば，それよりも多くの人たちの好みがどのようなタイプにあり，誰に投票するかを見きわめ，それに合わせる方が当たる可能性は高いであろう。一応，美人の基本的条件のようなものはあるかもしれないが，その時々の風潮によって，意外な人が選好されることはいくらでも起こりうる。為替レートの場合でも，ファンダメンタルズを反映して合理的に予想が形成される必然性はどこにもない。したがって，経済学的合理性や自己の独自の見解に固執せず，素直に多くの市場参加者の見方に合わせて，予想を立てるというスタンスをとるべきである。

　第2に，多くの市場参加者が関心を寄せている相場観形成の材料は，何かを見きわめることが大切である。合理的期待仮説によれば，あらゆる情報を反映して相場観が形成される効率的市場を想定しているし，エコノミストの中にも，内外の森羅万象のすべてを総合的に判断して予想をする人がいるが，明らかに現実は異なる。現実には，相当期間にわたって，市場参加者は特定の材料に注目することが多い。それゆえ，経済的な合理性があろうとなかろうと，主とし

てその特定材料が相場観を左右する傾向がうかがえるからである。

　たとえば，1980年代前半のレーガン政権下では，異常高金利に象徴されるレーガンの政策スタンス，アメリカの経常収支および財政赤字の行方へと，市場関係者の関心が移った。そのような中では，日本経済が良好な状態にあったため，エコノミストの間では円安懐疑論さえ聞かれたが，市場関係者の目は画期的なレーガノミックスやその副作用で発生した異常高金利に釘づけになっていたため，ドル高予想が支配したことは周知のとおりである。世界金融危機やユーロ危機後の円高・ドル安やユーロ安もしかりである。本当は，いかに日本経済の方が震災のダメージでファンダメンタルズが悪くとも，人びとの関心がアメリカの景気後退懸念や財政赤字，国債の格下げ問題，ユーロ域の財政・金融危機の行方にあったために，それを材料に円高相場観が形成されてしまったからである。しかし，危機が鎮静化し，市場関係者が新たな相場の特定材料として各国の金融政策スタンスに関心を寄せるようになると，タイミングよく日本がアベノミクス，とりわけ異次元金融緩和を打ち出したことにより，円安方向へと流れが転換をしている。いかに，特定の材料が市場の相場観に影響を及ぼしているかが理解できよう。

　第3に，今後の為替レートの行方を過去の経験に聞くということもある程度有効である。いかに，外国為替市場は心理戦の場だとはいっても，実務家が何か具体的な指標で手掛かりがほしいと思うのは当然である。そのため，「相場は相場に聞け」という諺どおり，過去の相場の動きから将来の展開を推察する手法が，次のような人たちによってなされている。

　現場の最前線にいるアナリストといわれる人たちの間では，特定材料を中心としたニュースと為替レートの動きの関係を分析して，パターン化し，それに基づいて将来の動向を推論することが盛んになされている。あるいは，チャーチストといわれる人たちによって，過去に市場で決定された為替レート自体の動きに，市場の意図を聞こうというケイ線（チャート）予測が行われているからである。

　ただし，いずれもそれを万能視することは危険であることも指摘しておかなければならない。過去の経験はあくまでも過去のものであり，将来ともそれが通用するという保証はどこにもないからである。やはり，ケインズの美人投票

的視点に立って，その時点でもっとも市場が注視する特定材料を見きわめ，それに関連するニュースの行方を睨みながら，市場の相場観を読んでいくべきであり，その際に過去の経験を参考にすべく，過去の一般的パターンやケイ線を活用すべきであろう。

3
金利平価説

3－1　性格が異なる為替レート決定理論

　最後に，金利平価説を取り上げるが，その際に注意すべきことは，すでに紹介した2つの為替レート決定理論と性格が大きく異なる点である。したがって，正確には前節までの2つの理論とは，並列に扱うべきものではない。

　どういうことかというと，詳しくは第6章で説明するが，外国為替市場では直物取引や先物取引と，外国為替のスワップ取引（為替スワップ取引）というまったく性格の異なる2種類の取引がなされている。為替レートが上昇した，下落したということで人々が関心を持つのは，前者で決まっている直物レートや先物レート，とくに直物レートのことであり，その決定理論がこれまで紹介した2つの理論ということである。

　それに対して，ここでの金利平価説は後者の為替スワップ取引に関連して，直物レートと先物レートという2つの為替レートがどういう関係になっているかを明らかにするものである。結論からいうと，この2つの為替レートは一定の法則によって規定される幅を持って，並行して変動することを示したものである。電車の軌道にたとえていうと，為替レートは直物レートと先物レートという2本の線路からなっており，それがどの方向に動いているかを明らかにしたのが前述の為替レート決定理論であり，ここでの理論はその線路の幅がどのように決まっているかを示しているものである。それを決めているのは為替スワップ取引と呼ばれるもので，直物買いの先物売り，直物売りの先物買いといったように，売りと買いをセットで行うものであるため，2本の線路の方向性にはニュートラルであるが，その幅を変化させる作用を持つというわけである。

3－2 金利平価説が成立する仕組み

そのメカニズムとは，どのようなものであろうか。それを理解するためには，やはり第6章の外国為替市場の概要と為替レート決定の関係を知る必要があるが，それを先取りしておおまかにいうと，次のようになる。多種多様な国際資本取引がなされているが，それに伴う外国為替の需給は，理論的あるいは機能的に見れば，自らの予想に基づいて，危険を冒しながら高収益を求める投機か，さもなければ経済の法則と現実の歪みを活用し，リスクを冒すことなく安全確実に鞘を得るという裁定の2つしかありえない。国際金融取引における裁定を金利裁定というが，実は今日の膨大な国際資本取引のうち，この投機と金利裁定はほぼ拮抗しているのではないかと推察される。簡単な事例によって，両者の違いと金利平価説と呼ばれる金利裁定のメカニズムを説明しよう。

国際化された今日の経済下で，自己資金あるいは投資家から預かったファンドを100億円持っており，その運用をしなければならないとすると，運用先は国内だけではなく，海外も可能となる。いま，計算しやすいように，円金利が5％，ドル金利が10％であるとすると，日本の円建て金融資産（ここでも，以下単に円という）で運用すれば，1年後には確実に105億円の元利が得られる。これに対して，アメリカのドル建て金融資産（同様に，以下単にドルという）で運用する場合には，今日の直物レートが100円/ドルであったとすると，それで100億円をドルに転換した1億ドルを10％で運用し，1年後には1.1億ドルの元利を得ることができる。ここまでは，確定利回りでありリスクはないが，問題は1年後に再び円に転換する時の為替レートがどうなっているかによって，円での運用より有利か不利かが決まる。そうした将来の為替レート予想に基づいて，リスクを冒した賭けをする場合が理論的，機能的に投機と呼ばれる行為であり，その予想である期待次第で為替レートが決定されるとしたのが，前節のアセット・アプローチ理論というわけである。

しかし，リスクに挑戦することなく，安全確実により高い収益確保を目指す投資家はどうするであろうか。本来は，そうしたリスク回避であるヘッジのために設けられたのが先物取引（先物予約ともいう）であり，この場合100億円をドルに転換し，ドルでの運用を開始すると同時に，1年後の満期時における1.1億ドルの先物ドル売り予約を締結して運用すれば，当初から円での元利を確定

第2章 為替レート決定理論　　　　　　　　　　　　45

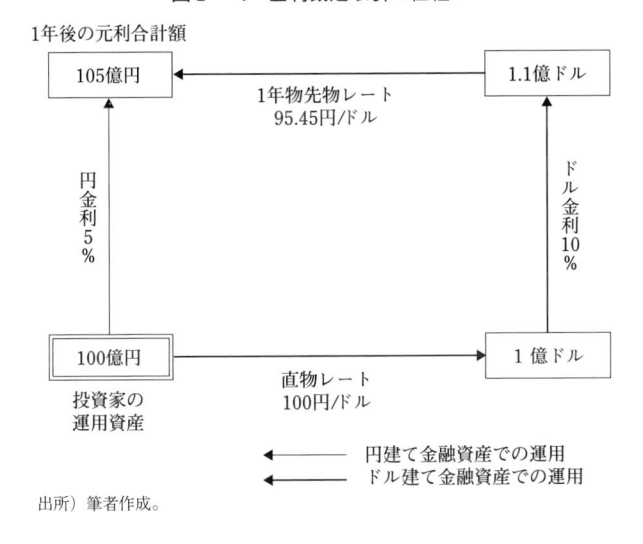

図2−4　金利裁定取引の仕組み

1年後の元利合計額

```
          105億円  ←─1年物先物レート─  1.1億ドル
            ↑        95.45円/ドル          ↑
          円金利                          ドル金利
           5%                              10%
            │                              │
          100億円  ──直物レート──→    1億ドル
                    100円/ドル
         投資家の
         運用資産
                        ←──── 円建て金融資産での運用
                        ←──── ドル建て金融資産での運用
```

出所）筆者作成。

することができ，リスクなくドルでの運用が可能になる。つまり，その際には運用開始当日，直物ドル買い・先物ドル売りという反対取引を同時にセットで行うことになるが，これが為替スワップ取引というわけである。

　ここで，1年物の先物レートが今日の直物レートと同じ100円/ドルだったとしたら，どうであろうか。その場合は，ドルで運用すればリスクなく確実に110億円の元利が得られることになるが，経済の基本原理として，リスクを冒すことなく皆が儲かるチャンスはありえない。なぜならば，皆が同じ行動をとるからであり，ここでは円資金を持っている投資家はいうに及ばず，資金を持たない人は円の借入れをしても，ドルでの運用をすることになり，外国為替市場では直物市場ではドル買いが殺到，先物市場ではドル売りが殺到することになる。その結果，直物レートはドル高，先物レートはドル安に動くことになるが，わかりやすいように，先物レートだけが動いたとすると，結局のところ図2−4のように，先物レートが95.45円/ドルに至って均衡が成立することになる。

　そこでは，円で運用しても，ドルで運用しても，同じ元利105億円しか得られないはずであり，それを式で表せば，次のようになる。

円元本（1＋円金利）＝円元本/直物レート×(1＋ドル金利)×先物レート

すなわち，

100億円（1＋0.05）＝100億/100円/ドル×(1＋0.1)×95.45円/ドル

が成立する。ここで，金利を％表示にし，簡略化するならば，次のような式が導出されることになる。

$$円金利（\%）-ドル金利（\%）\fallingdotseq \frac{先物レート-直物レート}{直物レート}\times 100$$

これは，前節のアセット・アプローチ理論の均衡式の中の円・ドルレートの予想値が先物レートになっているだけで，似ていることがわかるであろう。こちらは，リスクがないように先物レートでヘッジ，あるいはカバーされている場合の均衡式ということで，「カバー付きの金利平価」式と呼ばれている。すなわち，右辺の式は直先スプレッドと呼ばれるものであるため，内外金利差≒直先スプレッドが成立するというのが，金利平価説にほかならない。

その意味は，きわめて簡単である。このやり方は，円もドルもともに不確定要素である為替リスクがない運用方法であり，代替可能であるため収益は均等化するはずである。したがって，金利の方でドルの収益が5％割高なのであれば，その分ドルで保有すると為替差損が発生するように，今日の直物レートに比べ，1年後の先物レートが5％安く（ドル・デスカウント）なるように直先スプレッドが調整されるはずであるというだけのことである。

3－3　現実にはチャンスの多い金利裁定取引

危険を冒しての賭けである投機ならば，たえず将来見通しをめぐって，強気筋，弱気筋が攻防を繰り返すが，リスクのない金利裁定においては同じ行動しかありえないため，理論的には瞬時に上記の均衡式が成立し，余分な利益獲得機会は存在しえないことになる。しかし，それはすべての人々がこの仕組みを熟知しており，かつ確実な情報を得ることができるという効率的市場を前提にしてのことである。残念ながら，現実の市場はそれほど完璧なものではない。むしろ，経済理論が現実と合致していないという歪みにこそ，経済学をビジネ

スに役立てるチャンスがあることを看過してはならない。経済学を学ぶものは，単に理論を学ぶだけではなく，それと現実の相違を理解し，ビジネスの種として活用してはじめて，経済学が生きてくることを認識すべきである。その最たる事例がここにある。

日々の外国為替市場では，貿易業者がたまたま大口契約のドル売り決済を直物市場に出したとか，投機家がドル先高予想を強め，大量の先物ドル買い投機に乗り出したといったことが起こりうる。そうすれば，その瞬間には「カバー付き金利平価」は崩れてしまうが，これをデスパリティという。そこを狙って，瞬時に金利裁定取引を行えば，リスクを冒すことなく安全確実に，小幅ながら鞘を取ることが可能なのが現実であり，デスパリティの状況に応じて，国際間で膨大な金利裁定的資本取引が繰り返されている。

デスパリティの下では，必ずどちらかに資金を動かせば，メリットが得られるわけであるが，次の2つのケースを理解しておけばよいであろう。

(1) 内外金利差（ドル金利が5％割高）＞ドルのデスカウント率（先物レートが95.45円/ドルよりドル高）の場合

いま図2－4のような均衡状態が何らかの原因で崩れ，1年物の先物レートが96.45円/ドルになったとしよう。このケースでは，図の場合と同じように，日本から円資金をドルに転換してドルで運用する金利裁定をなせば，100億円の運用で106.1億円，すなわち1.1億円ほど円での運用を上回る収益が得られる。実際には，デスパリティがそこまでは開きにくいため，余計に得られる収益率はもっと少ないかもしれないが，1,000億円，あるいは1兆円といったように巨額の資金を動かせる投資家ならば，十分に余分な利益を安全確実に得られるメリットは大きい。

この時には，日本の投資家が日本からアメリカに資金を移動させるだけでなく，アメリカの企業や投資家が円での資金調達行動に走ることになるが，その事例は次にあげるものと同じである。要するに，運用・調達によって，双方の国で日本からアメリカへの金利裁定的資本移動をもたらすことになる。

(2) 内外金利差（ドル金利が5％割高）＜ドルのデスカウント率（先物レートが95.45円/ドルよりドル安）の場合

この時には，アメリカの投資家が手持ちドル資金や借入れドル資金を円に転

換し，円で運用する方が有利になり，上の日本の投資家の行動事例と同じになる。

運用だけではなく，資金調達にも盛んにこの金利裁定が活用されている事例をわかりやすく説明してみたい。日本の企業で100億円の資金を調達する計画があったとすると，金利はドル資金の方が5％割高であっても，借入期間にドルがそれを超えて減価しているため，金利裁定によって1億ドルの借入れを選択する方が有利となる。1億ドルを100円/ドルの時に借り入れれば，100億円が調達でき，その1年後のドルでの返済額は金利が割高であるため1.1億ドルになっても，円に直せば $1.1 \times 94.45 = 103.90$ 億円で済むため，105億円の元利となる円資金借入れより1.1億円だけ実質調達コストが節約できるからである。

このように，実際の金融ビジネスの世界では，必ずしもリスクテイクしなければ利益が得られないということではない。もう1つ，理論と現実の歪みにビジネス・チャンスがあることが理解できたと思うが，経済の大原則であるハイリスク・ハイリターン，ローリスク・ローリターンは普遍であり，リスクのない金利裁定による利益率は微々たるものである。したがって，一般の個人でもスワップ付き外貨預金などで経験できないことはないが，目だった効果は期待できない。もっぱら世界規模での資産運用を大々的に展開しうる大富豪，多くの資金を集めて運用できるファンド，巨額な資金の調達ニーズがある大企業，たえず国際投融資活動を展開している国際的商業銀行などに大きなメリットをもたらしているといえる。

(コラム) ビッグマック・レートにどんな意味があるのか？

　ビッグマック・レートは，有名なイギリスのエコノミスト社が毎年公表しているため，購買力平価のように，あるいはその代用として，各国の均衡レート，適正レートの1つを示しているように思っている人も多い。そこで，購買力平価説から見て，どのような意味があるのか考えてみたい。

　財市場が完全に効率的な市場であるならば，貿易対象になるようなすべての財・サービスに裁定の結果一物一価の法則が作用し，特定の財で購買力平価を見ることもできるかもしれない。しかし，本論で金融の世界でさえも，現実には極限まで効率性を追及する金利裁定が崩れることがあると述べたが，財市場は生産までに時間がかかること，輸送コストや関税等の存在，情報の不完全さなどから，はるかに非効率な市場である。したがって，絶対的購買力平価が両国の物価水準の比になるといっても，それは個々の財・サービスの価格の総体としての物価水準のことであり，個々の財・サービスは一物一価の法則が成立しているわけではない。つまり，現実は下図のように，貿易対象となっているすべての財・サービスの物価水準の比で決まっている購買力平価から見て，ある財・サービスは一方の国が優位にあり，他の財・サービスはもう一方の国が優位で，その優位な財・サービスを輸出し合い，ほぼ両国の経常収支が均衡しているという状態にある。

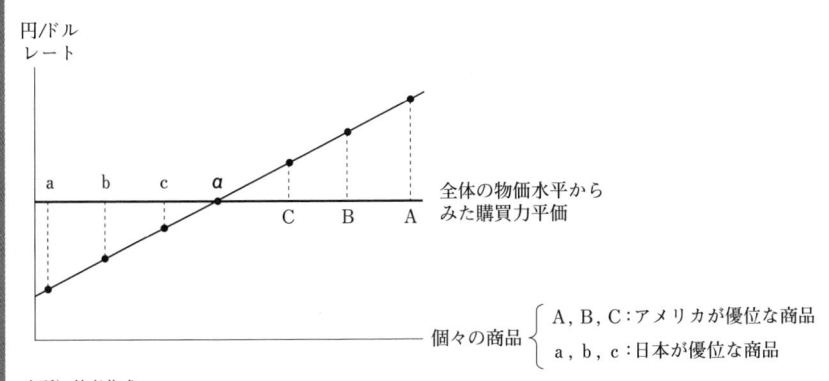

出所）筆者作成。

　そうした中で，この物価水準比を計算しようとしても，不可能に近いのが実情であることは本論で述べたとおりである。そのため，その代用として，相対的購

買力平価が計算されているわけであるが，できれば具体的な財の価格の比較によって購買力平価を見きわめたいとの要望は少なくない。

　そうした要望に応えた大胆な具体例が，ビッグマック・レートであるかどうかということになる。たった1つの商品でありながら，両国の物価水準を代表するようなものがあれば，それは購買力平価の目安になりうるといえる。つまり，上の図でいえば，すべての財・サービスの物価水準比で計算される購買力平価で，ちょうど一物一価の法則が成り立っている商品，具体的には α 点にあるような商品を見つければよいということである。そのためには，その商品では活発な商品裁定取引がなされていること，同質性が高いこと，価格，品質などに関する情報が周知されていること，十分な市場競争がなされていることといった条件を充足することが望ましい。

　たしかに，ビッグマックは貿易を通じて安いものが選択されるという商品裁定取引がなされていないこと，マクドナルドによる独占的商品であり，完全競争状態にないことなどから，適切な指標にはなりえないとの見解も聞かれるが，筆者はおおまかな購買力平価の水準を知るうえで参考にしてもよいのではないかと考えている。もちろん，総合的な物価水準の比としての購買力平価を特定の商品の価格比で議論することには問題があるが，その商品が全体を代表するシンボル的なものであれば，目安になりうるということが大前提である。その点で，ビッグマックはハンバーガーの中では製品差別化された商品であるが，世界の多くで販売されているきわめて同質性の高い商品であること，たしかに貿易されていないし，独占的商品であるが，この商品は各国ともに，代表的なファスト・フードであるため，それぞれの国の庶民の生活水準を念頭に置いた価格設定がなされていること，すなわち結果として，競争原理が働き，かつ同じような消費構造を象徴していることになっていると考えられる。かなり大雑把ではあるが，1つの購買力平価のデータ，すなわち均衡レート，適正レートの目安として参考にする余地はあるのではなかろうか。

第3章
国際通貨

　第1章の国際収支で見たような国際取引は，異なる通貨の交換を必要とするということで，その時の交換比率である為替レートがどのように決定されるかを第2章で取り上げた。次に本章では，国際取引を行う際に，どの通貨を使用するかということに関する問題を考えてみたい。ユーロのような共通通貨を導入している国々もあるが，通常各国はそれぞれの国民通貨を持っている。そうした中で，国際取引に世界のすべての国の通貨を使用しようとしても，取引の決済はきわめて非効率になるし，その国の通貨への信用が乏しいため，取引が成立しにくい場合もある。

　したがって，現実には限られた特定の国の国民通貨，さらには共通通貨が国際通貨として使用されている。そこで，本章では，国際通貨とは何か，国際通貨国のメリットとデメリット，国際通貨になるための条件について学ぶことにしたい。

1
国際決済システムと国際通貨

1－1　膨大な国際取引の決済に必要な国際通貨

　貿易をはじめとした国際取引は，デパートへ行って買い物をするようなわけにはいかない。遠く離れた外国との取引は，どのように決済されるのであろうか。詳しくは，第6章の外国為替の実務で紹介するが，簡単にいえば，次のよ

うになっている。まず，各国間の企業や個人でなされる種々の国際取引で発生する貸し借り（債権・債務）は，それぞれの国の外国為替銀行間の債権・債務に転換されることになる。それを外国為替銀行間で決済する方法は，それぞれの銀行にあらかじめ保有されている相手国通貨の口座（コルレス勘定）から引き落としたり，振り込むことでなされている（貸借記帳決済）。

　こうした外国為替という方法が活用されるため，国際的な取引をしても，わざわざ外国まで現金を持って行って支払いをする必要がないことになる。しかし，約190ヵ国もある世界で，それぞれの国の外国為替銀行が海外のすべての国の主要な外国為替銀行に相手国通貨で口座を持つことは，コストや管理の面から不可能に近いことは容易に理解されよう。実際は，この後述べるような機能を持ち，一定の条件を満たした通貨が国際通貨となり，多くの国がその通貨によって，国際決済をする仕組みが作られているということである。

　現実には，国際通貨としてもっとも多く使用されているのがドルであり，多くの国の外国為替銀行は，図3−1のようにアメリカの銀行にドル預金口座を開設している。そこで，いま日本の貿易企業が韓国の貿易企業にドル建てで輸出をしたとすると，韓国の貿易企業は韓国の銀行に輸入代金を支払い，日本の貿易企業は日本の銀行から輸出代金を受け取る。そして，輸入代金を受け取った韓国の銀行が輸出代金を支払った日本の銀行に支払うべきドルは，アメリカの銀行にある韓国の銀行口座から引き落とし，日本の銀行の口座に振り込まれることで，決済されることになる。

　こうして見ると，膨大な国際貿易や国際資本取引をスムーズに行うために国際通貨が必要なことは理解できよう。それを特定の国際通貨で行って，決済することがきわめて効率的だからである。したがって，現実にはきわめておおまかにいって国際取引の6割ほどがドルという国際通貨でなされているわけである。しかし，逆にいうと，ドルが国際通貨になることによって，アメリカの銀行は世界各国から決済のためにほぼ無利子のドル預金を受け入れることができ，その振替えによって決済をすることで，常に手数料収入を得ることができるという大きな利点を持つこともわかるであろう。

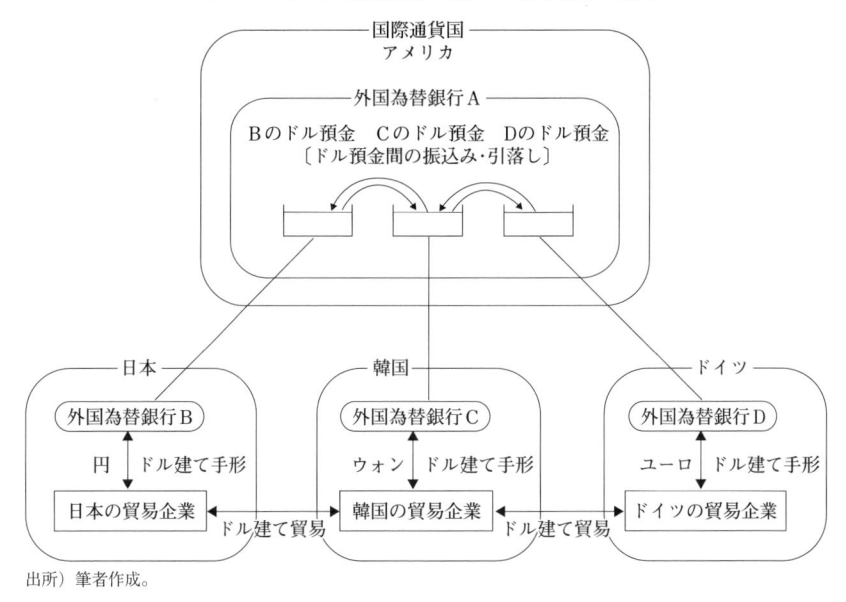

図 3 – 1 ドルが国際通貨の場合の国際決済の仕組み

```
┌─────────────────国際通貨国─────────────────┐
│              アメリカ                      │
│  ┌──────────外国為替銀行 A──────────┐      │
│  │ Bのドル預金　Cのドル預金　Dのドル預金 │      │
│  │    〔ドル預金間の振込み・引落し〕    │      │
│  │    ◠      ◠                      │      │
│  │   □      □      □               │      │
│  └──┬──────┬──────┬──────────────┘      │
└─────┼──────┼──────┼──────────────────┘
      │      │      │
┌─日本─┼─┐ ┌韓国┼─┐ ┌ドイツ┼─┐
│外国為替│ │外国為替│ │外国為替│
│銀行 B │ │銀行 C │ │銀行 D │
│円│ドル建て│ │ウォン│ドル建て│ │ユーロ│ドル建て│
│  │手形  │ │    │手形  │ │    │手形  │
│日本の  │ │韓国の  │ │ドイツの │
│貿易企業 │←ドル建て貿易→│貿易企業│←ドル建て貿易→│貿易企業│
└─────┘ └─────┘ └─────┘
```

出所）筆者作成。

1 – 2 国際通貨とは

　国際取引に必要な国際通貨とは，どのようなものであろうか。一言でいえば，「国際取引に使用され，かつ国際的に保有される通貨」ということであるが，正確には次のような機能を持つものということになる。

　金融論で学ぶように，通貨には計算単位，支払手段，価値貯蔵手段という3つの機能がある。国際通貨は，その機能が複数の国にまたがるだけであり，同じように3つの機能を持つが，その機能が民間取引，公的取引，銀行間外国為替市場のいずれで発揮されるかで，具体的にはそれぞれ**表 3 – 1**に示すような

表 3 – 1　国際通貨の諸機能

	計算単位	支払手段	価値貯蔵手段
民間取引	契約・表示通貨	決済通貨	資産通貨
銀行間外国為替市場		為替媒介通貨	
公的取引	基準通貨	介入通貨	準備通貨

機能を持つということである。

民間取引での国際通貨の機能

　まず，民間取引においては，国際貿易や国際資本取引を行う際に，その取引の契約・表示通貨として使用されるという役割がある。通貨の異なる国同士でなされる国際取引では，必ずどの通貨で取引をするかを契約の際に決めなければならない。したがって，国際通貨には国際取引における契約・表示通貨としての役割が求められる。もし，自国通貨がその役割を担った場合には，その国はあたかも国内取引のように自国通貨で取引ができるため為替リスクはないが，相手国側がリスクを負うことになる。ユーロ圏内のような取引は例外として，一般に通貨が異なる国の間でなされる国際取引においては，どこかの国が為替リスクを負わなければならないという宿命があるということである。

　こうして国際取引がどの通貨でなされるかが決まれば，一般的にはその通貨で決済がなされるため，契約・表示通貨は同時に決済通貨としての機能も持つことになる。ただし，たとえば日本の輸出での円建て・ドル決済の契約，あるいは二重通貨債（デュアル・カレンシー債）と呼ばれ，表示通貨と異なる通貨で元利返済がなされる国際債が発行されるケースなど，両者が異なることもまれにはある。

　資産通貨としての機能は，投資・調達通貨機能ともいわれる。投資家や資金調達者が，国際金融市場において，運用する通貨，反対側から見れば調達する通貨ということである。それは，世界の投資家が国際的観点から自らの資産の価値を保蔵するために選択しているという意味で，資産通貨としての役割を果たしているといえよう。

公的取引での国際通貨の機能

　公的取引では，まず各国の通貨当局は，自国通貨の価値を明確にするため，どこかの通貨を基準として固定したり，あるいはある程度の安定化を図らなければならない。その対象となる通貨が，基準通貨ということになる。

　基準通貨が決まれば，通貨当局はその通貨に対して，為替レートの安定化を図るために，外国為替市場で介入を行わなければならないかもしれない。その

場合には，基準通貨を売ったり，買ったりすることになり，その通貨が同時に介入通貨として機能することになる。

　さらに，その市場介入をして，自国通貨の価値を基準通貨に対して安定化するためには，それに備えて外貨準備を保有しておかなければならない。したがって，基準通貨，介入通貨は，同時に準備通貨にもなりうる。このように，準備通貨には介入という通貨当局の外国為替市場での売買に備えた外貨資金という役割のほかに，その国の政府が保有する大切な対外資産であるため，価値を安定的に保蔵できることも重要である。そのため，基準通貨や介入通貨として使用される以外の通貨が，その役割の一部を担うこともある。

銀行間外国為替市場での国際通貨の機能

　民間の国際取引に加えて，公的部門でも通貨当局が市場介入をすることで，国際通貨と自国通貨が外国為替市場で取引されることになる。その際に，第6章で紹介する外国為替の卸売市場にあたる銀行間外国為替市場では，為替媒介通貨と呼ばれる独特の機能を発揮する国際通貨が存在する。

　たとえば，日本の輸入企業が韓国からウォン建てで輸入をし，その支払いをウォンでしたいと思った場合，それに応じるために日本の外国為替銀行は銀行同士が売買をする銀行間外国為替市場で，次のような取引をしている。まず，円を売ってドルを買い，そのドルを売ってウォンを買うという2つの取引をすることによって必要なウォンを手当てし，日本の輸入業者のウォン需要に応じている。それは，円とウォンの直接的な売買は取引量が少ないが，それぞれとドルとの取引は大量になされているため，簡単に取引が成立し，取引コストも安いからである。このように国際通貨は，銀行間外国為替市場で各国通貨の取引の間に入って，その取引を媒介する役割を担っているということである。

何が国際通貨，基軸通貨か

　国際通貨には，いろいろな機能があることが理解できたと思う。一般には，こうした種々の機能をある程度果たしている通貨を国際通貨とみなしている。したがって，日本の円も，ほとんどどこの国も円を基準とした為替政策をとっておらず，したがって市場介入にも使われていないし，どこの外国為替市場で

も円は為替媒介通貨として使用されていないが，他の機能はある程度担っているため国際通貨の1つと見ることが多い。

　しかし，中にはもっと厳しい国際通貨の定義をすることもある。その1つは，たとえば日本と韓国の間の貿易において，円でもウォンでもない第三国通貨であるドルが使われることが多いが，このような第三国間貿易の媒介をする通貨，そして銀行間外国為替市場で為替媒介通貨として機能している通貨のみを国際通貨とする考え方である。このような通貨は，公的には他の周辺国にとっての基準通貨となり，したがって介入通貨や準備通貨としても重要な役割を担うことになるため，それも加えた機能を担うものを国際通貨という場合もある。

　ここでは，一般的にいわれるように，前述の諸機能を一定程度担っている通貨のことを国際通貨ということにし，その中でも，中心的，支配的役割を果たしている通貨を，とくに基軸通貨ということにしたい。つまり，国際通貨の中の国際通貨であり，その通貨は当然為替媒介通貨，あるいは公的な基準通貨，介入通貨，準備通貨といった重要な役割を果たすことになる。なぜならば，外国為替市場で為替媒介通貨となるのは，もっとも取引量が多く，取引コストが安い通貨でなければならないし，各国の通貨当局から市場介入によって，その国の通貨の安定を図る際の基準とされるような通貨は，ナンバーワンの通貨が選択されるからである。

　したがって，国際通貨にはドルだけでなく，ユーロ，ポンド，スイス・フラン，円などいくつかの通貨があるといえる。最近は人民元の国際化などといわれ，人民元もわずかながら国際取引に使用されつつあり，国際通貨の一角に食い込もうとしている。しかし，国際通貨の中の国際通貨である基軸通貨はドルだけであったが，ヨーロッパでユーロが登場してからは，地域的な基軸通貨としてユーロが加わったといえる。まだ地域限定的であるが，ユーロ圏以外のヨーロッパ諸国などでは，ユーロを中心とした為替相場制度をとっているし，外国為替市場でユーロが為替媒介通貨となっているからである（第9章コラム参照）。

2
国際通貨国のメリットとデメリット

2−1 多大なメリット

　特定の国の国民通貨が国際通貨になると，その国には大きな便益がもたらされる。とくに，基軸通貨国のそれが大きいため，アメリカを例にあげながら見てみよう。

(1)　なんといっても最大の利得は，通貨発行利益（シニョレッジ）と呼ばれる特権を獲得できることである。

　そもそも1国の国内で通貨を発行できる者には，2つの意味で大きな利益が得られる。1つは，シニョレッジの語源になった封建時代の領主のような場合で，領主が鋳造する原価以上の額面分が利得となる。つまり，領主はコストの安い貨幣を発行して，より価値の高い商品を購入することができるというわけである。そうではなく，通貨を発行することを業務とする近代の中央銀行のような場合には，金融論が教えているように，中央銀行は市中銀行への貸付けで通貨を発行する場合は公定歩合，買いオペで発行する場合は購入した債券の利回りの利子収益を得ながら，まったく無利子の貨幣を供給でき，確実に利益を得られることになる。現代経済で，アメリカは経常取引，資本取引の双方を通じて国際通貨を供給しているため，両方の性格のメリットを享受することができる。そのため，説明が難しいが次の3つのようなことがいわれている。

　①封建領主さながら自国通貨で世界中の商品を買えること

　鋳造貨幣どころか，発行コストのほとんどかからない紙幣や預金通貨が主体となった現代経済では，アメリカの通貨発行利益は大きい。もし，アメリカ以外の国の国民が海外の商品を欲しいと思ったとしても，その商品を輸入するためには国際通貨が必要である。したがって，そこの国の国民は努力をし，世界に売れるすばらしい商品を作り，それを輸出して国際通貨を獲得しなければならない。しかし，アメリカ国民はどうであろうか。極端なことをいうと，国際通貨ということで外国の人びとがドルを受け取ってくれる限り，世界に商品を輸出して国際通貨を得る努力をする必要はなく，輪転機でドルを刷りさえすれ

ば，それで世界中から欲しいものを入手できるという特権を持っているということである。このことが，対外的な輸出努力の欠如，安易な輸入を助長し，経常収支赤字を膨らましているともいえる。

実際には，輸入代金の支払いは多少ドルの現金払いもあるが，多くはアメリカにある非居住者のドル預金口座（中心は，外国銀行のコルレス勘定，具体的な決済方法は，第5章1を参照）への振込みという形で簡単になされてしまう。いずれ，外国人はそのドルでアメリカの商品を購入することができるため，封建領主のようにほぼ発行しっぱなしというわけにはいかない。それはアメリカにとっての債務であるため，「負債決済」と呼んでいるが，とりあえずは，海外の商品をほとんど発行コストのかかっていないドルで購入できるというメリットは大きい。

②世界の中央銀行のように，有利子の資産を受け取り無利子の貨幣を供給していること

アメリカは，財やサービスの購入（正確には，経常収支の赤字）によってだけでなく，世界の中央銀行のように，海外へドル資金を貸し付けたり，海外のいろいろな証券を購入することによっても，世界に国際通貨としてのドルを供給している。世界の中央銀行としてアメリカから供給されたドルは，世界中の国際取引の決済に使用するために，現金（中央銀行であるFRBの発行額の半分〜2/3が海外で流通），さらにアメリカの銀行への短期ドル預金口座（短期流動性ポジションという。中心は，コルレス勘定）として，相当額は保有せざるをえないことになる。この部分は，有利子で供給されたドルが取引の決済に使用するために，ほとんど利子を生まない形で保有されるわけであるから，まさしく世界の中央銀行としての通貨発行利益ということにほかならない。

③世界の銀行のように，「短期借り・長期貸し」で収益をあげうること

アメリカは世界の中央銀行としての役割だけでなく，もっと幅広く（商業）銀行のように，世界にドルを貸し付けたり，世界からドルを受け入れ，その国際的な資金循環を仲介することによって，国際通貨発行利益を得ているという見方もできる。

アメリカが世界の中央銀行として供給したドルは，世界の投資家によって利子を生む種々のドル建て金融資産への投資という形でも，アメリカで運用され

ている。アメリカから流れ出たドルは，アメリカへの預金，株式や債券などの取得として還流しており，その還流してきたドルや豊富な国内のドルで，アメリカは活発な海外投資や融資活動を世界中で展開している。世界の中央銀行にとどまらず，アメリカはドルの国際資金循環の仲介をするという世界の銀行の役割も果たしているといえる。その際に，銀行というのは「短期借り・長期貸し」というのが基本であるため，その利率の違いからほぼ確実に収益が得られる構造を持っているが，アメリカはその恩恵に浴しているというように理解することもできる。

　すなわち，アメリカは世界の銀行として短期で利率の低い資金，すなわち海外の銀行のコルレス勘定，海外の一般事業会社や個人の短期ドル預金，外国政府の外貨準備運用としての財務省証券（TB）購入などを多く受け入れている。反面，世界の銀行として長期の投融資，すなわち海外直接投資，ハイリスク・ハイリターンの対外証券投資，長期で大型の国際的融資などを積極的に行っている。現実に，アメリカはその利率の格差による利益を享受している。第10章のグローバル・インバランスで詳しく述べるが，アメリカは債務が債権を大幅に上回る「借金大国」であるにもかかわらず，債務に比べ債権の方の収益性が高いため，その果実である投資収益収支が若干ながらも黒字を維持できているからである。

(2)　自国通貨であるドルで，世界中の財・サービスを輸入できるという国際通貨発行利益と重複するかもしれないが，アメリカは経常収支の赤字を容易にファイナンスできるというメリットを得ている。

　一般に，ほとんどがドル建てで貿易されているアメリカでは，すでに見たようにその決済はアメリカにある非居住者のドル預金口座（コルレス勘定）への振込み，引落しでなされる。こうした「負債決済」の結果，輸入などが輸出などを上回る経常収支の赤字分は，ドル預金口座の残高が増加することになり，アメリカが外国からドルを借り入れたことを意味する。実際は，アメリカの国内で非居住者のドル預金口座に振り込まれており，海外にドルは流出していないが，理論的には，アメリカから外国に支払われた輸入代金のドルが，外国からアメリカにドル預金されたと理解できる。アメリカ以外の国では，経常収支の赤字は外貨準備を取り崩すか新たな外貨の借入れを行わなければならず，それ

ができないと直ちに外貨資金繰りに窮してしまう。しかし，アメリカは当面は自動的に外国からのドル預金の増加という借入れで処理でき，ファイナンスが容易であるといえる。

　もちろん，このような決済目的のためのドル預金口座は必要以上に保有するものではない。それを超えての膨張は，外国の投資家による各種ドル建て金融資産の保有へと転換していかなければ，アメリカの経常収支赤字の本格的ファイナンスができているということにはならない。いまのところ，これがドル以外の通貨の金融資産へとシフトせず，ドル建て金融資産としてアメリカにとどまっていることが，第10章で取り上げるアメリカの経常収支赤字の持続可能性（サステイナビリティ）をもたらしている。

(3)　国際通貨発行国は国際取引を自国通貨でできるため，為替リスクが回避できることがあげられる。

　いうまでもなく，アメリカの貿易企業はそのほとんどの輸出入を国内の取引と同じようにドルで行っているし，金融機関もドルで投融資活動を行っており，為替リスクにさらされることはない。ドルで取引をしている相手国側が，為替レートの変動に伴う為替リスクを負うことになる。ただし，その場合でもアメリカ側が基本的に為替リスクにさらされないのは，すでに契約の済んでいる取引であることに留意しなければならない。たとえば，ドルが上昇したとすれば，その中で商談をするアメリカの輸出企業は，ドル建ての輸出価格を引き下げないと，契約の成立が難しくなるといった問題に直面するからである。

(4)　国際通貨国の金融機関の国際金融業務が活発化することも期待される。

　すでに説明したように，世界の多くの取引がドルでなされると，その決済はアメリカの銀行に預けられているドル預金口座（コルレス勘定）によって決済されるため，アメリカの銀行はいながらにしてほぼ無利子での預金口座を海外の銀行から受け入れることができ，決済のたびに手数料収入を得ることができる。それだけではない。ドルでの国際貿易に伴う貿易金融としてドルの融資がなされるし，逆にドルを得た海外の輸出企業などが，次に使用するまでの間，ドルで運用をすることになる。さらに，もっと長期的な資金として，海外での大規模な事業のための投資資金や発展途上国の経済開発資金という形でドルへのニーズが高まることになる。

こうした海外からのドル資金の調達・運用に対して、もっとも豊富なドル資金を有し、ドルに関する金融ノウハウ、多彩な金融商品を持つアメリカの金融機関が活躍の機会を得やすくなることは多くを語るまでもなかろう。

2－2 国際通貨国のデメリット

もちろん、国際通貨国にはデメリットもないわけではない。

(1) まず第1に、国際通貨として機能するためには、その通貨価値が安定したものでなければならず、したがってその発行国は対外均衡に十分配慮した金融政策等の政策運営をしなければならないことである。どうしても、各国政府は自国の経済成長を優先した政策運営を志向しがちであるが、国際通貨国には金融節度が求められるということである。

(2) 国際通貨国は、後述のように開かれた国際金融市場を持たなければならない。そうすると、内外の資本取引が活発化し、金融政策が十分効力を発揮できないという危険性があるといえる。たとえば、国際通貨国でインフレが高進し、金融引締め政策をとったとしても、それによって金利が上昇し、海外から大量に資本が流入してしまえば、せっかくの政策の効果が得られないということもありうるからである。

(3) 巨額の資本が移動している今日の世界経済では、投機家の予想によって、いくつかの国際通貨の間で為替レートが実態を離れた変動をきたし、経済が混乱しかねないという問題もある。

(4) 国際通貨国以外の国々は、特定の国際通貨を基準にして、自国通貨を安定化しようとするが、その際には自国に有利になるように設定しがちであるため、国際通貨国の通貨が割高になる危険性があることである。

以上が国際通貨国の負わなければならない負担であるが、主要先進国通貨が変動相場制に移行した中では、国際通貨国の負担になっていないし、国際的に巨額の資本が移動している中では、必ずしも国際通貨国独自のデメリットでないのが実情である。どういうことかというと、IMF体制(ないしは、ブレトンウッズ体制)における固定相場制の下では、アメリカは35ドル/オンスという平価を維持し、海外の公的部門の金兌換に応じなければならず、そのためには節度ある金融政策を遂行しなければならなかった。それを怠ったために、このシステ

ムは崩壊したが，今日の変動相場制の下では，「金の縛り」はまったくなくなっており，自国本位の安易な政策運営をし，経常収支赤字でドルを垂れ流している。

さらに，今日の世界では，先進国をはじめ多くの国で資本取引の自由化が進展している。そうした中では，その国の通貨が国際通貨であるか否かに関係なく，海外との資本取引が活発化し，自国の金融政策が尻抜けになってしまうことがありうる。また，国際通貨だけが投機アタックの標的になるわけではなく，資本取引の自由化をした国であれば，隙を突かれることは多分にあるといえる。

つまり，国際通貨国の責務は必ずしも果たされておらず，他のデメリットも国際通貨国独自のものでなくなっている現代の世界経済では，国際通貨国，とりわけ基軸通貨国は特権によって大きなメリットを享受しているということにほかならない。それゆえ，基軸通貨国・アメリカはその地位を死守すべく，ユーロの誕生，アジアでの通貨・金融協力など，それを脅かすような動きに敏感に反応しているといえる。

3
国際通貨の条件

3-1 国際通貨になるために

その国の通貨が国際通貨になると，デメリットを上回るメリットを享受できる可能性が高いが，どんな国の通貨でも国際通貨になれるわけではない。そこで，以下に国際通貨の条件を提示しておく。ただし，これは国際通貨になるための条件であり，一度国際通貨，とりわけ基軸通貨になった場合の条件とは多少のズレがあることに留意をしなければならない。

(1) 第1にいえることは，その国の経済力，さらには政治力が強大であることである。

世界的，あるいは特定の地域において，経済規模が巨大な国は貿易取引，国際資本取引において大きな影響力を持ち，政治的発言力も強いものと思われる。逆に，それ以外の国々（以下，周辺国）は貿易取引，直接投資の受入れ，必要資金の調達・運用，公的な援助などの面で，その国に依存する度合いが高くなら

ざるをえない。こうした状況の下では，民間の輸出入の商談における取引条件の交渉，あるいは国際金融市場での投融資活動において，当該国の立場が有利になり，その国の通貨が取引に使用される可能性が高い。さらに，周辺国の通貨当局としても，影響力の大きい当該国との経済関係を安定化できるように，その通貨を基準とした為替政策を採用せざるをえなくなるというわけである。

(2) 国際取引に使用されたり，海外で保有されるような国際通貨となるためには，為替レートが安定しており，その国の通貨に対する信認が高くなければならない。

したがって，国際通貨国は経済のファンダメンタルズが良好に維持されるように，健全な経済政策運営に努めなければならない。とりわけ，国際通貨国のデメリットとして指摘したように，対外均衡に十分配慮した節度ある金融政策を遂行し，インフレ高進や経常収支悪化を招くことのないような経済運営が求められる。

(3) 上記のように，経常収支の黒字はその国の通貨の信認にも関わっているが，それだけではなく，資本輸出（金融収支黒字）国として，世界に信用力の高い資金を供給するためにも必要な条件である。

そのような国には，十分な規模，多様な金融商品を持つ国際金融市場が形成されやすく，投資機会を求める資金が豊富に存在することになり，好条件での資金調達が可能となった周辺国の借り手が，当該国の通貨での金融を受け入れるようになると見られるからである。

(4) その国の金融市場は，豊富な資金量を誇るだけでなく，市場メカニズムの作用する自由で効率的な市場でなければならないし，対外的に開放された市場でなければならない。

その国が資本取引の規制や為替管理を加えることなく，豊富な資金を背景とした多様な金融商品を提供するならば，当該国の金融市場は国際金融市場としても，大きな役割を担い，当該国通貨での貿易金融や多様な資金の調達・運用がなされることになるからである。

3－2 基軸通貨の「慣性」

以上のような国際通貨の条件を提示すると，多くの読者が，基軸通貨国・ア

メリカは対外均衡に配慮した節度ある経済政策運営をしていないし，何よりもその結果として，経常収支が世界最大の赤字を計上し続けているのに，なぜ基軸通貨国として，その地位を保っているのかという疑問を抱くのではなかろうか。その答えは，国際通貨国になるためには，前記の条件を満たさなければならないが，一旦国際通貨の中で中心的役割を果たすような基軸通貨の地位を得ると，(2)と(3)の条件を必ずしも満たさなくなっても，その地位が維持される傾向があるということである。

次章で詳しく述べるが，第2次世界大戦後のIMF体制は，アメリカのドルを基軸通貨とした固定相場制であった。さらに，アメリカは各国の通貨当局が保有するドルについては，35ドル/オンスで金と兌換することになっていたため，金・ドル本位制と呼ばれた。しかし，肝心のアメリカが金融政策の節度を守らなかったため，金利が高く，収益性の高いと思われるヨーロッパ等へとドル資金が流出した。それを得た各国の通貨当局が金兌換を求めたため，保有していた金準備が急減し，この体制を維持できなくなった。1971年のニクソン・ショックによって，この体制は崩壊し，1973年から主要先進国は変動相場制の時代へと移行した。

変動相場制の下では，理論的には中心国も周辺国もなく各国が対等の立場になるはずであるが，実際にはそうはならなかった。依然として基軸通貨国であるアメリカは「金の縛り」がなくなったため，ますます対外均衡に配慮した節度ある金融政策をとることなく，自国中心の経済政策運営を続け，経常収支の赤字を累増させるようになってきている。まさしく，基軸通貨国として，特権ともいえるメリットだけを享受しているといえる。

にもかかわらず，基軸通貨の地位が維持できているのは，「慣性」の効果が働いているからである。それは，国際的な公用語ともいえる英語の普及に似ている。今日，世界的なコミュニケーションを図る際に，もっとも多くの人が理解でき，通用するのが英語であるため，多くの人がそれを習得しようとする。そうすれば，英語はますます多くの人に解されるようになり，さらなる普及が進み，その地位を保ちうることになる。

同じように，ナンバーワンの国際通貨である基軸通貨は，世界の国々でもっとも受容されやすく，国際取引に多く利用される。したがって，外国為替市場

第3章　国際通貨

ではもっとも取引量が多く，その取引コストはもっとも低くなり，先ほどの為替媒介通貨として機能する。そうすれば，各国の通貨当局はその通貨を外貨準備として保有しながら市場介入などでその通貨との安定性を図ろうとする。そうすれば，安定的で取引コストの低いその通貨を使って国際取引をする人びとが，さらに多くなるため，なかなか基軸通貨の地位を失わないということである。

イギリスのポンドに代わって，ドルが基軸通貨の地位を奪うことができたのは，ドルが先ほどの国際通貨の条件を満たし，しかも第1の条件の経済力で小人の国のガリバー的といえるほど，圧倒的な超大国になって，ポンドの「慣性」を打ち破ることができたからである。今後，世界経済の多極化が予想される中では，そうしたガリバー国が誕生する可能性は少ないかもしれない。しかし，1980年代末に，ドイツ・マルクがドルをヨーロッパから駆逐し，基軸通貨になったことを考えると，世界全体ではなく地域的な基軸通貨の交代は可能であり，いくつかの大国が並立する今後の国際経済では，複数基軸通貨体制ということがありうるかもしれない。

（コラム）流動性のジレンマ論：1国の国民通貨を基軸通貨とすることには限界？

アメリカ発の世界金融危機を経験して，ドル一極の基軸通貨体制に対する信頼が薄れている。とくに，2009年には中国人民銀行の周小川総裁が，「そもそもアメリカという国の国民通貨に過ぎないドルを基軸通貨として使うことには限界があり，どこの国の通貨でもないSDR（特別引出権と呼ばれるIMFで創出した国際通貨）をもっと活用すること」を提案したため，改めてドルが基軸通貨であることに疑問が呈された。周小川総裁の提案の背景にあるのは，「流動性のジレンマ論」と呼ばれる考え方である。それは，1960年にR.トリフィンが『金とドルの危機』という著書の中で唱えたものである。

当時のIMF体制のもとでは，まさに超大国アメリカのドルが基軸通貨であった。しかし，それを国際取引に使用するために世界中に安定的に供給するためには，アメリカの経常収支が赤字にならなければならない。そうしなければ，世界で必要なドルを持続的に提供できないからである。年々，拡大する世界貿易に対応す

るためには，アメリカの経常収支の赤字が続かなければならないし，借金である対外純債務残高が膨らまざるをえない。そうなれば，基軸通貨・ドルへの信認は揺らぐことになり，このようなドルを基軸通貨とした体制自体が維持できなくなるという矛盾を抱えているということである。結局，ドルに限らず，特定の国の国民通貨を国際通貨として使用するというシステム自体に矛盾があるということにほかならない。

この考え方を踏まえて，1967年にIMFで創出された国際通貨がSDRであった。ドルのような国民通貨が，国際通貨として世界に供給されるためには，各国が努力をしてアメリカに輸出をしてドルを獲得する，すなわちアメリカが経常収支の赤字にならなければならないが，このSDRはIMFで話し合って，「無から有を生む」という形で発行することができる。ちょうど，1国内で政府・中央銀行がその国の通貨の供給，発行をする仕組みの世界版といえる。

ただし，SDRという紙幣やコインを世界中に発行したわけではなく，IMFの帳簿のうえで，各国がいつでもそれを使って，必要な国際通貨を引き出すことのできるという権利を創出した。したがって，その役割は本文の国際通貨の機能でいえば，各国の通貨当局の準備資産が増え，何かあればその引出し権で必要な国際通貨を獲得しうるというものであり，それ自体ほとんど民間の取引には使用されない。ほぼ，公的部門の準備通貨という機能に限定されている。

皮肉なことに，アメリカが超大国であるがゆえに，十分国際通貨が供給されないどころか，今日ではアメリカの国際競争力が低下し，経常収支の赤字が大きくなり過ぎ，必要以上のドルを世界に垂れ流し，その信認が低下してしまっている。そうした中では，いまこそどこの国の通貨でもない国際通貨が必要なのかもしれない。しかし，世界の共通通貨ともいうべきものを創出し，それを実際の国際取引に使用することは，理論的に考えるほど簡単ではない。したがって，すでにあるSDRの機能強化だけでなく，ガリバー的超大国が存在しない多極化の時代に向けて，地域的協力によって地域的な共通通貨を創出するという試みがなされ，ヨーロッパでのユーロの誕生につながったということである。

第 4 章

為替相場制度

　本章では，第3章で学習した国際通貨，とりわけ基軸通貨を中心とした各国通貨の関係を取り上げることにする。国際通貨体制，国際通貨制度，国際通貨システム，為替相場制度など，呼び方はさまざまであるが，ここでは次の点について学ぶことにしたい。

　まずはじめに，戦後の具体的な為替相場制度の概要とその推移を見てみたい。それによって，典型的な固定相場制である IMF 体制の仕組みとその崩壊，および現在の世界の為替相場制度の全体像を俯瞰するためである。次に，固定相場制と変動相場制，さらには中間的為替相場制度について，基本的仕組みと具体的諸制度を紹介することにする。とくに，主要先進国が採用している変動相場制について，期待されている機能とその実情を理解できるようにしたい。最後に，各国が自由に為替相場制度を選択できる現在において，その選択基準ともなる「国際金融のトリレンマ」という重要な考え方を学ぶことにしよう。

1 戦後の為替相場制度の概要

1 − 1 　IMF 体制の基本的仕組み

　1929 年の世界大恐慌以降，世界各国が通貨切下げや為替管理の強化といった保護主義的な政策をとったことが，第 2 次世界大戦の遠因になったという反省に立って，戦後は安定的なブレトンウッズ体制が構築された。それは，IMF（国

際通貨基金）を中核とした国際通貨体制とIBRD（国際復興開発銀行）を中心とした経済復興，経済開発体制からなっていた。そこで確立された戦後の為替相場制度の基本的仕組みは，次のとおりである。

(1) IMFの加盟国は，金またはドルに対して，自国通貨の平価を設定すること。実際には，アメリカ以外の国はドルに対して設定しており，たとえば日本は360円/ドルの平価を設定した。

(2) 加盟国は設定した平価を基準にして，為替レートを上下1％以内の範囲に抑えるという義務を負っていること。
その範囲を超えそうになった場合は，各国は外国為替市場に介入しなければならず，それに備えて，外貨準備としてドルを保有する必要があった。

(3) 平価を変更するためには，IMFの理事会で承認を得なければならないこと。IMFが平価の変更を承認するのは，原則として，平価がその国の国際競争力にそぐわなくなり，国際収支に「基礎的不均衡」が存在する場合とされた。

(4) 加盟国が国際収支の短期的な不均衡に直面し，外貨が必要となった場合，IMFは加盟国の出資割当額に応じて，融資をすること。

(5) アメリカは，各国の通貨当局が保有するドルに対して，1オンス＝35ドル

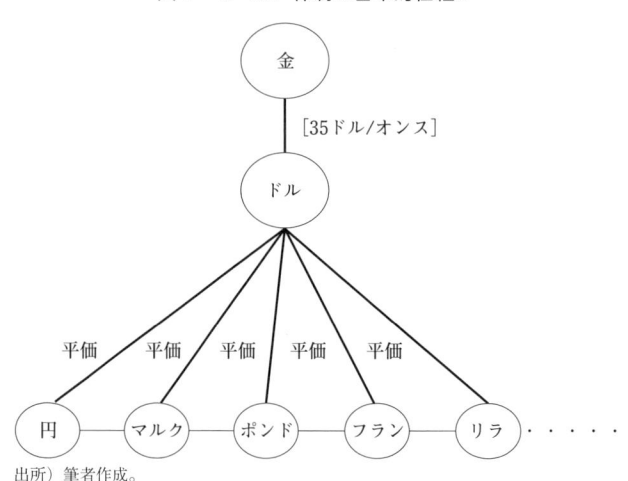

図4－1　IMF体制の基本的仕組み

出所）筆者作成。

で金との交換（兌換）に応じること。

(1)〜(4)は IMF の制度として，協定で規定されたものであるが，これはアメリカが自主的に約束したものである。

以上のことから，結局 IMF 体制というのは，図4－1に示されるように，物理的な価値を持った金に裏づけられたドルを中心にした固定相場制であり，「金為替本位制（または，金・ドル本位制）」といえる。さらに，金はドルの価値を保証していると同時に，アメリカは金兌換を約束しているため，むやみやたらに国際収支の赤字を続け，ドルを垂れ流しにくいといえる。つまり，この体制を維持するためには，基軸通貨国として節度ある政策運営が，アメリカに求められているシステムということにほかならない。

1－2　IMF体制の崩壊と今日の為替相場制度

基軸通貨国・アメリカの圧倒的な経済力を背景にした IMF 体制では，当初はアメリカの国際収支が黒字であったため，世界はドル不足状態にあり，マーシャル・プランと呼ばれるアメリカの経済援助によってその解消が図られた。しかし，1958年に，ヨーロッパの主要国が経済復興を果たし，ドルとの通貨の交換性を回復すると，事態は大きく変化することになる。ヨーロッパ諸国の復興・発展への期待から，アメリカの企業の対ヨーロッパ投資が急増した。

さらに，アメリカでは国内の景気後退から金融緩和政策を採用したために金利が低下し，投機的資金がヨーロッパに流出したことも加わり，アメリカの資本収支の赤字（新しい国際収支表でいえば，金融収支の黒字）が膨らんでしまった。それによって，大量のドルが供給され，世界はドル過剰へと転換することになった。

各国の通貨当局は，このドルを金に兌換することをアメリカに要求したため，アメリカの保有金は急減することになった。表4－1に見られるように，1960年代に入ると，アメリカの保有する金準備に各国の通貨当局が保有する外貨準備としてのドルが近づいており，1967年にはついにそれが逆転してしまっている。こうして，金の裏づけを失いつつあるドルへの信認が揺らぎ，ドル不安から投機による通貨危機が頻発するようになった。これに対して，アメリカはドル防衛策を講じたり，ヨーロッパ諸国の協力を求めたが，それらが功を奏する

表 4 − 1 アメリカの対外短期債務と金保有

(単位：100万ドル)

	(1) アメリカの対外短期債務	(2) うち海外の通貨当局保有分	(3) アメリカの金保有	[(3)/(2)] (％)
1950	7,117	3,632	22,820	630.4
1960	17,366	10,320	17,804	172.5
1961	18,781	10,940	16,947	154.9
1962	19,874	11,963	16,057	134.2
1963	21,330	12,467	15,596	125.1
1964	23,821	13,224	15,471	117.0
1965	24,072	13,066	13,806	105.7
1966	26,219	12,539	13,235	105.6
1967	26,370	14,034	12,065	86.0
1968	30,297	11,319	10,892	96.2
1969	38,631	11,054	11,859	107.3
1970	40,449	19,293	11,072	57.4
1971	53,632	39,018	10,206	26.2

出所）『東京銀行月報』1976年11月号。

ことなく，1971年8月には，金とドルの交換を一方的に停止するに至った。このニクソン・ショックによって，金に裏打ちされたドルを基軸通貨とした固定相場制というIMF体制は崩壊することとなった。

　その後，一時的にスミソニアン体制と呼ばれる固定相場制を経て，1973年には，主要先進国はなし崩し的に変動相場制へと移行した。その後も固定相場制への復帰に向けた努力が実ることはなく，1976年には，前述のIMF体制を規定したIMF協定が改正され，IMF加盟国は変動相場制も含め，自由に為替相場制度を選択できることになった。つまり，現在の国際通貨体制は特定の制度的仕組みがなくなっており，「ノンシステム」と呼ばれるようになっているということである。

　その結果，今日の国際通貨体制は，次のような姿になっているといえる。すなわち，各国は自由に為替相場制度を選べるようになっており，現在では，この後紹介するようなさまざまな為替相場制度が採用されている。しかし，それをおおまかに固定相場制と変動相場制に区分するならば，発展途上国を中心に，50％弱もの国々が依然として固定相場制をとっている。伸縮性の高い為替相場制度を採用している国もほぼ同じ数にのぼっているが，何らかのコントロール

をしている「管理フロート制」が多く，典型的な変動相場制といえる「単独フロート制」は 10 数％に過ぎない。にもかかわらず，「今日の世界は，総フロート制の時代にある」といったことがいわれるのには理由がある。それは，図 4－2 に示した概念図のように，多くの発展途上国が自国通貨を固定している主要先進国通貨が，ユーロのような「共同フロート制」またはその通貨だけの「単独フロート制」といった変動相場制を採用しているため，結局世界の大多数の通貨同士が変動してしまっているからである。

図 4－2　今日の国際通貨体制の概要：変動相場制下のドル本位制

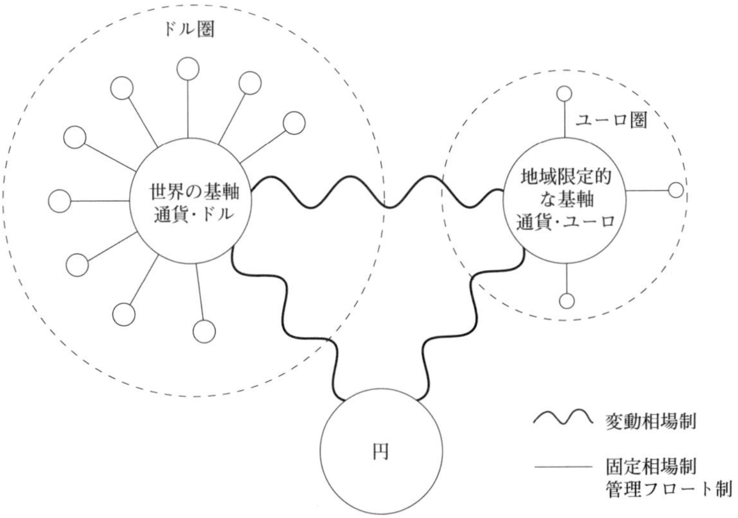

出所）筆者作成。

このように，現在の世界は全体としてほぼフロート制にあるといって間違いない。そこでは，金・ドル本位制といわれる IMF 体制と違って，本来は中心となる通貨は必要ないはずであるが，今日でも依然として，多くの国がドルと自国通貨を固定，あるいは安定化する為替相場制度を採用し，国際取引にドルを使用し，かつドルを保有している。すなわち，ヨーロッパでは局地的にユーロにその座を譲っているとはいえ，ドルは世界の基軸通貨として君臨し続けている。そのため，今日の姿を「変動相場制下のドル本位制」と呼ぶことが多い。

2
為替相場制度の具体的類型

2-1 固定相場制

　為替相場制度は，大きくは固定相場制と変動相場制に区分されるが，現実には多様な制度があり，それらを自由に選択できることになっている。そこで，具体的な制度を固定相場制から見てみよう。

　一般に固定相場制とは，その国の通貨をドルなどの特定国通貨や複数の国の通貨（通貨バスケット）に対して，あらかじめ公表した為替レート（平価あるいは公定レート）で固定する制度のことをいう。ただし，ここでは複数通貨のバスケットに固定する通貨バスケット・ペッグ制は，中間的為替相場制度として扱うこととする。実際には，完全に一定の為替レートで固定するのではなく，ある幅の中で固定させることが多く，通貨当局は市場介入によって，その固定的な為替レートを維持している。

　しかし，厳格な固定相場制（ハード・ペッグ）といわれる次のような制度も，その1つとされている。

ドル化と通貨同盟

　南米の国の一部には，あえて自国通貨を発行せずに，アメリカのドルを法定通貨として使用している国がある。事実上，ドルを自国通貨としている国であり，ドル化と呼ばれている。そこでは，アメリカとの間で為替レート自体が存在しないという意味で，厳格な固定相場制とみなされている。

　ヨーロッパでの通貨統合によって生まれたユーロのように，複数の国や地域で，1つの通貨を使用することを通貨同盟と呼ぶ。この場合も，その中の国々では為替レートが存在しないため，厳格な固定相場制といえる。しかし，域外の国々に対して変動する場合は，共同フロート制と呼ばれている。

カレンシー・ボード制

　為替レートが存在しながら厳格な固定相場制とされる制度であり，現在も香

港が採用しており、2002年まではアルゼンチンも採用していた。これは、たとえば単に自国通貨をドルに固定するだけでなく、自国通貨の発行量を外貨準備のドルによって、規定するものである。そうすることによって、もし自国の国際収支が赤字になったとすると、自動的に自国通貨の発行量が抑制されて、景気後退・物価安定が図られ国際収支が改善するし、逆の場合は、反対の自動調整メカニズムが作用することを狙ったものである。

2－2 変動相場制

変動相場制（フロート制）は、基本的に外国為替市場での需給によって、為替レートが変動するものである。外国為替の需要が供給より多ければ、外貨高・自国通貨安、逆の場合は、外貨安・自国通貨高が起こる。

管理フロート制

変動相場制といっても、まったく市場介入が行われない完全な自由変動相場制は見られない。為替レートが乱高下したり、経済状態から見て、望ましいと思われる水準から大きく乖離した場合には、市場介入が実施されている。

その市場介入の頻度が多い、あるいは市場介入によって、為替レートを一定の範囲内にコントロールしているような場合を、管理フロート制と呼んでいる。しかし、固定相場制でも、一定の幅を持って固定した場合との境界線は曖昧である。あえていえば、あらかじめ明確な公定レートが決められておらず、変動の範囲が相当の幅を持っている場合が管理フロート制ということになろう。

2－3 中間的為替相場制度

為替レートの変動幅をめぐっては、どこまでが固定相場制で、どこからが変動相場制かは明確ではない。次節で取り上げる2つの制度のメリット、デメリットを勘案し、双方のメリットを得ること目指した中間的な為替相場制度が、実際に採用されている。その主なものをまとめて紹介しよう。

通貨バスケット・ペッグ制、通貨バスケットを参照した管理フロート制

アジア通貨危機を経験して、ドルだけに対して固定することの危険性が認識

され，いくつかの通貨で構成される通貨バスケットに固定する，あるいはそれを基準に管理するという制度が注目されている。それは，現在の国際通貨体制の下では，実質的に多くの通貨が変動しており，複数の国と密接な対外経済関係を有する国は，特定の1通貨だけに固定しても，全体的な対外経済関係の安定を維持できないということを痛感したからである。

具体的には，SDRのような出来合いの通貨バスケットを活用する場合もあるが，自国の対経済関係から見て重要な通貨でバスケットを構成している。もっとも簡単な数値例として，いまタイがアメリカと日本とだけ貿易をしており，両国のシェアが半々であったとしよう。もし，ドルが円に対して10%上昇した時に，タイが自国通貨バーツをドルにだけペッグしていたとすれば，対米貿易には変化はない。しかし，バーツはドルと一緒に円に対して10%上昇するため，日本への輸出減少，日本からの輸入増加によって，経済が不安定化してしまう。

しかし，ドルと円が50%ずつ入った通貨バスケットに固定していたとすれば，どうであろうか。その時には，ドルと円が半々のシェアであるため，バーツは10%変化した円とドルのちょうど中間に位置することになる。すなわち，円に対しては5%上昇し，貿易が悪化するが，ドルに対しては5%下落し，貿易が好転する。したがって，タイ全体の輸出にも輸入にもほとんど変化はなく，対外的な経済関係の安定が維持できるというわけである。

これは，その国の対外経済関係において，重要な通貨全体に対する価値を表す実効為替レートを安定的に維持しようという制度である。通貨バスケット・ペッグ制は，上のバーツの例のように，ウエート付けされた通貨バスケット全体に対して，価値を固定させるもの（実効為替レートを固定化）であるが，中の個々の通貨に対しては変動することになる。さらに，通貨バスケットに固定せず，したがって，実効為替レート自体をある範囲内で変動させ，管理するものが通貨バスケットを参照した管理フロート制というわけである。

クローリング・ペッグ制

これは，公定レート（中心レートということもある）を一定の経済指標に基づいて，定期的に調整する制度である。一般には，過去の内外のインフレ率格差がその指標とされることが多い。ということは，購買力平価が実現するように，

あるいは後述の実質為替レートを安定化するように，定期的な調整を行うことを意味している。かつて，ハイパーインフレに悩まされた中南米諸国は，この制度を採用しており，中心レートを定期的に切り下げることによって，激しいインフレによる国際競争力の減退をカバーしようとした。

ターゲット・ゾーン制

バンド付きの変動相場制ともいわれ，通貨当局はあらかじめ中心レートに対して，一定の変動幅を設定・公表し，それを超えないように市場介入を行うものである。前述のように固定相場制でも一定の変動幅を設定することが多い中では，それとの区分は曖昧であるが，多分に変動幅が広く，政策的柔軟性が高いものといえる。

3
固定相場制と変動相場制のメリットとデメリット

3-1 固定相場制のメリットとデメリット

何といっても，固定相場制のメリットは為替レートが安定しているため，国際貿易や国際資本取引が行いやすいことである。為替レートが変動して為替リスクがある場合には，リスクを勘案した取引をしなければならず，取引コストがかさむ。しかし，それがほとんどないため国際貿易や国際資本取引が促進されやすいといえる。

そのほかには，インフレ抑制的な金融政策が遂行されやすいことが指摘される。ただし，これは前章で紹介した国際通貨の条件である健全な政策運営，節度ある金融政策を，基軸通貨国がとっていることが大前提である。変動相場制では，対外不均衡（国際収支不均衡）が自動的に調整されるため，政策当局は国内経済中心の経済政策運営をし，景気を刺激しようとするため，インフレ高進を招きやすい。しかし，国際資本取引が自由化された固定相場制のもとでは，自由に金融政策を遂行することはできず，基軸通貨国に合わせる以外にない（次節の国際金融のトリレンマ参照）。したがって，基軸通貨国がその責務を果たし，健全な経済政策運営を心がけるならば，周辺国でもインフレが蔓延することは

ないというわけである。

　一方，固定相場制のデメリットは，その中心となる基軸通貨国だけが，大きな特権（前章の国際通貨国のメリット）と責務（前章の国際通貨の条件）を持ち，その他の周辺国とは対等の関係にはないという「非対称性」に関連している。もし，基軸通貨国が特権だけを享受し，自らに課せられた責務を果たさずに安易な政策運営をすると，周辺国にインフレが撒き散らされたり，基軸通貨国の国際収支の赤字から基軸通貨への信認が低下し，固定相場制の維持が難しくなりかねない。つまり，中心になる国の行動いかんによって，上記のようなメリットが期待される場合もあるし，逆にデメリットが表面化することもありうるということである。

　とくに問題なのは，固定相場制への信頼が揺らぎ投機が発生した場合，それに対する耐震力が弱いという点である。それは，投機家にとって，一方向への予想（one-way option）が成立するからである。どういうことかというと，固定相場制の下では，ある国が平価の切下げをせざるをえなくなるのではないかという予想が生じた場合，投機家はその通貨の売り投機に大々的に乗り出しがちである。なぜならば，投機家は投機アタックが成功して通貨切下げがなされれば，大きな利益が得られる反面，失敗しても，元の平価で買い戻すことができ，若干の売買コスト以外に損をすることがないからである。こうして，固定相場制下では，攻撃的な投機が起こりやすく，それに備えた外貨準備を十分に保有しなければならないというデメリットがあるといえる。

3－2　変動相場制に期待されたメリットと現実

理論的に期待された機能

　典型的な固定相場制であるIMF体制が揺らぐ中で，経済学者から変動相場制のメリットが指摘され，その機能への期待が高まった。以下が期待されたメリットである。

(1)　国際収支が自動的に調整できること

　変動相場制では，外国為替市場で価格メカニズムが働くわけであるから，外国為替の需給の背後にある国際収支が自動的に調整されることになる。

(2)　金融政策の自由度が増すこと

為替レートによって，国際収支の不均衡が調整されるならば，金融政策は国内均衡を達成するために使用することができる．固定相場制の場合は，金融政策は基軸通貨国にならって遂行しなければならないが，変動相場制下では，国内経済がインフレ傾向にあれば引締めを，デフレであれば緩和をといったように，国内均衡達成のために使用することができる．

(3) すべての国が対等な関係になること（対称性）

多数の国（n 国）が固定相場制に参加するとなると，為替レートは $n(n-1)/2$ も存在することになる．それらの固定化のためには，中心となる基軸通貨を決め，他の周辺国がその通貨に対する平価を維持するのが一番効率的である．したがって，すでに述べた特権および責務を持った基軸通貨国と，その通貨に対する平価の維持のために，外貨準備を持ち，市場介入をしなければならない周辺国という「非対称性」を持つことにならざるをえない．

しかし，変動相場制であれば，すべての国が対等な関係になる．したがって，基軸通貨国だけが特権を乱用したり，周辺国が金融政策の制約を受けたり，外貨準備の保有やそれによる市場介入の義務を負うことはなくなる．

(4) 投機への耐震性

変動相場制であれば，将来の為替レートは上昇，下落のいずれも予想されるため，固定相場制のような一方向への予想が起こりにくい．したがって，投機の攻撃には強いと期待される．

変動相場制の現実

理論的には，以上のような機能が指摘されたにもかかわらず，1973 年に，主要先進国が変動相場制へと移行した以降の経験は，期待に反する点が多かったといえる．

(1) 為替レートの自動的な国際収支調整に限界があること

すでに学んだように，短期的にはマーシャル・ラーナー条件が充足されず，J カーブ効果が起こるため，変動相場制になっても国際収支の不均衡の是正には時間がかかることが認識された．それだけでなく，アセット・アプローチ理論が教えているように，為替レートはストック市場で決定され，市場の相場観（期待）次第では，大きく乱高下したり，一方方向に大幅に変動（オーバーシュー

ト）しかねず，そもそも経常収支を均衡させる機能に期待しえないこともありうる。

　自動的に対外的な均衡が達成しにくいということになれば，当然ながら金融政策を国内の経済運営のために使用する自由度が増すとはいえなくなる。むしろ，為替レートに異常な動きが生じた場合は，国内均衡を犠牲にして，たとえばインフレ下でも金融を緩和して円高を阻止しなければならないといったことさえ起こりかねない。

(2)　すべての国が対等になりえなかったこと

　いわゆる「非対称性」の問題も，まったく解消することにはならなかった。むしろ，「変動相場制下のドル本位制」と呼ばれる中で，問題は深刻化しているとさえいえる。

　変動相場制になっても，依然として世界の貿易や資本取引の多くがドルでなされているため，ドルは基軸通貨の地位を保持している。したがって，多くの国が為替レートの乱高下やオーバーシュートに備えて，市場介入のための外貨準備としてドルを保有せざるをえない状態が続いている。

　反面，変動相場制の下では，ますますアメリカは節度ある経済運営によって経常収支の赤字を抑制するという責務をないがしろにできるようになってしまっている。ドルの暴落という事態は回避しなければならないが，世界の国々がドルを受け取ってくれる限り，経常収支赤字でドルを垂れ流しても，徐々にドルが下落すれば実質的な債務の負担は軽減されるからである（第10章のグローバル・インバランスを参照）。

(3)　投機による通貨・金融危機の頻発，深刻化

　変動相場制になっても，投機による通貨・金融危機は起こっている。むしろ，近年は頻度が増し，かつショックの規模も範囲も大きくなっているとさえいえる。アメリカの自由主義論者がいうように，外国為替市場で投機が盛んになされれば，むしろ為替レートの動きは安定化するという価格平準化機能が作用しているとはいえない。変動相場制の下でも，市場で異常な一方方向への相場観が醸成された場合には，攻撃的な投機がいくらでも起こりうることが認識されている。

4
国際金融のトリレンマ

　以上のように，固定相場制にも，変動相場制にもメリットとデメリットがあり，自由に為替相場制度を選択できる今日では，各国は自国の政策目標に応じて，そのいずれか，あるいは中間的為替相場制度を含めて，前述のような具体的な制度のどれかを採用をしている。その為替相場制度の選択をする際に，必ず考慮しなければならない重要な考え方がある。すなわち，国際金融のトリレンマ（open-economy trilemma），あるいは不可能な三角形（impossible trinity）と呼ばれる命題である。
　それは，図4－3に示すように
(1)　国際的な資本取引の自由化
(2)　為替レートの安定性（固定相場制の維持）
(3)　金融政策の自立性の確保
の3つを同時に実現することはできないという命題である。

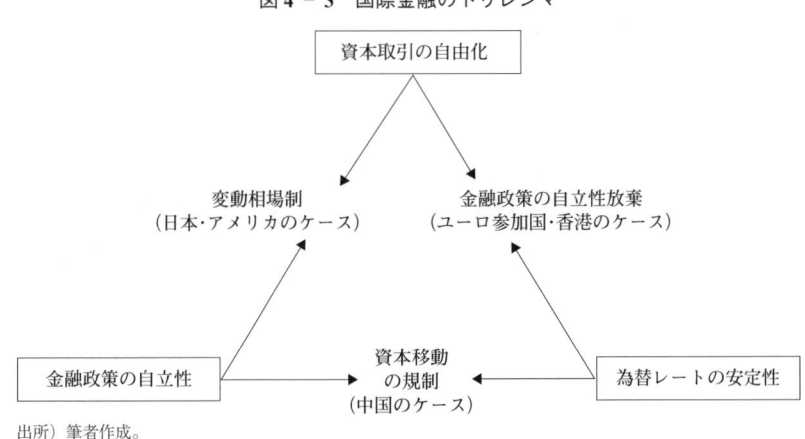

図4－3　国際金融のトリレンマ

```
                    資本取引の自由化
                          △
                         ／ ＼
      変動相場制                金融政策の自立性放棄
  （日本・アメリカのケース）      （ユーロ参加国・香港のケース）

                      資本移動
  金融政策の自立性 ──→ の規制 ←── 為替レートの安定性
                    （中国のケース）
```

出所）筆者作成。

たとえば，国際的な資本取引が自由化された中で，ある国が国内のインフレを抑制するために金融の引締めを行ったとすれば（資本取引の自由化と金融政策の自立性を選択），金利が上昇して，その国へと資本が移動するため，その国の通貨が買われ，固定相場制により為替レートの安定性を求めることはできなくなる。

あるいは，同じく国際的な資本取引が自由化された中で，固定相場制を選択したとすれば（資本取引の自由化と為替レートの安定性を選択），いくら国内の景気が悪化をしても，あるいはインフレが深刻化しても，固定をしている国と異なる金融政策をとることはできない。そのような金融政策をとろうとしても，為替リスクがないため金利差だけで資本が移動してしまい，独自の金融政策が効かなくなるからである。

さらに，固定相場制を採用しながら，独自の金融政策によって，国内の景気刺激や抑制を図ろうとする場合は（為替レートの安定性と金融政策の自立性を選択），資本取引の自由化を放棄せざるをえない。資本取引の規制をしていないと，巨額の資本移動が起こり，固定相場制が崩壊してしまうか，金融政策が効かなくなるからである。

為替相場制度を選択するにあたっては，この3つの関係が重要であり，現実に世界各国はこの原理に基づいて，図4－3に記したような政策選択をしている。たとえば，EUのユーロ参加国では，資本取引の完全自由化を1990年代初頭に実施し，その後厳格な固定相場制である共通通貨ユーロを導入したため，各国に金融政策の自由はなく，欧州中央銀行が単一の金融政策を実行している。あるいは，中国は巨大な経済の運営に独自の金融政策が必要であり，かつ輸出と雇用の維持のために人民元の安定も欠かせないため，固定的な為替相場制度を採用すべく，厳しい資本取引の規制を課している等々，どの国でもいずれかの組合せの選択を強いられている。一国の政策を遂行するうえでは，欠かせない基本原理となっていることがわかるであろう。

第 2 部
国際金融の実務

第 5 章　国際金融市場とデリバティブ
第 6 章　外国為替と外国為替市場
第 7 章　国際財務活動

第5章
国際金融市場とデリバティブ

1
国際金融市場の概要

1−1　国際金融市場とは

　経済の中には余剰資金を持ったものと資金不足にあるものが存在する。その余剰資金を資金不足にある経済主体に回し，資金の過不足を調整するのが金融であり，そのための市場が金融市場であることは周知のとおりである。

　国際金融市場とは，その金融取引が国際的に行われている市場のことであり，主として資金的な過不足状態にある居住者と非居住者が取引をしているが，非居住者同士が取引をすることもある。その市場での取引は，自国通貨建ておよび外貨建てでなされている。ただし，居住者同士の国内の金融取引であっても，BIS（国際決済銀行）の統計では，たとえば日本人が日本の銀行に外貨預金をするといったように，それが外貨建てである場合は，国際金融取引に含めているという。

　第1章で学んだ国際収支表との関連でいえば，金融収支に計上される資本取引のうち，明らかに市場原理に基づいて市場で取引がなされるものということができる。したがって，金融収支の中の政府経済援助，国際機関への出資やその融資といった公的部門の取引は市場を通じてなされていないため，国際金融市場を形成しているとはいえない。民間部門の取引でも，M&Aではなく，新

規の海外子会社設立のための出資，親会社と海外子会社間の資金の融通，親子間やグループ企業間の貿易に伴う企業間信用などは微妙であり，こうした取引も国際金融市場を形成するかどうかは明確でない。一般的にいえば，金融収支の中で，商業銀行や証券会社といった金融機関が介在した資本取引がなされている市場というように捉えることができよう。

1－2　国際金融市場の機能

　マクロ的にいうと，この国際金融市場は，市場を通じない公的部門の資本取引とも相まって，各国間の経常収支の不均衡をファイナンスするという役割を担っていることは，すでに第1章で学んだとおりである。

　ミクロ的には，次の3つの金融取引機能あるいは動機を通じて，遊休資金や不効率的な稼働資金をより効率的なところへと融通することによって，国際的観点から見て資本の効率的配分を図る役割を担っているといえる。

ヘッジ（hedge）

　他の対外取引で発生したリスクを回避するために，相反する金融取引を行うことをいう。換言すれば，リスクを負った投機を止めるためのもので，投機と裏腹の機能を持った金融取引ともいえる。

　国際ビジネスでの固有のリスクといえば，為替リスクが代表的なものであることはいうまでもない。したがって，輸出入，さらには外貨での資金調達や運用によって，外貨建て債権・債務を抱えて為替リスクが発生した場合，その回避のための基本原理は，同種の外貨資金で反対の調達，または運用を行うことである。これが，ヘッジという機能あるいは動機に基づいた行為ということになる。

　たとえば，ドル建ての輸出をした企業が，その資金調達を円ではなく，あえて海外からのドル借入れをするといったケースである。日本の企業の場合，国際金融取引の1つである外国為替の先物取引（先物ドル売りやドル買い予約）で対処することが圧倒的に多い。

投機 (speculation)

　ヘッジと正反対の行為であり，自らの価格予想に基づいて，積極的にリスクを負いながら，価格変動益を追求する行為をいう。現実の国際金融ビジネスでは，為替レートの先行き予想，金利変動予想，株価の先行き予想などに基づき，リスクを冒しながらより高い運用益，より低い調達コストの実現を目指す挑戦が随所で見られる。

　とくに，外貨での資金調達（運用）をする場合には，単純に金利格差だけでなく，予定された期間における為替レートの変動予想に基づいた為替差損益を加味しながら調達コスト（運用益）を判断したうえで実行している。たとえば，ドル金利が円金利に比べて，5%も割高であっても，その借入期間に5%より大幅にドルが下落すると予想されるならば，あえてその予想に賭けて，ドルでの調達を選択するかもしれない。こうしたリスクへのチャレンジを伴う行為が投機ということになる。

裁定 (arbitration)

　現実経済とわれわれが学んでいる純粋経済理論との間には，往々にして歪みが存在する。それを利用すると，リスクを負うことなしに安全確実に，わずかな鞘としての利益を確保することができる場合がある。この行為を裁定という。

　国際金融市場でのもっとも典型的な裁定が，金利裁定にほかならない。すでに学んだように，金利平価説が崩れ，直先スプレッドと内外金利差の間に歪みが生じた場合に，頻繁になされている。さらに，後ほど紹介するデリバティブの1つである通貨スワップにも，金融市場ごとに誰が資金を調達するかで金利格差が存在するという歪みを利用するという意味で，裁定的性質があるかもしれない。経営の安定性，安全性をも重視する企業の資金調達・運用においては，この裁定機能を活用することが多いことを忘れてはならない。

　以上の金融取引の機能を理解したうえで，国際金融を学ぶことはきわめて有用である。ミクロの実務においては，いかに複雑な最先端金融技術・商品であれ，この機能のいずれかのために使用しているはずであり，それを見きわめれば管理は容易だからである。

1 − 3　国際金融市場の区分と規模

　国際金融市場は2つの市場に大別されることが多いが，その区分は必ずしも絶対的なものではなく，人によって若干のズレがあることに留意する必要がある。その1つは期間での区分であり，1年未満の取引がなされる短期金融市場，1年以上ないしは満期のない取引がなされる長期金融市場に分けているが，その場合でも他の呼び方をすることがある。すなわち，前者を狭義の国際金融市場または貨幣市場と呼び，後者を国際資本市場という場合もあるからである。

　これに対して，業態の違いを重視し，銀行を中心とした間接金融の場である国際銀行市場あるいは国際貸付市場，証券会社によって取引が媒介される直接金融の場である国際証券市場とに区分する場合がある。この場合でも，後者を国際資本市場と称していることもある。

　要するに，銀行の長期融資や証券市場でなされる短期の証券売買などの区分が異なってくるということである。しかし，どのような区分をしようとも，国際金融市場では主に銀行を中心とした短期，長期の間接金融と証券会社が担い手となった短期，長期の直接金融業務がなされているということに変わりはない。それに関連した外国為替市場，さらには先物，オプション，スワップといったデリバティブ（金融派生商品）市場が形成されており，これらの周辺市場も含めて，国際金融市場と呼んでいる。

　その国際金融市場の規模は，どれくらいにのぼるのであろうか。国境を越え

表5 − 1　国際銀行市場の推移

(単位：10億ドル)

	2008	2009	2010	2011	2012	2013	2014
対外資産合計	31,292	30,023	30,117	30,307	29,276	28,567	28,489
形態別							
貸出し	22,902	21,617	22,004	22,347	20,815	19,989	19,686
証券	6,348	6,448	5,889	5,453	5,815	5,719	5,630
通貨別							
ドル	12,252	11,849	12,474	12,861	11,916	11,706	12,142
ユーロ	12,152	11,621	10,586	10,313	10,259	9,629	8,896

出所）BIS, *Quarterly Review: International Banking and Financial Market Development.*

た国際金融業務に関しては，BIS（国際決済銀行）により，国際銀行市場と国際証券市場という区分で統計が発表されている。それによると，国際銀行市場では，クロス・ボーダーの国際融資活動を中核としながらも，一部は証券への投資活動も行っている。その結果，BIS報告銀行と呼ばれる世界の有力銀行は**表5－1**に示されるように，対外金融資産というストック・ベースで見ると，近年世界金融危機，ユーロ危機による低迷がうかがわれるものの，最新時点では28.5兆ドルの規模の資産を抱えている。その国際金融業務はこれまで圧倒的にドル建てが多かったが，ユーロ誕生後はユーロの使用が目立っていることも見て取れる。

表5－2　国際証券市場の推移

(単位：10億ドル)

	2008	2009	2010	2011	2012	2013	2014
国際債券（年末残高）	23,844	27,010	27,664	28,715	21,979	22,794	21,882
形態別							
貨幣市場商品	1,132	932	914	895	844	871	883
債券・ノート	22,712	26,078	26,751	27,820	21,135	21,923	20,999
うち変動利付債	7,893	8,358	7,871	7,707	6,012	6,001	5,451
固定利付債	14,424	17,273	18,394	19,625	14,802	15,546	15,143
エクイティ関連	395	447	485	488	320	376	404
通貨別（債券・ノート）							
ドル	8,215	9,429	10,499	11,311	7,209	7,847	8,475
ユーロ	10,871	12,386	11,791	11,733	9,589	9,911	8,709
その他通貨	3,626	4,264	4,461	4,776	4,337	4,164	3,815

注）国際株式については，ストック・ベースの発行残高は不明であるが，国際債券に比べると極めて少額と思われる。
出所）BIS, *Quarterly Review: International Banking and Financial Market Development*.

次に，国際証券市場を見てみよう。ここでは，国際債券（国際債とも呼ぶ）と国際株式が取引されているが，前者が中心をなしている。**表5－2**に見られるように，その国際債券の発行は最近急減しているが，それでも最新のストック・ベースでの規模は21.9兆ドルにのぼっている。かつては，国際金融の主流は上記の国際銀行市場であったが，世界的な証券化の波の中で，国際債券市場が急成長をとげつつあり，ほぼ同規模になっている点が注目される。さらに，通貨

別で見ると，国際銀行市場以上にユーロの比重が増しており，ドル建てを上回っていることがわかる。

一般には，この両者を合計した50.4兆ドルをもって，おおまかな国際金融市場の規模，あるいは国際資本取引のベースとなる国際金融資産（ストック）と捉えることが多いように思われる。しかし，冒頭の国際金融市場の定義からすると，国際銀行市場の把握にはさほど大きな問題はないが，国際証券市場の方は定義どおり確実に把握されているとはいえない。ここでは，外債とユーロ債からなる国際債など，もともと国際的な資金調達のために起債された債券のみを捉えており，株式についても，海外の証券市場に上場された国際株式の発行のみを対象としたデータが公表されているだけである。

証券市場を通じたクロス・ボーダーの国際金融はそれだけでなく，ほかにも大きな市場取引があることは容易に想像がつこう。たとえば，中国や日本など，各国政府によるアメリカの国債などでの外貨準備の運用。また，日本の生保や損保，投資信託，個人投資家による海外の債券や株式市場での巨額の証券購入。逆に，日本の株式市場における外国人投資家の売買など，枚挙に暇がない。このように，各国の証券市場へ海外の投資家が積極的に参加をしている部分は，国際金融市場を形成しているはずである。しかし，残念ながらこの部分は，BIS報告銀行が行った証券投資（表5－1の証券保有欄）しか捉えられていない。したがって，実際は冒頭の国際金融市場の概念どおりに，幅広く捉えられたものでないことには注意を要する。

貿易および資本取引が通貨の異なる国でなされれば，それに伴って外国為替の売買が必要となる。そのため，国際金融市場の一部として，外国為替市場もそこに含まれるが，その規模は表5－3に見られるように，膨大な規模にのぼっている。すなわち，2013年4月のBIS調査では1日で5.35兆ドルということであり，年間に直せばおよそ1,284兆ドルという想像を絶するような金額にのぼる。その取引の中で，ドルが全体で200％のうち約87％を占めており，基軸通貨・ドルが多くの通貨の取引の相手となっていることがうかがわれる。

1970年代以降，国際金融市場でもデリバティブ（金融派生商品）と呼ばれる新しい金融商品が取引され，その激増が著しい。その市場規模はBISの統計によれば，約630兆ドル（中核をなすOTC想定元本ベース，2014年末残高）というよ

表 5 − 3 　世界の外国為替市場の推移

(単位：10 億ドル，%)

	2004	2007	2010	2013
総額	1,934	3,324	3,971	5,345
市場別				
ロンドン	835	1,483	1,854	2,726
ニューヨーク	499	745	904	1,263
東京	207	250	312	374
シンガポール	134	242	266	383
香港	106	181	238	275
通貨別（%）				
ドル	88.0	85.6	84.9	87.1
ユーロ	37.4	37.0	39.1	33.4
円	20.5	17.2	19.1	23.0

注）市場別データは，net-gross basis であり，総額データと異なる。
　　通貨別データは，2つの通貨の取引であるためトータルで200%となる。
出所）BIS, *Triennial Central Bank Survey*.

うに，これまた想像を絶する規模にのぼっている。ただし，これは国内金融市場，国際金融市場を区別したものではないし，その商品の性格上，あくまでも想定される売買の金額であり，これだけの資金のやり取りがなされているということではない。とはいえ，この取引が為替レート，金利，株価，さらには商品相場などに及ぼす影響は多大であり，注目すべき商品になってきているため，節を改めて説明することにしたい。

2
伝統的市場とユーロ市場

2 − 1 　両市場の相違と伝統的市場

　国際金融市場は，その機能から見ると，伝統的市場とユーロ市場とに分類できるが，その違いは次の点にある。伝統的市場とは，その市場が存在する国の通貨で国際金融がなされている市場をいう。これに対して，ユーロ市場とはその市場が存在する国以外の他国通貨で国際金融がなされている市場をいう。別の言い方をするならば，その通貨の発行国から流出して海外の銀行に預金され

た通貨をユーロ・カレンシーというが，アメリカから海外に流出したドル（ユーロ・ダラーともいうが，ここではユーロ・ドルと呼ぶ），ユーロ圏から海外に流出したユーロ（ユーロ・ユーロ，ゼノスともいわれるが，定着していない），日本から海外に流出した円（ユーロ円）などによって，国際金融がなされている市場ということである。

具体的に事例をあげた方が，わかりやすいかもしれない。いま，日本のトヨタがニューヨークでドル建て社債（外債）を発行して資金調達をすれば，その時のニューヨーク国際金融市場は伝統的市場として機能したということになる。これに対して，ロンドンでドル建て社債（ユーロ債）を発行して資金調達をすれば，その時のロンドン国際金融市場はユーロ市場として機能したということになる。ニューヨークにとって，ドルは自国の通貨であり，ロンドンにとって，ドルは他国の通貨であるからである。

この市場は伝統的市場，あの市場はユーロ市場であるというように明確に区分できるわけではない。1つの国際金融市場でも，多かれ少なかれ双方の市場の機能を有している。しかし，自国通貨・ドルが基軸通貨として大きな役割を担っているニューヨークのような市場は，そのドルを融通することが多いため，伝統的市場としての機能が強い。逆に，ポンドがその機能を後退させた中で，国際金融市場としての生き残りをかけて，他国通貨であるドルなどで活発な国際金融活動を展開してきたロンドンのような市場は，ユーロ市場としての色彩が強いということにほかならない。

以上のような両市場の違いを理解したうえで，伝統的市場について，簡単に見てみよう。いうまでもなく，伝統的市場とはその国の国内金融市場が発展し，国際化され，それが広く非居住者にも開放されることによって形成されてきている。したがって，その中身は前述のような短期金融市場と長期金融市場という区分にしたがえば，前者はコール市場，手形市場，BA市場，CD市場，CP市場，TB市場，債券現先市場などからなっている。これに対して，後者は株式市場，長期債券市場（ヤンキー債やサムライ債など），さらには長期の貸付市場（自国通貨建てシンジケート・ローンなど）からなっている。

2-2 ユーロ市場

なぜユーロ市場は急拡大したか

　国内金融市場での業務が海外にも開放されてきた伝統的市場に対して，1950年代に資産凍結を恐れたソ連がアメリカでのドル預金口座をロンドンに移したことから始まったともいわれるユーロ市場は，このユーロ・ドルをはじめとしたユーロ・カレンシーによって国際金融業務を行う市場として急拡大をしてきている。ちなみに，Europeanの略語であるユーロ（Euro）は，その発生にちなんでつけられた名称であり，もちろん共通通貨のユーロとは異なる。さらに，アメリカからシンガポールや香港などアジアに流出したドルは，「アジア・ドル」と称されるが，これもユーロ・ドルの一部であることに変わりはない。

　ユーロ市場は，ユーロ・ドルだけでなく，マルク，ポンド，円などを加えたユーロ・カレンシーへと拡大。1970年代には，原油価格高騰で潤った産油国のオイル・マネーを引き付け，1980年代にはユーロ市場の証券化が進展し，ユーロ・カレンシーの貸付けだけでなく，ユーロ債の起債が急増した。同時に，世界各地にユーロ市場の一種として，後述のオフショア市場が相次いで創設され，いまや世界の余剰資金がユーロ市場に集積・拡散されるに至っている。

　なぜユーロ市場が世界の資金を引き付け，そこから資金を必要とする世界各地に供与しているのかは明白である。要するに，この市場は効率的であり，資金の運用者にとっては，より高い運用利回り，資金の調達者にとっては，より低い調達コストを可能にしているからにほかならない。たとえば，預金で受け入れた資金を貸し付けるとすれば，貸付金利は預金金利に預金業務や貸付業務のための費用に一定の利益を上乗せして設定されるが，図5-1に図示したように，アメリカ国内のドルに比べて，ユーロ・ドルの場合はその上乗せ部分が少ないため，それが可能になっているといえる。ユーロ市場は，その通貨の発行国の金融規制が適用されていないことやユーロ市場が存在する国が税制上の優遇措置をとっているため，たとえば預金準備率が低いこと，金融機関に対する法人税が優遇されていること，各種事務手続きが簡素なことなどによって，有利な条件を享受しているからである。

　身近な日本の具体的事例として，トヨタが日本国内の社債市場ではなく，わ

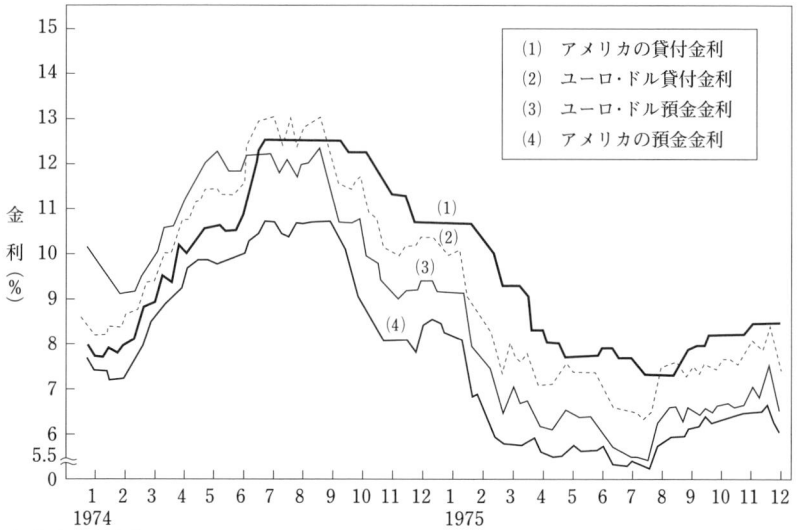

図5－1　アメリカの金利とユーロ・ドルの金利

(1) アメリカの貸付金利
(2) ユーロ・ドル貸付金利
(3) ユーロ・ドル預金金利
(4) アメリカの預金金利

出所）伊藤元重『ゼミナール国際経済入門』日本経済新聞社，1978年，220ページ。

ざわざロンドンなどでユーロ円債を発行し，その相当部分を日本の生保等の機関投資家が購入しているというケースを見れば，日本における国内社債市場よりも海外のユーロ円債市場の方が円を調達したい者にも，円で運用したい者にも有利であることが理解されよう。その結果,「東京金融市場の空洞化」と呼ばれる事態が起こっているということにほかならない。

ユーロ市場の1つとしてのオフショア市場

　ユーロ市場の1つの形態として，世界にはオフショア市場と呼ばれる市場が存在する。これは，原則として，ユーロ・カレンシーの取引を非居住者間に限って認めている市場のことをいう。その代表的市場が，1981年に創設されたニューヨークIBF（International Banking Facility）市場であるが，これは規制の多い国内金融市場をベースとした取引と分離した別勘定で，非居住者との取引のみを金融規制緩和や税制上の優遇措置の下で認めたものである。つまり，原則として「外－外取引」と呼ばれる非居住者間の金融取引のみに限って，ユー

ロ市場の効率的で自由度の高い制度の下で行えるようにした市場ということができる。

それによって，一旦海外に流出しユーロ・ドルとなったドルをこの別勘定に呼び戻し，そこから海外に融資することで，ユーロ・ドルによる金融業務をアメリカの金融機関に取り戻すことを狙ったものである。日本でも，1986年に東京オフショア市場（JOM: Japan Offshore Market）が設立されたが，それによって日本の金融機関は海外からユーロ・ドルやユーロ円をオフショア勘定に取り入れ，そこから海外に向けて融資を行えるようになった。つまり，ユーロ・カレンシーを活用することによって，既存の金融市場の空洞化を抑制しようという試みといえよう。中には，タックス・ヘイブンと呼ばれ，租税回避のための単なる記帳センターに過ぎないバハマ，ケイマンのような市場さえある。

3
デリバティブ取引

3-1　デリバティブとは何か

国際金融市場の発展の特徴の1つが，1950年代以降のユーロ市場の登場・発展であったとすれば，もう1つは国際金融市場で扱われる金融商品がそれまでの現物に加えて，1970年代初頭に登場したデリバティブ（金融派生商品）へと急拡大していることであろう。つまり，今日の国際金融市場は，市場の機能という点から見ると，伝統的市場とユーロ市場，その両者で取り扱われている金融商品という観点から見ると，現物市場とデリバティブ市場があるということである。

このデリバティブ市場は，図5-2に見られるように，近年は驚異的な増加を示している。ここには国内金融市場での取引も含まれているが，想定元本ベースで，1990年末に約5兆ドルであったものが，2000年末には100兆ドル，そして2014年末には約630兆ドルという想像を絶するような規模に膨らんでいる。ただし，この後説明するその仕組みからわかるように，デリバティブの場合，実際に受け渡される資金はこれよりはるかに少ない。逆の言い方をするならば，実際に投入される資金の何10倍もの取引が可能な商品であるため，市

図5-2 OTC（店頭取引）のデリバティブ市場の規模（年末残高）

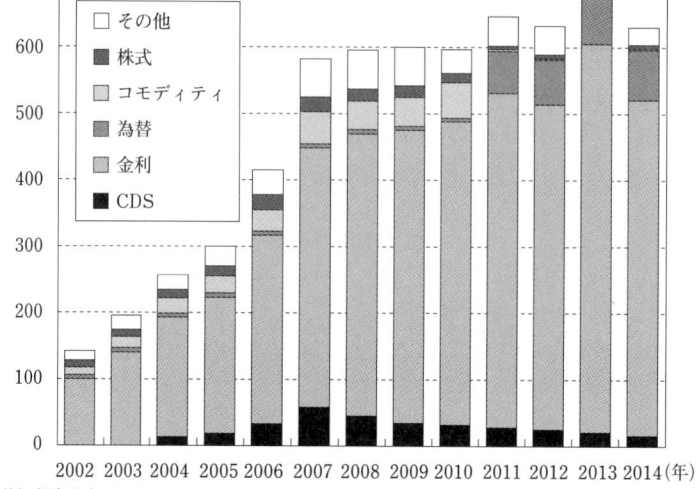

(兆ドル)

凡例：その他／株式／コモディティ／為替／金利／CDS

2002 2003 2004 2005 2006 2007 2008 2009 2010 2011 2012 2013 2014（年）

注）想定元本ベース。
出所）BISデータより，筆者作成。

場へのインパクトが大きいということもできる。

　この急増著しいデリバティブとは何なのであろうか。これは，通常われわれが金融取引としてイメージする現物市場での取引，すなわち預金，貸付け，株式，債券，外国為替といった金融商品の取引から生まれた金融派生商品のことであり，その取引が行われる場がデリバティブ市場ということになる。具体的には，先物，オプション，スワップといった金融商品をいう。どのように派生しているかを簡単にいえば，先物は将来における現物取引を約束する取引，オプションは現物の取引を行う権利を売買する取引，スワップは現物取引で発生した債務を交換する取引ということである。とくに，今日では，普通の金融取引で資金を調達した後，借金であるその債務を交換するといった取引（通貨スワップと金利スワップ）の方が，元の取引を上回るという不思議なことが起こっている。

　このデリバティブは，原資産（原債務）と呼ばれる現物市場での取引のそれぞ

れについて，3つが派生している．具体的には，金利，株価指数，外国為替，そして金融商品的色彩も持つ相場商品についてであるが，基本原理はすべて同じである．したがって，ここでは国際金融にもっとも関係のある外国為替の先物，オプション，スワップの基本的仕組みを紹介することにしよう．さらに，そもそもデリバティブは価格変動の激しい（金融）商品について，そのリスクを回避するというヘッジのために開発されたものである．しかし，前述のように金融商品におけるヘッジと投機は裏腹の機能であるため，当然ながら逆の投機にも使いうる．また，金融商品として裁定機能を発揮しうるものもあり，以下ではそれぞれの機能別に見た仕組みを紹介することにする．

3−2　外国為替の先物取引

　正確には，取引所で定型化された金額の取引がなされる先物取引（future transaction）と銀行等の店頭で自由な金額の取引がなされる先渡し取引（forward transaction）がある．日本では，後者が多いが，基本的機能は同じであるため，あえて区別せず先物取引と呼ぶことにしたい．先物取引とは，将来の外貨の売買を，あらかじめ現時点で約束することをいう．

　この先物取引と直物取引の間で，金利裁定が盛んになされているが，それはすでに第2章3で学んだため，ここでは割愛し，ヘッジと投機について見てみたい．

ヘッジ：為替リスク・ヘッジ手段の中核をなす先物予約

　もし，ある輸出企業が100円の商品を採算レート100円/ドルを見込んで，1ドルで輸出契約を結んだとする．その決済は3ヵ月後だとすると，その後円高になれば，為替差損を被ることになる．しかし，いま3ヵ月物先物レートが100円/ドルであったとすれば，輸出代金として受け取ることになっている1ドルについて，契約と同時にそのレートで先物ドル売り予約を外国為替銀行と締結すればよい．そうすれば，この輸出企業は為替レート（直物レート）がどのように変動しようとも，3ヵ月後には輸入者から受け取った1ドルを100円/ドルでその銀行に売ることができ，確実に100円を得ることができる．先物予約とも呼ばれるこの先物取引によって輸入や資本取引の採算を確定する場合も，まっ

たく同様である。

わが国企業では，先物予約はもっとも伝統的でポピュラーな為替リスク・ヘッジ手段である。とくに，1984年4月に実需原則が撤廃されたことにより，現在は外国為替銀行が受けてくれる限り，誰でも，いつでも，いくらでも，いかなる期日の予約でも締結できるし，また1回締結した予約を取り消す意味での反対予約，さらには再度の予約などが，自由にできるようになっている。このため，単純にすべての取引の先物予約をするよりも，多くの企業が為替レートの変動に応じて，逐次その比率を増減させるという弾力的・機動的為替操作を展開している。

投機：少額の資金で大きな賭けが可能な究極のギャンブル

ヘッジではなく投機に先物を使用した場合は，通常の投機とは大きく異なる。あるものの価格が上昇するという予想に賭けたいと思うならば，普通は現物投機（外国為替の場合は，直物投機という）といって，実際に資金を出してそれを買わなければならない。しかし，先物での投機であれば，単に将来の購入を約束するだけのことであるため，資金はゼロか，あっても証拠金がわずかに要求されるだけで，買いの取引ができてしまう。つまり，先物投機とは，少額の資金で大きな賭けができ，「当たれば天国，外れれば地獄」といったように明暗が大きく分かれるということである。さらに，あるものの価格下落予想に賭けたい場合，それを持っていないと，ほかから借りてきて売らなければならないが，先物の場合は，いとも簡単に下落を見込んだ売り投機が可能なことは容易に想像できよう。

その基本的仕組みをできるだけ簡略化した図5－3で説明しよう。いま，3ヵ月後のドルを売買する値段（先物レート）が100円/ドルであったとすると，3ヵ月後のその日の為替レート（直物レート）がそれより高くなっていると予想する人もいるし，逆の予想をする人もいるであろう。そうなると，先物市場では上昇予想をした投機家からは3ヵ月後に1ドルを100円/ドルで買う約束（先物買い），下落を予想した投機家からは同様に売る約束（先物売り）がなされ，取引が成立することになる。実際に，3ヵ月後に上昇予想が当たり，その日の為替レート（直物レート）が120円/ドルになったとすると，予想が外れた投機家は120

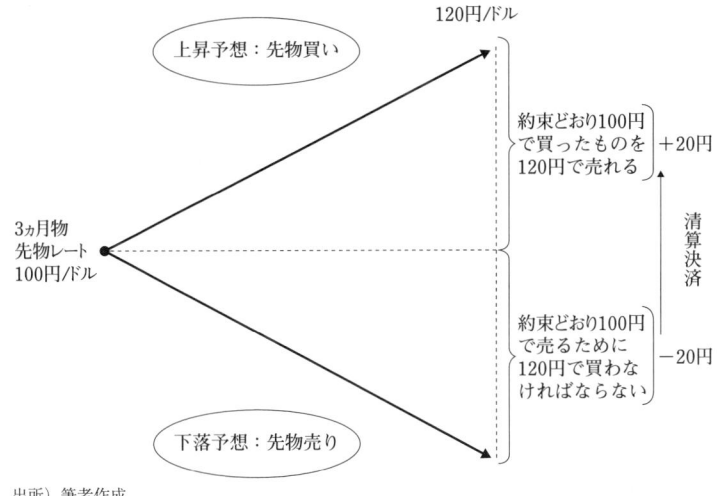

第5章 国際金融市場とデリバティブ　　　　　　　　　　　97

図 5 − 3　外国為替の先物市場での投機の仕組み

```
                                    120円/ドル
         上昇予想：先物買い          ↗ ┐
                                  ╱    │ 約束どおり100円
                                 ╱     │ で買ったものを   ＋20円
                                ╱      │ 120円で売れる
                               ╱       ┘            ┐
  3ヵ月物                      ╱                      │ 清
  先物レート  ●- - - - - - - ●                        │ 算
  100円/ドル                  ╲                      │ 決
                               ╲       ┐            │ 済
                                ╲      │ 約束どおり100円 ┘
                                 ╲     │ で売るために    －20円
                                  ╲    │ 120円で買わな
                                   ╲   │ ければならない
         下落予想：先物売り          ↘ ┘
```

出所）筆者作成。

円/ドルで1ドルを購入し，それを約束どおり100/ドルで相手に渡さなければならない。予想が的中した投資家は100円を払って受け取ったその1ドルを，当日の直物レート120円/ドルで売却することが可能になる。結局，予想が当たった投機家は20円の利益，外れた投機家は20円の損失を被ることになる。

　さらに先物投機の場合は，上記のような手順で，両者が約束した先物レートで売買の対象となった1ドルをやり取りするような面倒なことをしていない。そんな煩雑なことをしなくとも，ドルが上昇するか，下落するかをめぐって賭けをしているわけであり，予想が外れた投機家が損失の20円を予想が当たった投機家に支払い，後者が20円の利益を得るということで，すべてが完了するからである。このように，先物の売り手と買い手が投機による利益額と損失額だけをやり取りという清算決済が行われるということが重要である。

　これで，先物投機の基本的な仕組みは理解できたであろう。次に，もう少し実際の先物投機を紹介し，現実経済にどのような影響を及ぼしているかを考えてみたい。上記の説明では，将来の売買を約束するだけであるから取引開始時点では資金は必要ないという事例を取り上げた。しかし，実際には約束が実行されない場合の危険性を避けるため，取引額に対して一定の証拠金を支払うこ

とになっている。たとえば、それが2%であったとすれば、投機家は手持ち資金の50倍（レバレッジという）の賭けができるということである。上記の事例で、手元資金が0円ではなくて、10億円である場合を想起してみてもらいたい。それを証拠金とすれば、その50倍の500億円分のドル、すなわち5億ドルもの先物売りと買いができることになる。その結果、予想が当たった投機家は100億円もの利益を得、外れた投機家は100億円もの損失を被ってしまう。つまり、先物投機とは、少額の資金で大きな賭けができ、結果に大きな差が生じるということである。しかも、巨額のドルの先物投機をしていながら、売買対象となったドルを実際に受渡しすることはない。ただ単に、対象となっているドルの上昇か、下落かをめぐって賭けをし、その勝ち負け分を円で清算しているに過ぎないということが味噌である。まさしく、「ギャンブル中のギャンブル」といってもよい。

先物投機は現実経済に有用なのか

　外国為替の先物取引の仕組みを学んでみると、為替レートの変動が激しい現代において、ヘッジ機能が極めて重要なことは疑いの余地はないが、それが投機に使用された場合には、その有用性に疑問を持たざるをえない。

　先物に限らず、一般的に投機は経済において、資金の有効活用を促し、経済の効率性を高めるといわれているし、有名なアメリカのM. フリードマンは、積極的に投機がなされる市場では、実需による価格変動よりも、価格は平準化、安定化されると主張している。投機にこのような経済を安定化させる価格平準化機能があるのは、投機家は安い時に買って、高い時に売るか、高い時に売って、安い時に買い戻すかによって利益を得ており、そのような合理的でない投機家は損失を被り市場から淘汰されるからだという。

　しかし、本当にそうであろうか。投機の価格平準化機能が作用するためには、市場で情報が完全でなければならないが、そうでない中では、投機家が目先の価格変動益を求めて行動すれば、バブルや異常な為替レート変動が発生しかねない。また現実には、外国為替市場をとってみると、投機家だけが取引をしているわけではない。たとえば、円高・ドル安になると思って、先物ドル売りをしたい投機家と、確実に輸入の採算を確定させるために先物ドル買いをしたい

輸入業者が取引をした場合には，実際に円高になっても，輸入業者は儲け損なうだけであり，市場から淘汰されることはありえない。また，機関投資家や個人投資家たちは，投機だけをやっているわけではない。金利裁定も行い，それで一定の収益をあげているならば，多少投機に失敗しても市場から退出することはない。こうした理論と現実の違い，さらには実際に「市場の失敗」が起こってきたことを考えるならば，M.フリードマンのような市場原理主義者のいうことを鵜呑みにするわけにはいかない。

　やはり，行き過ぎた投機，とりわけ少額の資金で大きなギャンブルができる先物投機は監視や一定の規制が必要ではないかと思われる。それが，いかに世界経済に深刻な影響を与えているかは，ここで取り上げている外国為替ばかりでなく，詳しくは第6章のコラムで紹介してある原油の先物取引を見てみれば一目瞭然であろう。たとえば，ニューヨークの原油先物市場でも，現物引渡しの先物取引はヘッジ機能を有効に発揮しているが，清算決済の先物取引の場合は期日に原油の受渡しがなされるわけではない。ただその価格動向をめぐって賭けをし，現金で清算がなされているに過ぎない。そこで，原油価格の先行き予想が一方に偏れば，流入資金の何倍もの先物買いが発生し，先物価格の急騰を招く。その結果，現物価格とそれが大きく乖離すれば，すでに学んだ外国為替における金利裁定と同じ原理で，裁定取引（現物買い・先物売り）がなされ，原油の現物価格も上昇を余儀なくされ，世界経済に打撃を与えるからである。

3-3　通貨オプション
通貨オプションとは何か

　通貨オプション取引とは，「ある通貨を所定の期日あるいは一定期間内に，定められた価格で買ったり，売ったりする権利を取引すること」をいう。「権利」を取引するというところが味噌である。つまり，一般の取引のように契約によって約束してしまうことと違い，「権利」を買った方はそれを使用してもよいし，使用せず放棄することもできるというところに特徴がある。

　それは，現実のビジネスにおいて，次のようなニーズがあるからである。先ほどの先物予約をすれば，その輸出企業は決済時に確実に採算を確保できる。しかし，為替レートが好転して円安になった場合には，損をすることはないが，

せっかくの棚ボタ利益を逃すことになりかねない。できれば，こうした機会利益も得たいというのは，人間としての自然の欲望であろう。そのため，一般に企業では取引のすべてを先物予約でヘッジせず，為替レートの動きを見ながら，日夜為替操作に多大な労力を注いでいる。その目標は，「為替差損の回避は当然のことであり，かつ為替レートが有利に展開した場合には，為替差益という棚ボタ的な機会利益も確保する」ということであるが，よほどの勘と熟練度を持った相場の達人でなければその達成は難しい。

そこで，一定の料金（プレミアム料またはオプション料）を出せば，自動的にその目標が達成できる金融商品として開発されたのがオプションであり，それを可能にしたのが「権利」の売買ということである。

ヘッジ：円高・円安のどちらに転んでもメリット

通貨オプションでは，通貨を買う権利をコール・オプション（call option），売る権利をプット・オプション（put option）と呼んでいる。オプションの買い手（option buyer）は，一定のプレミアム料を支払うことにより，以下のようなメリットを持ったオプションを取得することができ，逆に売り手（option seller）はプレミアム料を得る代わりに，オプションが行使された場合，それに応じる義務を負うことになる。

先ほどの先物予約と比較しながら理解できるように，100円/ドル前後の採算レートである商品を1ドル分輸出契約した企業を考えてみたい。輸出契約と同時に，将来の代金決済日に100円/ドルの行使価格でドルを売る権利（プット・オプション）を，プレミアム料5円/ドルを支払って取得したとすると，この企業は次のようなメリットを享受できる。

たとえば，決済日に80円/ドルの円高になった場合は，オプションを行使し，輸出代金として入手した1ドルを100円/ドルで売ることができる。しかし，あらかじめプレミアム料を支払っているため，この企業は100円/ドル－5円/ドル＝95円/ドルで輸出採算を確定でき，輸出金額が1ドルという今回の場合は95円－80円＝15円の損失を回避できるというわけである。

先物予約と大きく異なるのは，逆に決済日に120円/ドルといったような円安になった場合である。その時には，この企業はオプションを放棄し，行使価

格100円/ドルよりも有利なその日の直物レートである120円/ドルで輸出代金の1ドルを売ることができる。その場合も，プレミアム料があるため，輸出採算は120円/ドル−5円/ドル＝115円/ドルで確定され，1ドルの輸出で当初見込んでいた100円前後の入金よりも，15円ほど棚ボタ的な利益を得ることができる。

　その仕組みを簡単にとりまとめると，図5−4のようになる。100円/ドルの行使価格より為替レートが円高・ドル安になるというように，その企業（事例では，輸出企業）にとって不利な状況が具現した場合は，オプションを行使することによって，その円高による損失をほぼ回避することができる。すなわち，図の左側に見られるようにヘッジ益が得られるということである。逆に，為替レートが思いもよらず円安・ドル高になり，その企業にとって有利な状況が具

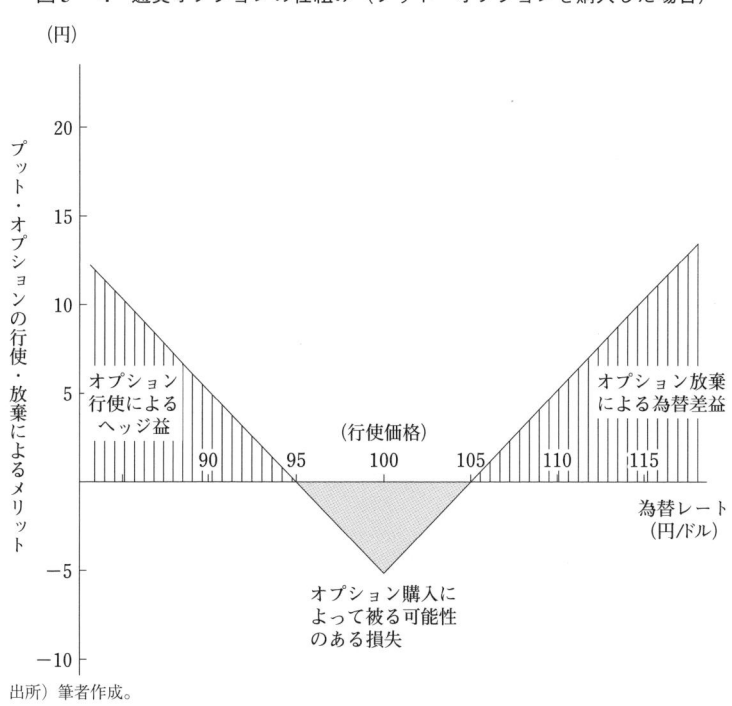

図5−4　通貨オプションの仕組み（プット・オプションを購入した場合）

出所）筆者作成。

現した場合は，オプションを放棄して，その有利な為替レートで売買することによって，図の右側に見られるように棚ボタ的な為替差益を得ることができる。どちらに転んでも，メリットが得られるが，その意味はまったく違うということにほかならない。

とはいえ，いかに高度な金融技術を駆使した金融商品といえども，完璧なものはない。通貨オプションにも欠陥がある。それは，為替レートが行使価格を挟んで上下にプレミアム料を上回るほど変動しなかった場合には，最大プレミアム料分だけ余計なコストを強いられることになるという点である。図でいえば，行使価格100円/ドルの左右5円/ドルのプレミアム料の中では，最大で5円という損失が出ていることが見て取れよう。したがって，通貨オプションは為替レートが乱高下しそうな時には有効であるが，膠着状態が予想される時は不向きであるということができよう。

投機：はじめから損失を確定し，リスク限定的投機が可能

次に，通貨オプションを投機に使った場合を考えてみよう。通常，投機というと，当たれば大儲け，外れれば大損というように明暗がはっきり分かれる。とくに，先物での投機はギャンブル的色彩が強く，危険性が高いことはすでに紹介したとおりである。ところが，通貨オプションを使用すると，はじめから損失額を確定したリスク限定的な投機ができるという刮目すべきものがある。

ある投機家が現在の100円/ドルから将来ドルが上昇すると予想したものの，先物投機のような一か八かの賭けをする勇気がなかったとしよう。その場合には，投機家はドルの上昇に賭け，ドルを買う権利（コール・オプション）を買うという投機をすればよい。そのためには，プレミアム料（5円/ドル）が必要になるが，いま簡単化のために図5－5のように，最小額の5円を支払って100円/ドルの行使価格でのコール・オプションを1ドル購入するという投機をしたケースを考えてみよう。

図に示すように，読みが当たって通貨オプションの期日までに120円/ドルのドル高になったとすると，この投機家はオプションを行使するであろう。なぜならば，100円あれば，100円/ドルという行使価格で1ドルを買うことができ，それを即当日の為替レート120円/ドルで売却すれば，120円が得られる。

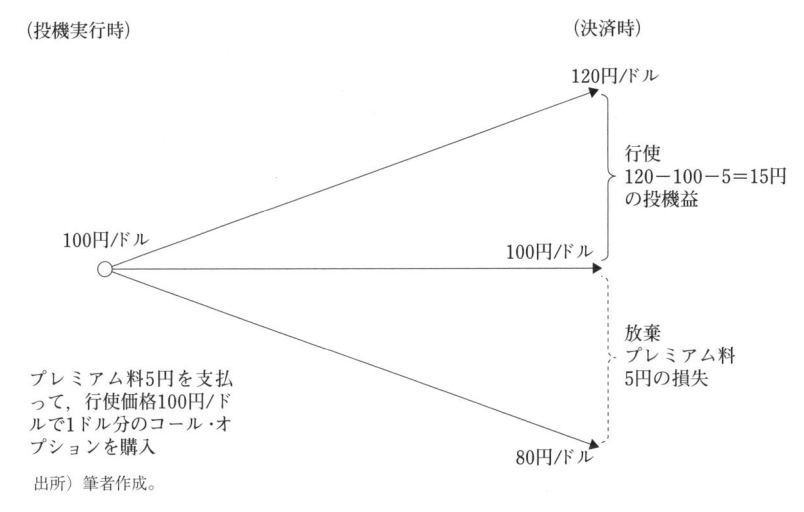

図5-5　通貨オプションによる投機の仕組み

（投機実行時）　　　　　　　　　　　　（決済時）

120円/ドル
行使
120－100－5＝15円
の投機益

100円/ドル　　　　　　　　　　　　　　100円/ドル

放棄
プレミアム料
5円の損失

80円/ドル

プレミアム料5円を支払って，行使価格100円/ドルで1ドル分のコール・オプションを購入

出所）筆者作成。

　結局，この投機家はその場で20円の利益を得るが，当初に5円のプレミアム料を支払っているため，ネットでは15円の投機益をあげたことになる。先物投機ほどではないかもしれないが，うまく行けば少ない資金でかなりの投機益が得られたといえる。

　しかし，注目すべきなのは，むしろ失敗した場合であり，先ほどの先物投機のように，「天国か地獄か」の地獄に陥らなくて済むからである。いま，見通しが外れ，期日までにドル高になることがなく80円/ドルで終わってしまったとすれば，当然のことながらわざわざそれよりも高い行使価格100円/ドルでドルを買う権利を行使することはない。こうして，権利を放棄することになるが，その結果どうなるかといえば，ただ最初に支払ったプレミアム料5円が戻ってこないだけである。つまり，失敗しても損失はプレミアム料分5円ということであり，はじめから被る損失額を確定した投機ができるということにほかならない。

　そうであれば，投機家は自分の資金力に鑑み，痛手にならないような余剰資金でプレミアム料を支払い，通貨オプションで投機をすれば安全性を確保しつつ，かなり有効な投機ができるといえよう。たとえば，100万円ばかりとくに

使う予定のない余剰資金を持っている人がドルの上昇を予想したとすれば，それをプレミアム料として支払い，20万ドル分のコール・オプションを購入して賭けができる。その結果，上記のようにドルが20円/ドル上昇すれば，400万円の利益を得るが，100万円のプレミアム料を支払っているため，ネットでは300万円の投機益を享受できる。こうして，投機が当たれば手持資金を大きく膨らますことができるだけでなく，予想が外れても，手持資金の100万円を失うだけで済むというわけである。

誰が危険な通貨オプションの売り手になるか

　通貨オプションといっても，これまで説明してきたのは，買い手側の話だけである。売り手側は，立場が大きく異なるため，別途説明しておかなければならない。プレミアム料をもらえる代わりに，買い手がオプションを行使してきた時には，それに応じる義務を負っている売り手のリスクはきわめて大きいからである。

　前の投機の事例について，売り手の立場を考えてみれば，容易に理解されよう。当初，売り手は5円のプレミアム料を受け取れるが，これがそっくり利益となるのは，為替レートが円高に動いた時である。しかし，いくら大幅な円高になろうとも，プレミアム料として受け取った額以上の利益はありえない。これに対して，為替レートがドル高方向に変動した時には，買い手はコール・オプションを行使してくるため，それに応じなければならないが，その時には必ず売り手は損失を被る状態にある。なぜならば，その時の為替レートは行使価格を上回るドル高になっており，売り手は高いドルを手当てして，安い行使価格で買い手に渡さなければならないからである。しかも，為替レートがドル高になればなるほど，その損失が膨張するという危険にさらされることになる。つまり，買い手がローリスク・ハイリターンにあるのに対して，売り手はまったく逆のハイリスク・ローリターンにあるといえる。

　このような危険な金融商品を誰が売るのであろうか。若干，貿易業者など外国為替の実需を持ったものが売り手になることもあるようであるが，ほとんど銀行が売り手になっている。しかも，その銀行はオプションの売買を有力な業務として，一定の収益をあげているという。どうして，銀行はそのようなこと

が可能なのであろうか。そのノウハウは各銀行の機密事項であるが，原理は売ったオプションが行使されるのに備えて，先物取引等で手当てをしておくということである。とはいっても，売却したコール・オプションやプット・オプションのうち，どれだけが行使されてくるかは定かではない。その正確な予測こそが，銀行の担当者の腕の見せ所であり，独自のノウハウによって，難しい取引での利益を可能にしていると見られる。

3-4　通貨スワップ
通貨スワップとは何か

　スワップ取引とは，異なった種類の債務交換取引（exchange of borrowings）のことをいう。すなわち，通常の金融取引によって生じた借金（債務）を交換するという不思議な取引のことである。1981年に始まったが，その後目覚ましい拡大により，デリバティブ取引の中でも中核をなす商品となっており，今日では「金融のコメ」とさえ呼ばれるほど，一般に普及している。

　スワップ取引には，固定金利と変動金利という異なった金利の債務を交換する金利スワップとドルや円といった異なる通貨の債務を交換する通貨スワップがある。ここでは国際金融に関連の深い後者について，その仕組みを説明するが，その前にそもそもなぜ債務を交換するというような不思議な取引が行われるようになったかを述べておこう。

　まず第1は，この後で説明するように貿易理論の「比較優位の原理」を応用すると，より低コストでの新規資金調達が可能になるということで，企業の効率的な財務活動の手段としてスワップ取引が考案されたといえる。

　第2は，同じく企業の効率的な財務活動や管理において，ネックになってきた負債面の問題を解決するために登場したといえる。企業は金融情勢の変化に応じて，自社の資産・負債をたえず組み替えて効率的な資金調達・運用をしようとしている。その際に，資産サイドは，弾力的に資産項目の組み替えができたが，負債の場合，一旦返済をしなければならないため，それが難しいとされてきた。この問題を解消するために，債務を返済せずに，相互に他社の望ましい債務と交換するというスワップ取引が考案されたという。

裁定的要素を持った通貨スワップの仕組み

　ここで，通貨スワップの基本的な仕組みを説明するが，その結論は次のとおりである。すなわち，「スワップの本来の機能・動機は，どの金融市場において，誰が資金を調達するかで適応される金利が異なり，相対的な有利・不利が存在するという歪みを利用することによって，自らが必要とする資金を自分自身で調達するよりも，お互いに必要はないが相対的に有利な資金を調達して交換することによって，双方とも低コストで調達することが可能になる」というもともと裁定的色彩の強い取引である。

　なぜ，そんなマジックのようなことができるのであろうか。それを，表5－4に示したような資金調達条件を持つ2社の事例で見てみよう。いま，日本の企業A社は他企業に比べると5％という有利な条件で，ドル資金を調達可能であるが，今回は円資金を確保したいと思っている。ところが，国内での円資金の調達金利4.5％では，その事業の採算が確保しにくいとしよう。これに対して，外国企業のB社は，外国企業としては比較的好条件で円資金を調達できるにもかかわらず，今回はドル資金を必要としている。しかし，そのドル資金を調達しようとすると，6.4％もの高金利とならざるをえないとしよう。

　要するに，この2社を比較すると，絶対的にはドル建て，円建てとも信用力のあるA社の方が有利であるが，相対的優位性という観点からすると，A社はドル建て資金，B社は円建て資金の調達に強みがあるといえる。つまり，絶対的に信用力の優れている企業にとってはより優位性の高い方，絶対的に信用力の劣っている企業にとっては劣位性の小さい方が，相対的優位性という意味だからである。このように，異なる市場において当事者間に金利格差が存在する中で，相対的優位性とは逆の資金調達希望があることが，スワップ取引の成立する第1の必要条件であるといえる。

　この時には，両社は自らの必要資金でなく，相対的優位性を持つ資金，すなわちA社はドル資金，B社は円資金を調達し，それを交換すればよい。そうすると，その金利支払いは表5－4の下段のように，相手方を通じてA社は4.7％，B社は5％の金利を負担することになる。これだけでは，B社はおおいにメリットがあるが，A社の方は0.2％余計な負担を強いられることになり，取引は成立しない。そこで，B社からA社に対して，0.2％より大きく，1.4％よりも小

表5-4 通貨スワップの基本的な仕組み

[円建てとドル建てによる調達コスト格差]　　　　　　　　　　（単位:％）

	日本企業A社	外国企業B社	格　差
ドル建て金利	5.00	6.40	1.40
円建て金利	4.50	4.70	(0.20)
ネット格差			1.20

[通貨スワップ後の各社の調達コスト]　　　　　　　　　　　（単位:％）

A社の資金調達コスト		B社の資金調達コスト	
B社への円建て金利支払い	4.70	A社へのドル建て金利支払い	5.00
金利還元分	− 0.80	金利還元分	0.80
最終調達コスト	3.90	最終調達コスト	5.80
4.50 − 0.60 = 3.90		6.40 − 0.60 = 5.80	

出所）筆者作成。

さい利率で，別途金利を還元する話合いがなされることになる。この事例では，両社が協力してセーブできた金利，すなわち1.4 − 0.2 = 1.2％を，ちょうど半分の0.6％ずつ山分けすることで合意し，0.8％をB社からA社に金利還元するケースを取り上げてみた。

その結果，A社は4.7 − 0.8 = 3.9％，別の言い方をすれば，必要な円資金を自らが調達した時より，山分け分だけ低利な4.5 − 0.6 = 3.9％での調達ができることになる。一方，B社は5 + 0.8 = 5.8％，これまた必要なドル資金を自らが調達した時より，山分け分だけ有利な6.4 − 0.6 = 5.8％での調達が可能となる。両社ともに，メリットを享受できることになる。

このような結果を得るためには，実はもう1つの条件が必要である。それは，信用力に差のある企業がペアを組んでスワップをしただけでは，利益と損失が必ず発生する。それを金利還元で調整して，双方とも利益を得るためには，B社のように金利負担が軽減される分（1.4％）の方が，A社のように余計な負担を強いられる分（0.2％）より大きくなければならないということである。そのために何が必要かといえば，それはA社とB社でドル建て金利の格差と円建て金利の格差に大きな開きが存在するということである。そうすれば，事例の

ように相対的に優位な資金を調達し合った場合，必ず片方の負担増を上回る他方の軽減ができるため，それを調整することで両者ともにメリットを享受しうるからである。

　誰が資金調達をするか，どの市場で調達するかによって適用される金利が異なるという現実経済の歪みを利用したスワップ取引には，裁定的な色彩がうかがわれる。また，その原理は一見複雑そうに見えるが，決してそのようなことはない。伝統的な貿易理論であるD. リカードの比較優位の原理と基本的に同じであるし，日常の生活の中でも，しばしば見かけられるものである（コラム参照）。ただ，その伝統的な基本原理を金融・為替取引に応用し，金融派生商品を生み出したことは，実に画期的発明といえよう。

ヘッジと投機：ヘッジ対象と手段の一体化

　そもそも裁定的要素を持った通貨スワップによるヘッジは，企業の外貨建て資金調達において頻繁に見られる。たとえば，わが国の有力企業は盛んに外貨建て社債を発行して，資金調達をしている。その際の為替リスクを回避するためには前述の先物予約もあるが，長期の先物予約は取引が少なかったり，予約手続きが煩雑であるため，多くは銀行によって一括して円債務に交換してもらう通貨スワップが活用されている。

　これこそ，通貨スワップがヘッジに使用されている代表的事例であり，前述の先物予約や通貨オプションによるヘッジとは，少し性格が異なることに気づくであろう。先物予約や通貨オプションは，貿易取引のような何か他の取引があって，その為替リスクを回避するための手段であった。しかし，通貨スワップは為替リスクのある外貨資金を調達し，それを銀行との間で円資金と交換することで，ヘッジを行っているわけであり，ヘッジ対象と手段が一体となった金融商品ということである。

　次に，もっとも典型的な投機行為としては，スワップ取引の主流をなす金利スワップを紹介するのがよいと思われる。今日，多くの企業では，金利の先行きを勘案しながら，固定金利の社債と変動金利の社債のスワップを実行している。金利上昇を予想する企業は変動から固定へ，金利下落を予想する企業は固定から変動への転換によって，調達コストの軽減を図ろうとしているからであ

第5章 国際金融市場とデリバティブ 109

る。しかし，予想が当たった企業はそれを実現できても，外れた企業は調達コストの増加を余儀なくされることになり，これは投機というリスクに対する挑戦にほかならないと理解される。

（コラム）日常生活の中にも見られるオプションとスワップ

　オプションやスワップというと，最先端の金融技術・商品であり，画期的で難しいものと思いがちであるが，そのようなことはない。古くから，われわれの日常生活やビジネス社会で普通に行われてきたことであり，その原理を金融に活用したに過ぎない。

　読者の理解を促進するために，その事例を紹介しよう。まず，オプションであるが，大学生諸君が突破してきた受験で，多くの学生がそれを経験したはずである。受験にあたって何校かを併願した場合，先に受かった大学に入学金を納入した受験生が多いのではなかろうか。これは，入学金というプレミアム料を支払い，期日までに手続きをすれば，その大学に入れるという「権利」を購入したことを意味する。したがって，これは国公立大の前期入試で，合格後入学手続きをすると，他の国公立大の後期受験ができないような制度（先物予約にあたる）と異なり，当然他大学受験ができ，合格すれば入学もできる。

　すなわち，その後の受験で，残念ながらすべて落ちた場合は，権利を行使することによって入学でき，翌年も暗い浪人生活をおくるというリスクを回避しうるし，より希望した大学に受かった場合は，権利を放棄して，そちらに入学し，より充実した満足度の高い学生生活（効用）をおくるというメリットを得ることができる。この場合でも，権利を確保した大学と比べ，後で受かった大学が同じ程度の入学志望校であった場合，悩んだり，後悔することになったと思うが，これがオプションの欠陥として説明した事態にあたるといえよう。余談になるが，この入学金をめぐって，入学を辞退した受験生の返還訴訟があったが，法律的にはともかく，経済学的にはオプション取引に伴う正当な対価であり，問題ないといえる。もちろん，プレミアム料ではない前期分の授業料をとることは論外である。

　スワップも至る所で見られる。とくに，この人間社会では絶対的に優れた能力の持ち主と劣った者とが共存するのが現実である。たとえば，会社での仕事において，営業から事務管理など，幅広い業務のすべてについて抜群の能力を有する社員，何をやってもその者には及ばない社員がいることは事実である。かといっ

て，会社はすべての業務を有能な社員にやらせることはできないし，得策ではない。勤務時間は限られているし，能力の劣る社員を遊ばせておけば，無駄を生んでしまうからである。

そこで，企業の人事はそれぞれの社員の能力を把握し，スワップの時と同じように，相対的に得意とする業務を担当させ，相互に連携して全体の業務をこなすことを基本としている。各自が相対的優位性を発揮しうるように業務分担をすることが，人的資源の効率的活用になり，その会社全体としての仕事量が最大になるからである。

要するに，これらは多くの読者にとって周知の貿易理論である「比較優位の原理」と同じ原理であり，金融も含め，人間社会やビジネス界では至る所で，その原理に基づいた行動や応用がなされているということである。

第6章
外国為替と外国為替市場

1
外国為替とは何か

　今日では，ヨーロッパの17ヵ国のように「ユーロ」といった共通通貨を使用している国もあるが，日本ならば「円」，アメリカならば「ドル」といったように，世界の各国は自国領域内で通用する通貨（＝法貨）をそれぞれ持っている。そうした国々が国境を越えて財・サービス貿易や投融資活動を盛んに行っているが，その際には必ずその取引に伴って異なる通貨を直接的，間接的に交換しなければならない。この異なった通貨の交換ということが，国内経済にない国際経済での取引の決定的相違点であり，そのため国際経済学や国際金融論の中心的研究課題として論じられてきた。

　その仕組みが外国為替ということであるが，理論的には次のように定義されている。すなわち，「通貨を異にする隔地間の債権・債務を，それぞれ同一の地域内での債権・債務に転換することによって，現金を現送することなく決済する方法」のことであるという。具体的に，A国のa社がB国のb社に輸出した場合を考えてみよう。わざわざb社がa社に現金を送らずに決済するためには，A国のc社がB国のd社から輸入しているといったような反対の取引を見つけることによって，A国内でc社がa社に支払いをし，B国内でb社がd社に支払いをすれば，それが可能になる。とはいっても，金額が同額で決済日

が同じ2つの取引を国内で見つけ出すことは、それほど簡単ではない。ここに、多くの取引に伴う貸し借りが集約される金融機関が登場し、実際にこの決済を可能にする仕組みができているということである。やや抽象的定義であるが、その決済の仕組み自体が外国為替というわけである。

そこで、実際の決済方法として、国際貿易におけるもっとも基本的な決済の仕組みを、図6－1によって紹介しよう。東京の輸出業者Aがニューヨークの輸入業者Bに商品をドル建てで輸出する契約を締結したとすると、その後は次のような手順で決済がなされる。

図6－1 輸出における基本的な決済の仕組み（信用状付き一覧払い輸出手形による決済）

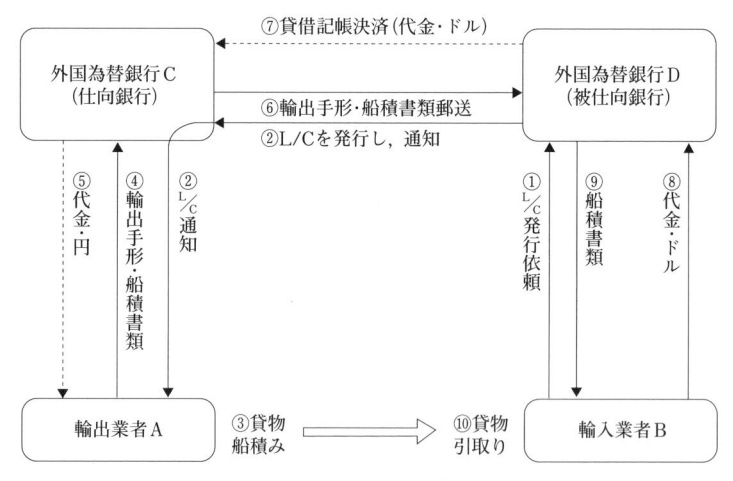

```
                    ⑦貸借記帳決済(代金・ドル)
    ┌─────────────┐ ←───────────── ┌─────────────┐
    │  外国為替銀行C  │                │  外国為替銀行D  │
    │   (仕向銀行)   │ ───────────→  │  (被仕向銀行)  │
    │             │ ⑥輸出手形・船積書類郵送 │             │
    └─────────────┘ ②L/Cを発行し，通知  └─────────────┘
      ↑  ↑  │                        ↑   ↑   ↑
      │  │  │                        │   │   │
      ⑤  ④  ②                       ①   ⑨   ⑧
      代  輸  L                       L   船   代
      金  出  ／                       ／   積   金
      ・  手  C                       C   書   ・
      円  形  通                       発   類   ド
          ・  知                       行       ル
          船                           依
          積                           頼
          書
          類
    ┌─────────────┐                  ┌─────────────┐
    │   輸出業者A    │ ③貨物船積み →   │   輸入業者B   │
    │             │    ⑩貨物引取り     │             │
    └─────────────┘                  └─────────────┘
```

①輸入業者Bは、ニューヨークの取引先銀行Dに対して、L/C（信用状：銀行が自行に宛てて手形を振り出す権限を与える保証状）の発行を依頼する。

②そのD銀行はL/Cを発行し、東京の外国為替銀行Cを通じて、輸出業者Aに通知する。

③輸出業者Aはそれに基づいて商品を手当てし、船積みを行うことによって、船荷証券、保険証券、商業送り状などの船積書類を入手する。

④輸出業者AはL/C発行銀行宛にドル建て一覧払い輸出手形を振り出し、これに船積書類を添付して、外国為替銀行Cに買取りを依頼する。

⑤ C 銀行は当日の為替レートで換算して手形を買い取り，輸出業者 A に円貨を支払う。
⑥ C 銀行はこの手形に船積書類を添付して，D 銀行に郵送し，支払いを請求する。
⑦ D 銀行は C 銀行に代金を支払うが，その際に重要なことは，あらかじめ両行の間でコルレス契約を締結し，決済に使用するために相互に相手銀行に相手国通貨で預金口座（コルレス勘定）を開設していることが多い。このケースでは，それを使って，D 銀行は自行内にある C 銀行のドル建て預金口座に代金を入金することになる。これを貸借記帳決済という。
⑧ D 銀行は輸入業者 B から輸入代金・ドルを取り立てる。
⑨ D 銀行は輸入代金と引き換えに，船積書類を輸入業者 B に引き渡す。
⑩ 輸入業者 B は，その船積書類（船荷証券）によって，輸入品を受け取る。

詳しく貿易決済の仕組みを見たが，外国為替を知るうえでのポイントは，次の 3 点である。

(1) 上の事例で見た決済方法以外にいくつかの方法があるが，あらゆる対外取引に対して，何らかの方法で必ず決済がなされており，1 つの対外取引がなされるごとに，必ず外国為替（取引）が必ず 1 つは発生すること。
(2) 企業や個人の対外取引による債権・債務が，外国為替銀行同士の債権・債務に置き換えられ，その間で貸借記帳決済という帳簿上の処理がなされることによって，現金を現送する必要がなくなっていること。
(3) いずれかの国において，手形や小切手などの売買という形で，異なった通貨の交換（外国為替の売買）がなされること。

貿易取引に限らず，たとえば日本人がアメリカの株を買う場合でも，わざわざドル・キャッシュを持って，ニューヨークまで出かけて行くことはない。日本の証券会社の窓口において円で購入できるのは，その円がどこかでドルに転換され，かつ外国為替銀行の間で預金口座による決済がなされているからである。したがって，われわれは対外取引がなされるごとに，外国為替が発生し，現金を現送しないで決済できるのは，その取引の債権・債務が銀行間の債権・債務に置き換えられ，預金口座への振込みあるいは引落しで決済がなされるからであり，上の貿易の事例では日本側であったが，いずれかの側で通貨の交換，

すなわち外国為替の売買がなされることを知っておけばよい。

とはいっても，初心者には具体的なものとして外国為替をイメージしにくいのが実情であろう。そこで，厳密にいうと外国為替論上は問題があるかもしれないが，誤謬を恐れず大胆かつ具体的にいうならば，外国為替とは次のようなものとして捉えればわかりやすいかもしれない。まず，上記の貿易の際の輸出手形のように，対外取引の決済に使用される外貨建て手形や外貨建て小切手があげられる。今日では，企業や個人が内外の銀行に外貨建て預金口座を開設できるようになっており，その口座を使用して直接決済をするために電信為替が盛んに活用されている。さらに，上記の外国為替の定義とはやや矛盾するが，海外旅行の場合には，外貨の現金そのものが使用されている。ということで，詳細な仕組みは理解しえなくとも，原則として上記の3つのポイントを持った対外取引の決済の仕組みであること，そして具体的にはそこで使用される外貨建ての手形，小切手，電信為替，さらには外貨の現金などを外国為替として，イメージしてもらえばよいといえる。

2
為替レートとその建て方

具体的な外国為替の姿ともいえる外貨建て手形，小切手，電信為替，キャッシュなどを売買するのが外国為替市場であり，その外国為替（外貨ということもある）の価格が為替レートということにほかならない。ただ，その売買によって自国通貨と外国通貨を交換することになるため，より一般的には「為替レートとは，異種通貨間の交換比率である」と定義されている。

つまり，為替レートも基本的にはパンや自動車のような普通の商品の値段と変わらないが，為替レートの場合は，交換される2つとも通貨であるという点のみが異なる。通貨には価値を表示するという役割があるため，商品の場合にはパン1個100円と建て値するが，通貨同士の場合は，どちらの通貨を使って表すかで2通りの表示方法がある。1つは，自国通貨1単位が外国通貨でいくらに相当するかという表示方法で，外貨建てという。もう1つは，外国通貨1単位が自国通貨でいくらに相当するかという表示方法であり，邦貨建てと呼ば

れる。すなわち，たとえば円とドルであれば，100円/ドルという邦貨建てだけでなく，0.01ドル/円という外貨建てで表示することもできるということである。

建て方は国により，また時代によって異なる。一般には，イギリス，アメリカ，ユーロ圏のような基軸通貨国または基軸通貨であった国では外貨建てが採用され，他のほとんどの国では邦貨建てとなっている。日本では第二次世界大戦前は外貨建てであったが，戦後は邦貨建てとなった。

為替レートの変化は，邦貨建てと外貨建てでは逆になって現れる。たとえば，円・ドルレートにおいて，円の上昇（円高）といえば，邦貨建てでは数値の減少，外貨建てでは数値の増加となって現れる。したがって，為替レートの変動は，単純に数値の増加から上昇，減少から下落というわけにはいかず，きちんとどちらの通貨の価値の上昇・下落（増価・減価）かを明確に表現することが望ましい。

3
外国為替市場と種々の為替レート

第2章の為替レート決定理論では，主に1つの為替レートがどうやって決定されるかが議論された。また日々，ニュースで為替レートが報じられているのを聞いても，あたかも1つだけしか為替レートはないような感じを受けるかもしれない。しかし，現実にはどのような外国為替取引かによって，種々の為替レートが存在するし，どのような意味での外国為替の価値を知りたいかによっても，いくつかの為替レートが使用されている。実際の国際ビジネスにおいては，どの為替レートで取引をするかは重要なことであり，以下に代表的なものを紹介することにする。

3－1　銀行間為替相場と対顧客為替相場

外国為替市場には，小売市場ともいうべき対顧客為替市場と卸売市場にあたる銀行間為替市場があり，それぞれの為替レートが建て値されている。企業や個人が対外取引を行うために，銀行と外貨を売買する市場が対顧客為替市場であり，その時に適用される為替レートが対顧客為替相場である。これに対して，

銀行は顧客から買った外貨を処分したり，顧客に売る外貨を調達するために，銀行間為替市場で取引をしており，そこでの為替レートが銀行間為替相場である。

銀行間為替相場は，外国為替の需給を反映して，刻々と変動しており，一般にマスコミで報道される為替レートがこれにあたる。この卸売市場での為替レートをベースに手数料や金利からなる売買マージンを加味して，顧客に外貨を売買する際の対顧客為替相場が提示されるが，それは一般的には1日中変更されることはない。もっとも身近なものは，読者が海外旅行などをする場合に，ドル，ユーロなどのキャッシュやトラベラーズチェックを購入したり，払戻しをする際に適用される小口の顧客に対する為替レートであろう。やや細かい実務になるが，参考までにそれ以外の主な対顧客為替相場を次にあげておく。

(1) 電信買相場（T.T.B.）と電信売相場（T.T.S.）

外貨と円貨の受渡しが電信で同時に行われるため，銀行にとっては資金の立替払いが発生しない場合に適用される為替レートである。銀行間為替相場を仲値として，銀行側から見て買いになるT.T.B.は通常1円マイナス，売りになるT.T.S.は1円プラスされたものとなっている。

(2) 信用状付き一覧払い輸出手形買取相場（Credit At Sight Buying）

図5-1において，輸出業者Aが輸出手形を外国為替銀行Cに買い取ってもらう時の為替レートのことである。この手形を買い取った後，信用状発行銀行に郵送して決済を受けるまでのメール期間の金利をT.T.B.に上乗せした為替レートとなる。

(3) 信用状付きの期限付き輸出手形買取相場（Credit Buying 30d/s）

一定期限の支払い猶予が設定されている輸出手形を買取ってもらう時の為替レートであり，さらにその期間の金利をT.T.B.に上乗せしたものとなる。

(4) 信用状付き一覧払い輸入手形決済相場（Acceptance）

輸入において，日本の銀行が日本の輸入者から一覧払いで代金を受け取る時に適用されるものである。それは，輸出地で輸出国の銀行に代金支払いをした後，日本で輸入者から代金を受け取るまでの期間の金利をT.T.S.に上乗せした為替レートとなる。

細かな実務に関心のない読者も，外国為替銀行が顧客と外貨を売買する時に

は，卸値になる銀行間為替相場に金利などを加味した売買マージンが上乗せされており，銀行の外国為替の売買は往復で利益が得られる仕組みになっていることを理解してもらいたい。

3－2 直物取引，先物取引，為替スワップ取引

　銀行間為替市場，対顧客為替市場を問わず，直物取引と先物取引の2種類があり，それぞれ直物レート，先物レートが建て値されている。

　直物取引は，売買契約と同時に資金の受渡しが行われる取引をいい，その時適用されるのが直物レートである。直物取引がなされるのが直物市場で，そこでの需給で直物レートが決まっているといってもよい。ただし，銀行間でなされる直物取引では，時差や事務処理の関係で，2営業日後に実行されることになっている。

表6－1　東京外国為替市場での先物レートと直先スプレッド

◇銀行間為替市場直物レート
　中心値　110.60

◇対顧客米ドル先物レート
　（三菱東京UFJ銀行，円/ドル）

	売り	買い
12月渡し	111.91	109.55
1月〃	111.48	109.10
2月〃	111.12	108.75
3月〃	110.76	108.41
4月〃	110.45	108.10
5月〃	110.15	107.80

◇銀行間ドル直先スプレッド
　（1ドルにつき円，ディスカウントはd，プレミアムはp）

	実勢	年率%
1ヵ月	d 0.456	4.49
3ヵ月	d 1.172	4.19

注）東京外国為替市場での2007年12月3日の数値。
出所）『日本経済新聞』2007年12月4日。

先物取引は，将来の外貨の売買を，あらかじめ現時点では約束するだけの取引であり，先物予約とも呼ばれる。受渡しがなされる期日によって，1ヵ月先物，2ヵ月先物と呼ばれ，通常1年先物までレート（6ヵ月までであるが，表6－1参照）が提示されことが多い。そのレートも，先物取引がなされる先物市場での需給で決まっているといってよい。すでに前章で学んだように，本来は貿易業者などが対外取引の為替リスクを回避するために創出されたものであるが，同時に投機家が，先物投機によって，わずかの資金で大きな賭けをし，多大なリスクを冒しながら巨額の投機益を追及する場ともなっている。

この直物取引と先物取引を別々に行う取引（アウトライト取引という）以外に，直物売り・先物買い，直物買い・先物売りというように反対の直先取引をセットで行う外国為替のスワップ取引（為替スワップ取引）と呼ばれるものが，表6－2からわかるように世界の外国為替市場でもっとも大きな取引になってい

表6－2　世界の外国為替取引の種類別推移

(単位：10億ドル)

	1998	2001	2004	2007	2010	2013
直 物 取 引	568	386	631	1,005	1,488	2,046
先 物 取 引	128	130	209	362	475	680
為替スワップ取引	734	656	954	1,714	1,759	2,228
通貨スワップ等	97	67	119	243	250	391
取 引 総 額	1,527	1,239	1,934	3,324	3,971	5,345

注）取引額は，各年の4月の1営業日の平均取引額。
出所）BIS, *Triennial Central Bank Survey*.

る。その基本的原因は，第2章3で学んだ金利平価説に関わっている。すなわち，理論的にはともかく，現実の経済ではそれが成立していないタイミングを狙って，まったくリスクを負うことなく，小幅ながら確実に鞘を獲得できる金利裁定的資本取引がたえず行われうる。実際に，為替スワップ取引の多さは，金利裁定を目指した資本取引のチャンスがいかに多いかを物語っている。その外国為替のスワップ市場で決まっているものは，金利平価説からわかるように，表6－1に示された直物レートと先物レートの開きである直先スプレッドというわけである。

原則的には直物レートと先物レートは，内外金利差の幅をもって，あたかも電車の線路のように並行して動くことになる。具体的には，金利の高い国の通貨は金利の低い国の通貨に比べて，ほぼ金利格差分だけ直物レートに比べ先物レートが割安になる。事実，わかりやすいように円の金利に比べドルの金利が相当割高であった時の直先スプレッドを見てみると，**表6－1**に示されているように，当時の円・ドルレートは先物レートがドルの割安（ディスカウントという）になっていることを表すdの表示がついていることが確認できる。逆の時は，プレミアムといい，pの表示がなされる。

3－3 基準為替相場，クロス・レート，裁定為替相場

多くの国の外国為替市場においては，圧倒的に基軸通貨であるアメリカのドルと自国通貨の取引が多い。たとえば，東京外国為替市場では円とドルの取引が約60％にものぼっている。しかし，少額ではあるがドル以外の通貨との交換が必要になる場合があり，為替レートは多国通貨間で多角的に形成されることになる。その際には，ドルのような基軸通貨との為替レートを基準として，計算されることが多い。たとえば，日本で円とユーロの為替レートを求める場合は，円の対ドルレート1ドル＝100円（基準為替相場）とユーロの対ドルレート1ユーロ＝1.2ドル（クロス・レート）によって，1ユーロ＝120円と計算される。これを裁定為替相場と呼んでいる。

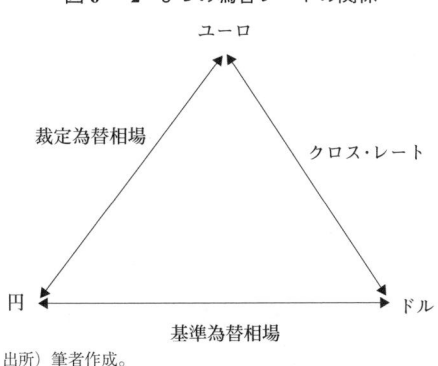

図6－2 3つの為替レートの関係

出所）筆者作成。

しかし，実務界ではこの外国為替論の教科書で説明されているものと異なり，基軸通貨・ドル以外の通貨同士の為替レートのことをクロス・レートと呼ぶことが一般化しているようである。つまり，前記のようにして計算された1ユーロ＝120円という裁定為替相場のことをクロス・レートということが多い。また，ヨーロッパの外国為替市場では，ドルが為替媒介通貨としての地位を失い，ドル以外の通貨同士の直接取引が徐々に増加している。そのため，この直接取引をクロス取引，そこで成立する為替レートをクロス・レートと呼んでいる。

3－4　名目為替レート，実質為替レート，実効為替レート

　実務上の為替レートの種類や区分ではなく，理論的な意味での区分であるが，マスコミなどでもよく取り上げられるため，この為替レートの種類も紹介しておく。

　通常の為替レート（一般には，直物レート）を実質為替レートと区分して議論するために，名目為替レートということがある。これに，2国の物価の動きを加味して，両国の真の価格競争力を示したものが実質為替レートである。たとえば，円・ドルの名目為替レートが10％円高に変動したとすると，日本の商品はドル表示で10％割高になり，その分価格競争力が減退する。しかし，その間にアメリカの物価が日本の物価に比べ，5％上昇したとすると，実質為替レートは5％の円高ということで，日本の商品は5％の価格競争力低下にとどまったことを表す。

　主要先進国が変動相場制にある中で，たとえば日本の円がどのように変化しているのかを知るためには，円・ドルレートの動きを見るだけでは不十分である。そこで，ドル以外の通貨との動きも加味し，全体的な動きを示したものを（名目）実効為替レートという。通常，それは円の各国通貨に対する名目為替レートに，日本の各国との貿易シェアなどでウエートをつけた加重平均値として求めている。さらに，各国との物価の動きも考慮するために，各国との実質為替レートにウエートづけをして集計したものは，実質実効為替レートと呼ばれる。これらを見れば，日本の円が経済関係の深い国々全体の通貨に対してどのように動いているのか，したがって全体として日本の国際競争力が有利化しているのか，不利化しているのかを判断することができる。

4
どのように為替レート決定理論につながるか

　外国為替の取引の仕組みや種々の取引と為替レートを見たが，それはどのように第2章の為替レート決定理論と関連しているのであろうか。外国為替取引の実態や実務を理解したうえで，ここで理論との結びつきを考えてみよう。

4－1　3種類に分類できる外国為替の取引
　本章では，これまでに実務的側面から，外国為替とは何かということと，直物取引，先物取引，為替スワップ取引という3つの取引が存在することを知った。さらに，ここで無数の国際ビジネスから発生している外国為替も，取引動機や機能から見ると，3種類の取引に分類できるという外国為替理論を加味すると，どのような取引がどのようにして為替レートを決定しているかが一段と鮮明になる。つまり，実際の外国為替取引を理論的に整理することによって，第2章で学んだ為替レート決定理論をわかりやすくしたいということである。そのために，まず前章の金融取引の機能，動機にならって，金融取引の一部である外国為替取引，あるいは需給についても機能的に分類してみよう。

決済のための外国為替需給
　経常取引において，貿易業者などが確実に対外取引の利益を確保するために，為替リスクを負うことなく契約と同時に直物で決済したり，先物で予約してしまうという取引の採算確保を第1とした行動で発生する外国為替取引。

投機（ヘッジを含む）のための外国為替需給
　投資家はもちろん，貿易業務に従事する貿易業者でも，投機行動をとることが多い。ここでいう投機とは，自らの為替レート予想に基づいて，リスクを冒しながら為替レートの変動による為替差益を追求する行為をいう。したがって，一般にイメージされるようなダーティーなイメージのもの，射幸心旺盛なギャンブラーだけでなく，機関投資家，個人投資家，銀行などの金融機関，さらに

は貿易業者までが,契約から決済までの貿易金融の期間について,あえてリスクを冒してより多くの利益確保を目指すという投機にチャレンジすべく外国為替を売買している。

それがここでいう投機にほかならないが,この投機によるリスクを,ある時は採算や利益確定,ある時は損切りのために解消することをヘッジという。したがって,前章の金融取引の機能で見たように,投機とヘッジはまったく正反対の機能を意味している。しかし,外国為替の需給という点から見れば,プラスかマイナスというだけであり,一緒に扱うことができるというわけである。

金利裁定のための外国為替需給

すでに紹介したとおり,経済学の理論と現実経済の歪みを利用し,まったくリスクを負うことなく利益(鞘)を得る裁定で,外国為替市場を舞台に行われているのが,金利裁定にほかならない。第2章で述べたように金利平価説が成立していない場合,ごくわずかであるが有利な方へ資金を移動させるという金利裁定による資本取引では,相反する直物取引と先物取引がセットでなされる為替スワップ取引をもたらすということであった。

3つの取引の代表的具体例

膨大にして千差万別ともいえる外国為替の売買を,以上のように教科書的に機能的な分類をしても,初心者には理解が難しいと思われるので,もう少し具体例をあげながら説明を加えたい。

まず第1は,経常取引において,業者がその取引の採算確保を第一義的目標に外国為替を売買する場合を決済という。たとえば,商談時の採算レートは先物レートを念頭に置き,商談成立とともに,それで予約をして即採算確定をするようなケースがこれにあたる。しかし,筆者の商社マン時代の経験では,一部の商社,あるいは家電メーカーで契約と同時に,すべて先物予約を取るという方針の企業もあったが,きわめてまれであった。したがって,生粋の貿易業者としての決済のための外国為替の需給はさほど多くはないと推察される。

第2に,金利裁定による資本取引に伴う外国為替の需給であるが,これは巨額な資金の運用を安全かつ少しでも有利に行いたい機関投資家,個人投資家,

逆に巨額の資金を安全かつ低利で調達したい一般事業会社，さらにはたえず短期的な資金の過不足を内外の短期金融市場で調整している銀行によって，瞬時になされている。その金額は膨大なボリュームにのぼると推測されるが，為替スワップ取引という特殊な外国為替取引をもたらすものであることを忘れてはならない。

　第3に，もっとも重要なことは，機能的な意味での投機（ヘッジ）をしっかりと理解することである。金利裁定を別にすれば，およそ国際ビジネスで為替リスクのないものはありえない。それに携わる企業や個人は，自らの為替レート予想に基づいて，必ず何がしかのリスクを冒しながら利益を追求する行動をしている。

　実は，貿易業者ですら，前記のような本来の貿易業者としての決済を実践している企業は多くない。多くの貿易企業は，契約から決済までの間の貿易金融という資本取引に関して，為替レートが有利に変動すると予想すれば，あえて契約と同時に先物予約（ヘッジ）をせずに，賭け（投機）をしている。古い事例であるが，その典型的表れが，取引の1/3を即完全予約，1/3を予約せず，残りを適宜判断する方法（3分割法）であろう。

　ましてや，投資家による資本取引の場合は，なおさらである。ヘッジ・ファンドなどは，まさに一般的なイメージどおりの投機を行っているが，それだけではない。機関投資家や個人投資家が外国証券の購入，外貨預金などの投資をする際には，株価や金利だけでなく為替レートの先行き予想も加味して決断している。逆に，企業などが外貨資金を調達する際にも，金利だけでなく返済する時の為替レートがどうなるかを勘案して，国内資金の調達より有利と予想された場合にそれを選択している。さらには，通貨危機が発生すると，その国の資産家は自分の資産を海外に逃避させることが多いが，これも自国通貨の下落・海外通貨の上昇に賭け，大儲けを期待した行動である。さらに，これらのリスクを冒した投機行動が，うまくいって予定の利益を得たり，逆に失敗して損失を膨らましてしまった場合には，利益確定や損切りとして投機をやめるというヘッジのための外国為替売買がなされて，手仕舞われることがよく知られるところである。

　こうしてみると，外国為替市場ではヘッジ・ファンドのような典型的な投機

家だけではなく，機関投資家，個人投資家，一般事業会社などが資本取引に伴って投機を行い，貿易業者さえ貿易金融に伴ってヘッジも含む投機行動をとっており，理論的にいうとまさしく「1億総投機家」状態にあることを理解してもらいたい。このヘッジも含めた投機のための外国為替需給が，ストック市場での為替レート決定を唱えるアセット・アプローチ理論にとって，もっとも重要であることは容易に想像がつこう。

　第4に，経済援助のような公的資本は独自の動機があるし，長期・安定的な直接投資や長期の銀行借款といった長期資本取引に伴う外国為替の需給になると，その区分は微妙である。アセット・アプローチ理論のような純粋理論では，特段これらも区別せず，ストック市場の一般的な均衡を考えているが，期待，すなわち市場の相場観に支配される短期的な為替レートの動向には影響力が少ないということで，別に考えた方がよいかもしれない。

4−2　外国為替市場の概要と為替レート決定理論

　多種多様な現実の外国為替の取引を以上のように整理すると，外国為替市場で為替レートがどのように決定されているかが明確になる。

　少額と見られる決済のための需給と膨大な金額にのぼる投機のための需給が，図6−3に示されるように直物市場と先物市場にそれぞれの需給をもたらす。その際，投機のほとんどが資本取引に伴って発生するが，現実には為替レートの先行き予想に大きく依存する投機的短期資本取引と内外金利差や経済援助などの独自要因によっても影響を受ける長期安定的資本取引に関わるものとがある。もちろん，第2章2のアセット・アプローチ理論で説明したように，刻々と変動する短期の為替レートの決定には前者が重要であることはいうまでもない。したがって，主に短期的視点から為替レートの変動による利益を追求する投機家が，直物投機をするか先物投機をするかによって，直物レートと先物レートがそれぞれ刻々と変動することになる。それは，投機家が保有資産をより儲かる通貨の資産へと持ち替えるということであり，それによって為替レートが急変し，もうどちらの金融資産も予想収益率に差がない新たなストック市場の均衡が成立するというアセット・アプローチ理論に通じるというわけである。

　たとえば，ドルが上昇すると予想した投機家で，実際に十分な資金を持って

第 6 章　外国為替と外国為替市場

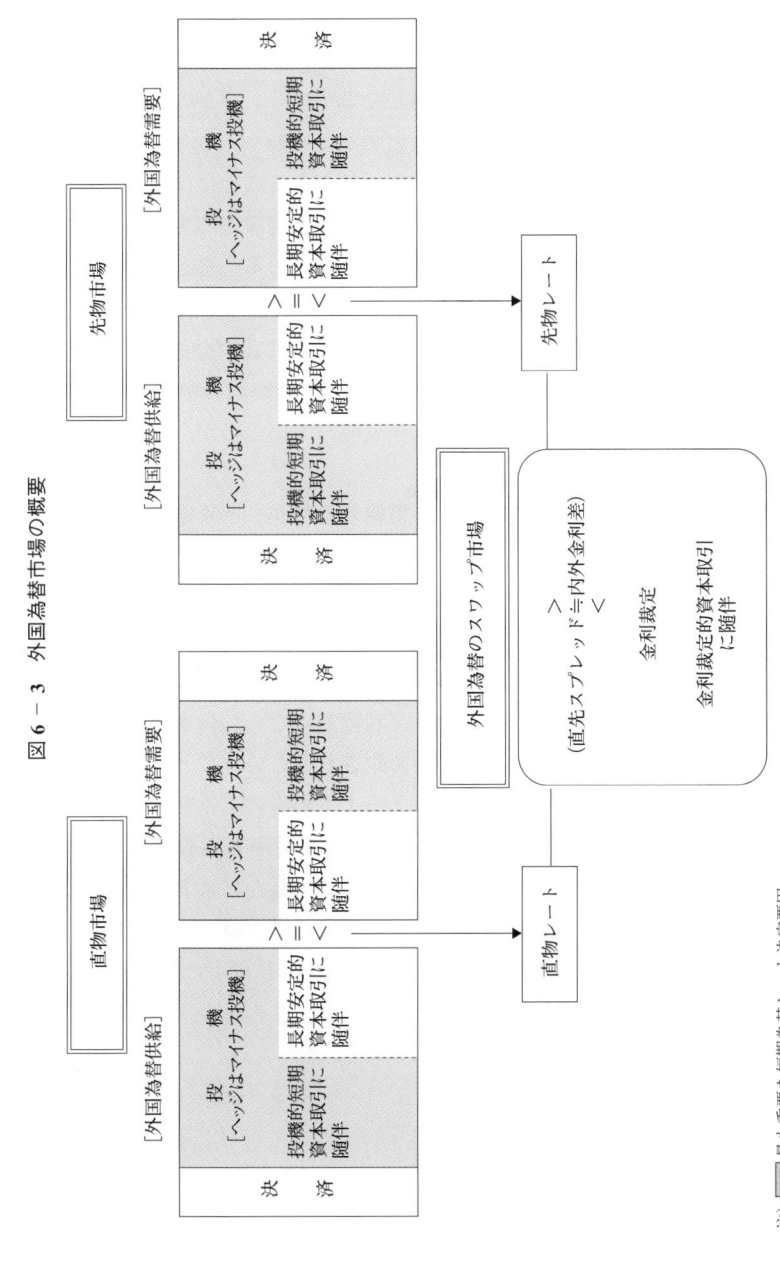

図 6 − 3　外国為替市場の概要

```
          直物市場                                       先物市場

[外国為替供給]        [外国為替需要]              [外国為替需要]      [外国為替供給]

投   機              投   機                    投   機            投   機
[ヘッジはマイナス投機] [ヘッジはマイナス投機]      [ヘッジはマイナス投機] [ヘッジはマイナス投機]

長期安定的  投機的短期    投機的短期  長期安定的   長期安定的 投機的短期  投機的短期 長期安定的
資本取引に  資本取引に    資本取引に  資本取引に   資本取引に 資本取引に  資本取引に 資本取引に
随伴       随伴          随伴       随伴          随伴     随伴        随伴     随伴

決   済      >=<          決   済     決   済      >=<        決   済
         ↓                                    ↓
      直物レート                            先物レート
         ↑                                    ↑
              外国為替のスワップ市場

              (直先スプレッド ≒ 内外金利差)
                        >=<
                    金利裁定
              金利裁定的資本取引に随伴
```

注)　■最も重要な短期為替レート決定要因。
出所)　筆者作成。

いる者は，直物市場でドルを買い何らかのドル建て金融資産を保有するであろう。しかし，資金的余裕はないが自らの予想に自信がある者は，前章のデリバティブの先物による投機の仕組みで説明したように，わずかの手持ち資金で取引が可能な先物市場で先物ドル買い投機をするであろう。もちろん，近い将来ドルが下落すると予想する投機家が，逆の行動をとることはいうまでもない。

したがって，現実には投機家がどちらの市場で行動を起こすかによって，直物レートと先物レートは異なった動きをすることになる。にもかかわらず，為替レート決定理論で1つの為替レートしか対象としていないのは，異なった性質を持った外国為替の取引をもたらす市場が存在し，必ず両者を並行して同じ方向に動かす力が働いているからである。その市場が図の中の外国為替のスワップ市場であり，そこでのメカニズムを説明しているのが，すでに見た金利平価説ということにほかならない。

繰り返しになるが，現実の外国為替の需給と為替レート決定理論の関係は次のようにとりまとめることができる。巨額なあらゆる投機のための外国為替の需給に，わずかであるが本来の貿易業者による決済の需給と独自の動機を持った長期安定的資本取引に伴う需給を加えたものが，直物市場か先物市場にもたらされ，直物レートと先物レートを決定する。そこに内外金利差以上の乖離が発生すれば，安全確実に利益が得られる金利裁定のための資本取引が瞬時に発生し，両者を調整してくれるという姿が俯瞰されるということである。こうして，同方向に動く直物レートと先物レートを1本のものとみなして，主に為替レートの将来予想（期待）によってより儲かると期待される資産への投機の結果，内外金融資産の持ち替えがなされ，一瞬にして新たにストック市場が均衡するように為替レートが変動するというアセット・アプローチ理論に行き着く。その際に，2つの為替レートが一定の動きをするように両者の鎹（かすがい）の働きをするのが，金利裁定という資本取引であり，このメカニズムを金利平価説によって知ることができるというわけである。

(コラム) どうしてニューヨークでの原油先物投機は，われわれの生活に混乱をもたらすのか？

　一般に，株式，債券，金利，外国為替といった金融商品は価格変動が激しい。さらに，原油，金，非鉄金属，穀物，綿花などは相場商品と呼ばれ，これらも価格変動が著しい。こうした商品の取引を安定的に行うために，デリバティブの1つとして先物市場が設けられ，リスクを回避（ヘッジ）することができるようになっているが，ヘッジと投機はまさにコインの裏と表であり，投機にも使うことができる。その場合は，証拠金のようなわずかの資金があれば，その何10倍も自分の予想する方に賭けをすることができる。先物投機は，実際に資金が必要となる現物（直物）投機とそこが違う。

　2008年夏にかけて，ニューヨークの原油先物市場では新興国の実需を背景とした買いだけではなく，先行きの上昇予想に賭けた投機資金が流入し，その何10倍もの先物買いが殺到したと見られる。その結果，あっという間に先物価格が約140ドル/バーレルにも暴騰したことを記憶している人は多かろう。それは，原油の現物価格にも必ず跳ね返ることになる。なぜならば，現物価格が100ドル/バーレルのままなら，どういうことが起こるかを考えてみればよい。

　当然，商社や石油会社はどこかの産油国やスポット市場と呼ばれるところで，実際に売買されている原油を100ドル/バーレルで購入すると同時に，それを即先物市場で140ドル/バーレルで何ヵ月かの先物売り（実際に，期日に原油の引渡しをする現物先物取引）をすれば，リスクなく確実に何ヵ月か後の利益を確定できる。とすれば，誰もが同じような行動をとるため，先物価格には下落，現物価格には上昇圧力が働く。その時，依然として先物市場で買い投機が根強ければ，実際の原油のスポット価格，さらには長期契約の価格も引き上げ交渉を余儀なくされ，先物価格に鞘寄せされることになろう。

　これは，外国為替の場合の金利裁定にあたる裁定にほかならない。原油の場合は，金利裁定の場合ほど明確ではないようであるが，原油の現物を約束の期日に受渡しするまでの輸送費，倉庫料，金利などの取引コスト分が，両者の理論的開きといえよう。こうして実際に，先物市場では少額の資金でもその何10倍の取引ができるため，投機によって原油先物価格の急騰・急落が起こりやすく，それがスポット物，さらには長期契約の価格交渉を通じて現物価格に跳ね返り，われわれの日常生活にも及んでくるというわけである。

第7章
国際財務活動

　本章では，わが国企業に焦点をあてながら，すでに取り上げた国際金融市場，さらにはその一部である外国為替市場において，企業がどのように国際財務活動を行っているかを眺めることにしたい。企業の国際財務活動は，国際通貨システムの転換や国際金融市場の発展によって，大きな影響を受けると同時に，企業の成長・発展によって変貌する国際財務活動へのニーズが，マクロ的な国際金融の世界に多大な変化をもたらしてきた。

　わが国企業は経営の国際化が進展し，今日では多数の海外子会社を抱えるグローバル企業へと雄飛しつつある。そこでは，日本本社だけではなく，海外子会社も加えた国際財務管理として，①海外資金の調達・運用，②キャッシュ・マネジメント，③為替リスク・マネジメント，④国際税務戦略などの業務を行っている。これらの業務のうち，海外資金の調達・運用は国際資本移動の一翼を担うものであるし，為替リスク・マネジメントは外国為替論の実践的業務である。

　すでに学んだ理論を踏まえながら，最初に第1節と第2節で，わが国本社企業を中心にその実態を把握することにしよう。次いで，第3節ではグローバル企業へと発展しつつあるわが国企業が構築しているグループ企業全体としての国際財務管理システム，あるいは組織をできるだけ平易に紹介することにしたい。最後の第4節では，国際金融論への展開ということで，国際財務管理の高度化が国際金融論にどのようにつながっているかを説明しよう。

1
外貨資金の調達・運用

　金融の自由化・国際化の進展，たえ間ない金融技術・商品の高度化が進む中で，わが国企業はグローバル企業へと発展するとともに外貨資金へのニーズを拡大している。さらに，競争時代を生き抜くために，企業金融の効率化・多様化が重要性を増すとともに，内外の金融情勢に応じて，外貨資金調達源，さらには運用ルートを選択することが多くなっている。このため，外貨資金の運用・調達は，わが国の企業金融の中で，一定の比重を持って定着したといえる。

　外貨での資金調達・運用には為替リスクが伴うが，それでもあえて企業がそれを選択するのは，原則として第5章で学んだように3つの動機による。たとえば，ドル建てで行っている輸出の為替リスクを回避するために，同じドル資金で調達をする（ヘッジ），あるいは自らの円高予想に賭けて，危険を冒しながらも，あえてドル資金の調達にチャレンジする（投機），さらには金利裁定上，有利になった機会を捉えてドル資金を調達し，僅少ではあるが堅実に調達コストを軽減する（裁定）のいずれかである。この理論的原則を念頭に置きながら，代表的な手法の実情を見てみたい。

1－1　インパクト・ローンと外貨預金

　わが国企業は外貨での間接金融として，インパクト・ローンと外貨預金を活用している。

　一般的に，インパクト・ローンとは，わが国の企業などが日本の外国為替銀行から外貨で借り入れることをいい，1980年の外為法改正によって自由化された。今日では，主要通貨建て資金であれば，外国為替銀行から容易に借入れができるが，現状では1990年代末の金融危機以降，激減し低調に推移している。

　かつては，先物予約が取りにくい大型機械などを輸出した企業が，その為替リスクを回避するため，設備投資資金を円ではなく，輸出と同じ通貨の中長期インパクト・ローンを借り入れることが多かった。さらに，国内の金融が逼迫していたバブル期には，海外に流出した円（ユーロ円）を外国為替銀行の海外支

店から調達するユーロ円インパクト・ローンがその抜け道として盛んに活用された。しかし，今日では国内金融が緩和状態にあるため，ほとんど活用されていないようである。

一方，外貨預金とは，本邦の外国為替銀行に外貨建てで預け入れる預金のことをいう。インパクト・ローンと同様，1980年の外為法の改正によって，企業，個人を問わず，手持ちの円資金や外貨資金を金額に制限なく，外貨預金として預け入れることができるようになっている。インパクト・ローンと違い，個人の利用も多いため，企業のそれがどのように推移しているかは正確には把握できないが，近年着実に増加し，企業における短期的な余剰資金の運用手段として，一定の地位を占めていると思われる。

それは，グローバル企業への発展とともに，わが国企業でも外貨での受取り・支払いが増加しており，そのための口座として，重要になってきているからである。とりわけ，後ほど紹介する外貨マリーにおいて，外貨の受払いのタイム・ラグを埋めるために有用性を発揮している。

1－2　国際債の発行

国際債の種類と特徴

わが国企業は長期資金を調達するために，国際証券市場で盛んに債券を発行しており，これを国際債という。すでに，第5章で伝統的市場とユーロ市場の分類に関連して紹介したように，トヨタがニューヨーク市場で発行したドル建て社債は外債，ロンドン市場で発行したドル建て社債はユーロ債というように区分される。すなわち，国際債には次の2つがあるということである。

(1) 外債：非居住者が債券の表示通貨発行国にある証券市場で起債するもの
(2) ユーロ債：居住者，非居住者を問わず，債券の表示通貨発行国以外にある証券市場で起債するもの

こうした国際債の発行も，内外の金利格差と為替レートの動向，さらには後述のようにスワップされることが多いためその環境を考慮し，より低コストで効率的に調達しうるか否かが基本的な決定因であることに変わりはない。この点で，国際債発行による資金調達の場合，普通社債以外の転換社債とワラント債には，発行環境次第で大きな利点があるため，若干の説明を加えておく。

(1) 転換社債

　転換社債は，一定のクーポン（利子）が支払われる普通社債に，将来の一定期間にあらかじめ定められた価格（転換価格）で，発行会社の株式に転換できる権利が付いた社債をいう。これが国際証券市場で発行された場合は，発行会社の株価が上昇した時に，株式に転換して株式市場で売却すれば，値上がり益が得られるだけでなく，あらかじめ転換する際の為替レートも決められているため，発行会社の国の通貨が上昇すると，為替差益も得ることができる。たとえば，日本のトヨタが発行したドル建て転換社債を購入した投資家は，トヨタの株価が上昇したり円高になった時には，トヨタの株に転換して売却することによって，利益を享受できることになる。

(2) ワラント債

　これに対して，ワラント債（ワラント付き普通社債）は，一定の期間内にあらかじめ定められた価格（行使価格）で所定の数または額の発行会社の新株発行を請求できる権利，すなわちワラントを普通社債に付与したものをいう。転換社債と同様，発行会社の株式を取得できるという甘味剤が付いており，上記のトヨタの例のように外貨建ての場合，投資家は株価上昇と円高により利益を得られるという点では共通している。しかし，転換社債は株式に転換してしまえば，社債は消滅するのに対して，ワラント債の場合は，ワラントを使って，新たに資金を出して株式を購入するものであり，社債はそのまま存続するという違いがある。

　両者とも，環境次第で，投資家には魅力的な「オマケ」が付けられているため，資金調達する企業側からすると，比較的低い金利で発行できる。さらに，株式への転換がなされたり，ワラントが使われ新たに株式を購入してもらうと，それで得た資金は自己資本となるため，その充実を図ることも可能となる。

通貨スワップとの組み合わせによる活用

　実際の国際債の活用は，それだけにとどまらない。転換社債は株式に転換されると，その債務自体は消滅するため無理であるが，それ以外の国際債はその発行後，通貨・金利スワップを組むことにより，非常に低利な資金調達が可能になることがある。すでに，その原理は第5章3のデリバティブの1つとして

説明したので，ここではその機能をどのように活用しているかを若干補足するにとどめたい。

わが国の有力企業は盛んに国際債を発行し，外貨資金を調達しているが，それを国内で使用するとなると，為替リスクを負うことになるため，銀行で一括して円債務に交換してもらう通貨スワップが頻繁に活用されている。それは，こうした銀行を相方とした通貨スワップでも，自らが円資金を直接調達するよりも有利な場合に活用されていることを見落としてはならない。つまり，基本的にはすでに紹介した通貨スワップの原理が機能することによって，それが可能になっていると推察される。

もっとも典型的な事例を，1つ紹介しておきたい。バブル期には，わが国企業は国際債であるユーロ・ドル建てワラント債を，前記の特徴を生かして低利に発行できた。さらに，それを銀行で円建て債務とスワップすることにより，当時優良企業向けの貸出金利が5〜6％の中で，1〜2％という超低金利での円資金調達が可能になり，その一部は本業以外の財テクの原資になったといわれている。

このほかにも，わが国企業においては，何回か繰り返された大幅な円高期に，過去の国債際の発行で保有する外貨建て債務を早期返還したくてもできない場合には，返済せずに円建て債務と通貨スワップすることにより，多大な為替差益を実現するために使用してきた。

2
為替リスク管理

2-1 為替リスクの捉え方と基本的対応姿勢

国際ビジネスに携わる企業にとって，為替レートの変動による為替リスクは避けられず，その管理は重要な国際財務の業務となる。為替リスクとは，一般には為替レートの変動によって，経済主体が被る損失，または期待した利益を失うというマイナスの影響をいう。そのマイナスの影響をどう捉えるかによって，為替リスクには次の3つの見方がある。

取引リスク

　まず，もっとも一般的な捉え方が取引リスクである。それは，多くの国際ビジネスが契約から決済までタイム・ラグがある中で，企業が外国の通貨で対外取引を行った場合，その間に為替レートが変動し，実際にキャッシュ・フローに変化が生じるというリスクである。たとえば，100円/ドルでの採算を想定してドル建て輸出をしたにもかかわらず，決済時に円高になれば，円での手取り額が目減りしてしまう。さらに，ドル建て資金調達においても，逆に満期時にドル高になれば，円での返済額が膨らむといった危険性にさらされることになる。このように，取引リスクとは取引の発生から終了に至るまでの為替レートの変動が，取引の収益に与える影響を時系列的に把握したものである。

換算リスク

　時系列的な見方をする取引リスクに対して，一定の会計基準に基づいて，ある時点での為替リスクを横断的に捉えたものを，会計的リスクと呼ぶ。その中で，もっとも注目されているのが換算リスクである。それは，多国籍企業が連結決算のために，海外子会社の現地通貨建て財務諸表を会計基準にしたがって，本国通貨建てに換算し直す際に発生する換算上のリスクと定義されている。

　つまり，取引リスクと違って，実際の収益の増減という形で，貨幣的な痛みを伴うものではない。あくまでも，名目的なリスクであるが，わが国企業がグローバル化し，連結決算が重視されるようになるとともに，決算対策や株価対策上，重要になりつつある。

経済的リスク

　取引リスクや会計的リスクは財務面から為替リスクを捉えたものであるが，もっと広く経営全般から捉えたものを経済リスクという。つまり，為替レートの変動が企業経営のあらゆる面に与える影響をすべて捉えたものということができる。

　激しい為替レート変動は財務面だけにとどまらず，マーケティング，原材料調達，労務面などにも直接的，間接的に影響が及ぶことがある。たとえば，激しい円高は，日本企業の新たな商談を困難にするが，海外からの原材料調達な

どには有利になる。さらには，円高不況による影響も被るかもしれない。そうした場合の対応は，財務部門だけでなく全社的に取り組む必要が生じる。ここでの国際財務活動の一環として管理の対象となるのは，取引リスクと換算リスクであり，経済的リスクはその範疇を越えた概念であるといえる。

為替リスクへの基本的対応

　企業の財務部門が，取引リスク，換算リスクを中心に，為替リスクを管理・操作するにあたって，次の点を考えなければならない。
(1)　為替レートの先行きを，いかに正確に予測するか。
(2)　自社が外貨建て債権・債務である為替ポジションを持つことによって，どれほど為替リスクにさらされているかをいかに正確かつ迅速に把握するか。
(3)　基本的に，為替リスクに対してどのような方針で臨むかを決めたうえで，局面ごとの操作をいかに機動的に展開するか。
(4)　実際に，どのような為替リスク管理・操作手段によって遂行するか。
(5)　為替リスク管理・操作を有効裡に展開するために，いかなる管理体制・システムを構築するか。

　つまり，まず企業としてどのように為替リスクに対処するかという基本方針を決め，それをベースに，刻々と変わる全社の為替ポジションを迅速かつ正確に把握し，可能な限り正確に為替レートを予測しながら，機動的に局面ごとの為替操作を実行しなければならない。さらにそこでは，為替リスク管理・操作手段についての専門的知識を生かし，的確な管理・操作ができる人材の確保が必要であると同時に，効率的な情報システムやチェック機能を発揮できる管理組織・システムの構築が必要不可欠であるというのが，為替リスク管理・操作の要諦にほかならない。

　とくに，全社でどれだけ外貨建て債権・債務を持っているかという為替ポジションの把握に関しては，コンピュータ化の進展により，正確性，迅速性が高まっている。営業部門などが外貨建てで取引の契約をすると，そのすべての為替ポジションが，逐一担当部署である財務部門に報告され，それが適切な為替リスク管理・操作を遂行するうえで，必要なデータとして集計・加工されているということである。

しかし，何といっても為替リスクの管理・操作の中核をなすのは，その企業としての為替リスクへの基本的対処方針である。把握された為替ポジションのデータに基づいて，どれだけをヘッジし，どれだけをそのままにしてリスクを負うか，すなわち理論的な意味での投機にどれだけ挑戦するかという基本姿勢をあらかじめ決めておかなければならない。現実には，安全確実な営業収益を目指して，すべてをヘッジしている企業は多くない。企業体質，為替リスク管理・操作能力，財務力などを勘案しながら，どれだけ為替リスクに挑戦するかという基本方針を決めたうえで，その時々の為替レートの予想やその確信度合い，目標とする採算レート，それまでの操作によって得た為替差損益などに基づいて，財務部門が機動的，弾力的に為替操作を展開しているのが実情である。すなわち，実務家の間では投機との認識はほとんどないが，第6章で見たように，外国為替論からいえば，これは投機的行為であることを忘れてはならない。

2－2 為替リスク・ヘッジ手段

財務部門が為替リスクを管理・操作していく際に，使用できる手段は表7－1に掲げたように多種多様であるが，実際に多用されている手段は限定されている。ここでは日本本社のみの為替リスクに関するヘッジ手段として，先物予約を中心としたデリバティブ，外貨建て金融債権・債務の創出，外貨マリーを簡単に紹介しておく。

表7－1　為替リスク・ヘッジ手段

	具体的ヘッジ手段
外国為替市場の活用（デリバティブ）	▪ 先物予約 ▪ 通貨オプション ▪ 通貨スワップ
金融市場の活用	▪ 外貨建て債権・債務の創出
外貨建て債権・債務の相殺	▪ 外貨マリー ▪ ネッティング

出所）筆者作成。

デリバティブの活用：中核をなす先物予約

　すでに，第5章3でデリバティブを取り上げ，それが登場した目的はもともとヘッジ機能にあったことを説明した。先物取引（先物予約）は決済日に合わせて，外貨の売り買いを予約することによって採算を確定し，安定的に対外取引を行おうというものである。しかし，為替レートが自らに有利な方向に変動した場合には，棚ボタ的な利益を逃すことになり，後悔することになりかねない。そこで，為替レートが不利に変動した場合のリスクを回避するだけでなく，有利に変動した場合の機会利益も確保するためには，通貨オプションが活用される。さらに，通貨スワップは外貨建て資金調達における為替リスクを回避すると同時に，それ自体が裁定的な機能を有するため，自らが直接円資金を調達するより，低コストで円資金を確保できるというものであった。

　わが国企業では，個々の取引ごとにヘッジをしているわけではなく，財務部門が全社の取引による為替ポジションを把握し，一括して主に先物予約でヘッジをする比率を弾力的・機動的に管理・操作するという方法がとられている。したがって，為替リスク・ヘッジ手段の中核は先物予約であるが，近年は通貨オプションの活用も増加しているという。

外貨建て金融債権・債務の創出

　もし，その企業が同じ外貨建ての債権（買持ち）と債務（売持ち）の両方を保有していれば，どちらかでの損失を他方の利益でカバーできるため為替リスクから逃れられる。すなわち，為替ポジションのスクエア化ということである。

　したがって，輸出入取引などの営業活動で買持ちまたは売持ちポジションを余儀なくされた場合は，当然金融・資本市場での財務活動でそれを解消することが浮上してくる。つまり，前述の外貨資金の調達・運用を為替リスク・ヘッジにも活用することである。具体的には，輸出企業のように営業活動では外貨建て債権が多く，買持ちポジションにある場合は，資金調達を国際債発行などによって外貨で借りを作り，極力そのポジションを圧縮することができる。逆に，輸入企業のように売持ちポジションにある場合は，外貨預金や対外証券投資などによって外貨で貸しを作り，そのポジションをできるだけ解消するという方法である。しかし，残念ながら，わが国企業では外貨での資金調達・運用

を為替リスク・ヘッジ手段としても同時に使用することは，あまり多くないようである。

外貨マリー

外部の外国為替市場や金融市場においてではなく，企業内で為替リスクを効率的にヘッジする手法として，外貨マリーという方法がある。これは，企業の中で，輸入などによる外貨の支払いと輸出などによる外貨の受取りの見合いを図り，為替リスクを回避することである。そうすると，外国為替市場で外貨を売買する際に必要とされる外国為替銀行への売買マージンをセーブすることができる。日本の貿易企業の中では，多額の輸出入などにより比較的バランスよく受取りと支払いを保有している総合商社や大手鉄鋼会社において，もっとも頻繁に利用されてきた。しかし，度重なる円高進行の中で，日本を代表する輸出企業でも海外からの製品逆輸入や部品調達が増加するとともに，活用されるようになっている。

受取りと支払いという債権・債務双方の為替ポジションを持つ企業が，輸出入のために外国為替銀行との間で外貨の売りと買いを個々に実行するならば，会社全体として為替リスクは回避し得ても，外国為替銀行に対して，それぞれの対顧客売買マージンと送金手数料支払いが取引コストとして必要になる。これをセーブするために，輸出などで得た外貨を円に変えずに外貨預金にしておき，次の輸入などの支払いにあてれば，外国為替の売買マージンを支払うことなく，外貨の送金手数料の負担だけで済むというわけである。

3
グローバル企業の国際財務

3-1 一元化する国際財務管理

わが国企業では，海外に多数の拠点が展開され，その拠点間で原料・部品，製品などの複雑な取引関係が増加するとともに，国際財務管理もグループ企業全体で一元的に管理される傾向が強まっている。経営の中でも，人事・労務管理やマーケティングなど地域的特性があるものと異なり，財務は本質的に差別

化のない資金を扱っているため，一元的に管理することによって強みを発揮できるというメリットがあるからである。

わが国企業では，1998年の新外為法の施行により，一元的な国際財務管理を遂行する法的素地が整備され，2000年3月期から会計基準がグループ企業全体をまとめた連結決算中心に移行したことで，弾みがついたといえる。具体的には，次のような手法によって，海外のグループ企業を含む国際財務活動の一元化が推進されつつある。

(1) 資金の一元的な調達・運用（グループ・ファイナンス）
(2) 取引決済と為替リスク管理の一元化
　　　主にグループ企業間の取引（ネッティング）
　　　グループ外企業との取引（代金回収・支払代行）
(3) 資金の集中管理（プーリング）

かなり専門的であるため，理解は難しいかもしれない。要するに，「本社の財務部門や専門の国際金融子会社などに，グループ企業間の取引，さらにはグループ企業が行った他企業との取引の決済を集約することによって，受払いや為替リスクをできるだけ相殺したり，グループ企業各社の日常的な資金の管理まで1つの財布（共通の口座）で行うことによって，グループ企業内での資金の融通を図り，そのうえで全体として過不足が生じた場合に，まとめて国際金融・資本市場での調達・運用を行うことによって，財務の効率化を目指している」ということに尽きる。多少なりとも理解を深めるために，代表的な手法であるネッティングとプーリングを，以下に紹介することにしよう。

3-2　ネッティングの仕組み

経営の国際化とともに，グループ企業内では複雑に錯綜した取引がなされている。主として，この取引で発生するグループ企業間の債権・債務の決済を効率的に行い，かつやり方によっては為替リスクを集中的に管理する手法がネッティングである。

いま，わが国企業でアメリカとイギリスに子会社を持つグローバル企業があったとしよう。そこでネッティングを行うためには，すでに紹介した伝統的な決済方法ではなく，相互にオープン・アカウントと呼ばれる勘定を持ち合わ

なければならない。それは「付け」で売り買いするための帳簿であり，その勘定に債権・債務を記帳し，あらかじめ定められた決済日に集計する。その際には，一定期間中は安定的に維持される換算レートを用いて，本国通貨やドルに換算して集計するが，いま3社の間の受取債権と支払債務がドル・ベースで図7－1(a)のような状態にあったとしよう。つまり，グループ企業全体で，530万ドルの送金決済をしなければならないわけである。

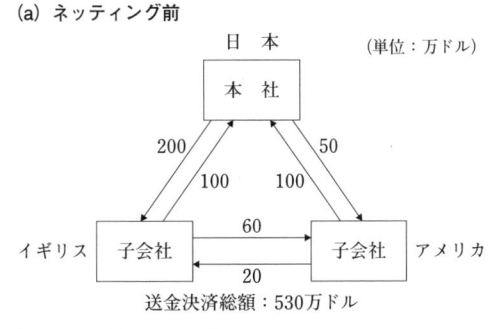

しかし，3社以上でなされるマルチネッティングでは，本社財務部などをネッティング・センターとし，各社間の取引で発生する債権・債務をすべてそこに報告する。そうすれば，その参加メンバー全体では，必ず受取債権と支払債務の総額は一致することになる。ということは，相手が誰であるかに関わりなく，各社ごとのネットの受取債権あるいは支払債務を計算すれば，その総額も同額

図7－1 ネッティングの仕組み

(a) ネッティング前

(単位：万ドル)

送金決済総額：530万ドル

(b) マルチネッティング

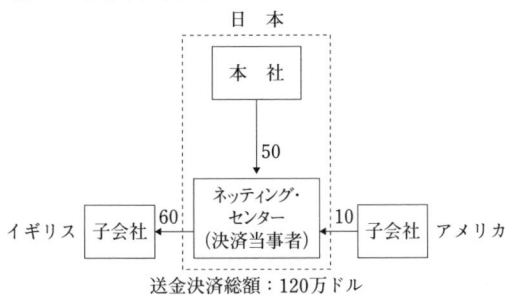

送金決済総額：120万ドル

出所）筆者作成。

になるはずであり，それだけを送金決済した方が有利なことが多くなる（章末のコラムを参照）。

図7-1の事例では，3社間でなされた多数の取引を集約した結果，決済日にはイギリス子会社が60万ドル相当のネット受取債権，日本本社とアメリカ子会社がそれぞれ50万ドル，10万ドル相当のネット支払債務を持ち，プラス・マイナスでゼロとなっている。残されたこのネットの貸借りは，ネッティング・センターとのものとみなし，(b)に示されるように日本本社とアメリカ子会社は債務額をセンターに支払い，イギリス子会社は債権額をセンターから受け取ることになる。その額はネッティング前の530万ドルに比べ，120万ドルに過ぎず，いかに決済に伴う手間とコストが削減されうるかがわかるであろう。

それだけではなく，3社の取引で債権・債務が重複していて相殺された部分には，為替リスクも存在しない。残りのネッティング・センターと送金決済した部分についても，あらかじめ定められた換算レートで換算された現地通貨でなされる場合は，為替リスクはネッティング・センターに転化され，そこで一元的に管理されることになる。

3-3 プーリングの仕組み

新外為法の施行により，わが国企業は海外の銀行に自由に預金口座を開設し，その口座への資金のプールやそこからの決済・融資が可能となったため，運転資金を中心とした資金の管理まで一元化できるようになった。グループ企業の中には余剰資金を抱えている企業もあれば，逆に資金不足に陥っている企業もあるため，国際的に資金を集中化して融通し合えば，グループ企業全体として資金を有効に活用できるからである。それが，プーリングと呼ばれる手法である。

このシステムは，図7-2に示されるような仕組みとなっている。まず，グループ企業各社は，このサービスを提供している国際的な大銀行の各国支店に口座を開設し，その中の1つをグループ企業全体のプール口座とする。図のように，そのプール口座にあらかじめ定められた範囲より資金余剰がある口座からは資金を吸い上げ，不足がある口座には資金が貸し出される。こうして，グループ企業各社の資金は一定の範囲内に平準化され，内部での効率的な融通が

なされるとともに，プール口座に集約された資金に余剰がある時には一括運用，不足がある時には一元的な調達がなされるため効率的になるというものである。こうして，グループ企業全体の資金があたかも「1つの財布」で管理されるようになっているといえる。

図7-2 プーリングの仕組み

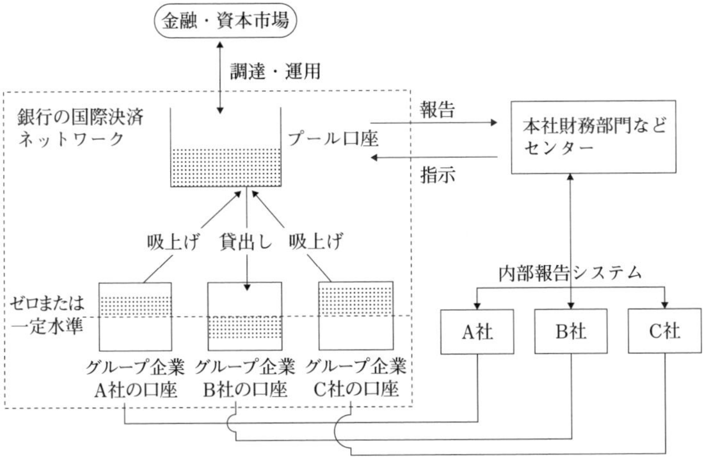

出所）筆者作成。

4
国際金融論にどう関わってくるか

本章の締めくくりとして，これまで紹介してきた企業の国際財務活動がマクロの国際金融の世界にどのような影響を与えているかを考えてみたい。国際財務活動自体が国際金融の1側面を構成する行為であり，基本的にはその活発化が国際金融市場の拡大・発展に寄与することはいうまでもない。ここでは，必ずしもそうでない場合を2つ紹介してみたい。

4－1　企業にとっての合理的行動が，市場の失敗をもたらすことも

　企業の国際財務活動の一環として，為替リスク管理はきわめて重要である。管理といっても，ただ単に対外取引で確実に採算を確保し，損失を回避するというだけでなく（ヘッジ），チャンスがあれば，リスクを冒しながらさらなる利益追求に挑戦すること（投機）が多い。為替リスク管理というよりは，操作といった方が適切かもしれない。

　欲望を持った人間社会であれば，当然の行動であるが，それが行き過ぎると市場の失敗をもたらしうること認識しておかなければならない。ここでは，典型的な事例として，リーズ・アンド・ラグズを紹介しておきたい。それは，一般的には「対外取引に従事する者が自らの為替レート見通しに基づいて，その対外取引の決済を早めたり，遅くしたりすること」をいう。不利な為替レートの変動を予想し決済を早めるリーズはリスクを回避して，その取引の採算確定を急ぐヘッジ行為である。しかし，有利な為替レート予想に立って決済を遅らせるラグズは，それによってより多くの為替差益を追求する行為であり，理論的にいえば，投機的行為にほかならない。しかも，輸出企業がリーズによってリスクを回避するためには，商談を早めたり，一旦契約した決済期日を繰り上げたり，前受け金を増やしたり，先物ドル売りを前倒しするといったように多様な行動がとられる。投機的な利益を求めるためには，まったく逆の多様な行為が見られる。

　これは企業にとってはきわめて合理的な行動であるが，多くの企業が同じ行動をとると，マクロ的には外国為替市場で混乱が生じかねない。過去，日本では先行き円高予想が強まる中で，輸出企業はあらゆる手立てで輸出採算を確定すべく，ドル売りを急いだが，輸入企業は逆に輸入決済を引き伸ばし，ドル買いを控えた。その結果，仮に日本全体の輸出入がその時は均衡していたとしても，実際に円高が進行してしまい，輸出企業は自らの首を絞めることになった。もちろん，いずれは輸入企業のドル買いが市場に出てくるが，現実には輸出入企業のこうした行動と相まって，あるいはそれに触発されて，証券投資などの資本取引でも円高予想に偏った投機的行動が大々的にとられたため，円・ドルレートは単なる乱高下にとどまらず，必要以上に円高へとオーバー・シュートするという苦い経験をしてきた。

4－2　国際財務の一元化がもたらすもの

　ネッティングやプーリングなどが導入され，グループ企業の国際財務活動がセンターに集約化されることによって，これまで銀行に依存してきた業務のかなりの部分が内部的に処理されることになる。このため，マスコミでは「企業財務の内製化」あるいは「企業財務の銀行化」が始まったなどといわれた。したがって，センターとなる本社の財務部門や国際金融子会社は，グループ内銀行，さらにはインハウス・バンクなどと呼ばれた。これは新外為法の施行により，それまで外国為替銀行の専門的な業務とされてきたものの相当部分が，企業でもできるようになったということにほかならない。

　それは，金融においてグループ企業内でなされる部分が増大し，従来の国際金融・資本市場における資本取引や外国為替取引が減少し，ひいては金融機関の業務の縮小ということを意味するのであろうか。たしかに，プーリングによる資金の集中管理でグループ企業間の融通が進めば，これまで各社が現地金融・資本市場や国際金融・資本市場で，自ら調達・運用していた分が代替されることになろう。さらに，ネッティングによって，市場での資金決済や外国為替取引が減少を余儀なくされることは間違いなかろう。しかし，逆にグループ全体として調達された資金やグループ企業内の余剰資金がたえず各国に点在するグループ企業間を移動し合うことになるため，むしろ国際資本移動が活発になるかもしれない。したがって，一概にはその影響を判断することは難しい。

　ただし，次のことだけは確実にいえる。すなわち，ローカル性の強い金融市場やそこでの金融機関にはマイナスであるが，ロンドンのようなグローバルな金融センター，そこを中心にワールドワイドなネットワーク網を持った金融機関にはプラスに作用しやすいということである。難しい話になるが，新外為法により為替管理が自由化されても，一般事業会社がすべての銀行業務をできるようになったわけではない。最終的な送金決済は，国際的な銀行業務を展開している大手銀行の決済チャンネルを通じて行わざるをえない。したがって，グループ企業各社自体での金融・資本市場での取引は減少するが，グループ企業各社の間での資本移動は銀行の決済ネットワーク上でむしろ頻繁になされ，それに伴う外国為替取引も増大するといえよう。

　また，内部的に処理が可能な部分についても，すべて企業が自前でネッティ

ングなどのシステムを構築できるわけではない。現実には，国際的な銀行業務を展開している銀行が提供しているキャッシュ・マネジメント・サービス，すなわちプーリング，ネッティング，それに付随するシステムを一体化したサービスに頼らざるをえない。したがって，こうした高度な金融サービスを提供でき，国際財務を展開している企業を囲い込める金融機関にはプラスになるということにほかならない。

（コラム）マージャンの勝ち負けの清算と同じ原理のネッティング

　海外に多くのグループ企業を抱えるグローバル企業となると，その間の取引は複雑に錯綜しており，それを相殺して決済するというネッティングは難しそうに思うかもしれないが，そのようなことはない。筆者は，マージャンはやらないが，商社マン時代に同僚たちがやっていたマージャンで，1ヵ月分位の勝ち負けをまとめて清算する方法を見ていて，まったく同じ原理でなされていることを知った。
　10数名の同僚たちは，その時々で異なる4名でジャン卓を囲んで勝負をするが，そのたびに清算をせず，勝敗の結果を記したバウチャーを中心的メンバーに渡していた。そして，周期的な決済日が来ると，その中心的メンバーは単純に各人について勝ち負けの数値を集計して，プラス，マイナスの点数を計算していた。いろんな組み合わせで勝負をしていても，誰が誰に勝ったか，負けたかはまったく関係ない。その期に参加したメンバーさえ確定していれば，その中の誰かの勝点は誰かの負けた点数になっているわけであり，単純に集計した各人の勝ち負けの点数は，必ずプラスマイナス・ゼロになるはずだからである。その集計結果を各人に通知し，後はその中心メンバーが負けた人から負け金を集金し，買った人に勝ち金を渡すことで清算していたようである。
　マルチネッティングもまったく同じである。どのグループ企業とどのグループ企業が取引をして，両者の間でいくらの債権・債務があるかは問題ではない。そのシステムに参加しているグループ企業が確定していれば，どこかの債権はどこかの債務のはずであり，単純にグループ企業各社ごとの債権額，債務額を集計するだけでよいといえる。その結果は，すべて本社財務部などのセンターに対する債権額，あるいは債務額と考えて，センターに対して支払ったり，受け取ったりするというのも同じであろう。

第3部
国際金融の現実問題

第8章　アジア通貨危機と世界金融危機
第9章　欧州通貨統合とユーロ危機
第10章　グローバル・インバランス
第11章　アジア通貨システムの改革と
　　　　人民元の国際化

第8章
アジア通貨危機と世界金融危機

　戦後の世界経済は，たびたび通貨危機に見舞われてきた。しかし，1990年代以降，ヨーロッパ，メキシコ，アジア，ロシア，ブラジル，アルゼンチンといった一連の通貨危機，さらには2007年頃からの資源価格の暴騰・暴落，そして世界金融危機，ユーロ危機といったように，通貨・金融危機が頻発している。その根底には，世界経済の中で物を上回るお金が，何かのきっかけで暴走する素地が醸成されていることがある。そうした不安定な環境の中で，それぞれの危機ごとに独自の原因が表面化して，危機の頻発を招いていると考えられる。
　本章では，危機頻発の背後にある今日の世界経済の脆さを説明したうえで，アジア通貨危機と世界金融危機について，それぞれの独自原因を探ることにしたい。

1
不安定なグローバル金融資本主義の世界

　今日の世界経済は，「グローバル金融資本主義」などといわれている。それは，実物経済に比較して金融経済が肥大化して，貨幣が財・サービスの取引の仲介に必要な量を超え，お金がお金を生むための金融取引が活発化していることを表している。ここでは，その実態をもう少し詳しく整理し，いかに不安定な投機が横行しやすい時代を迎えているかを明らかにしたい。

1-1 金融資本の規模の肥大化

まず第 1 に，今日の世界経済では，金融資本が実物経済の規模をはるかに上回る状態にあることが指摘される。しばしば，「お金の世界」が「物の世界」をはるかに超えているといわれるが，正確にそれを示すデータがあるわけではない。よく引き合いに出されるのは，世界の GDP と世界の金融資産の比較，さらには国際取引での比較ということで，国境を越えて物とお金がどれだけ取引されているかを見た世界の貿易額と世界の資本取引の比較である。

それが図 8-1 であり，世界全体の比較でも，国境を越えた物とお金の取引の比較でも，「お金の世界」が「物の世界」を超えて肥大化していることがうかがわれる。厳密には，「物の世界」のデータはフロー，「お金の世界」のデータはストックとなっており，経済学的に問題があるが，実態を勘案すると，もっと「お金の世界」は肥大化していると思われる。通貨・金融危機の根底にある国際資本取引は，図の中の 50.4 兆ドルの資金（第 5 章で見た国際銀行市場と国際証券市場の残高合計）をベースに，頻繁になされている。銀行は，たえず世界中から資金を集め，世界各国に融資したり，回収しているし，発行された国際債

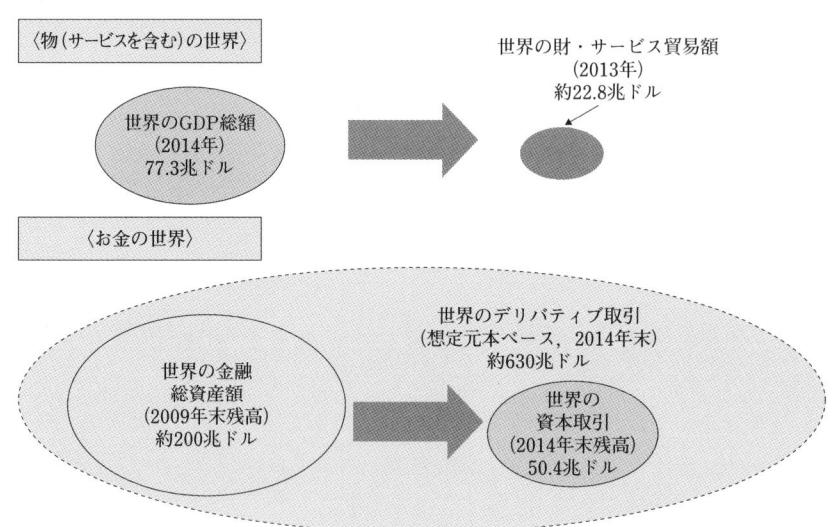

図 8-1 グローバル金融資本主義の世界

〈物（サービスを含む）の世界〉
世界の GDP 総額（2014 年）77.3 兆ドル
世界の財・サービス貿易額（2013 年）約 22.8 兆ドル

〈お金の世界〉
世界の金融総資産額（2009 年末残高）約 200 兆ドル
世界のデリバティブ取引（想定元本ベース，2014 年末）約 630 兆ドル
世界の資本取引（2014 年末残高）50.4 兆ドル

出所）世界銀行，IMF，内閣府，BIS のデータより作成。

は国境を越えて，たえず売買されており，実際の国際的な資本のフローの金額はもっと大きいことが想像されるからである。

念のため，もう1つの傍証を示しておきたい。第5章と第6章で世界の外国為替取引を見たが，それは1日で5.35兆ドル（2013年）であるから年間では約1,284兆ドル，ただしそのうち対顧客取引は約115兆ドルということであるが，いずれにせよ，財・サービス貿易額の約22.8兆ドル（2013年）をはるかに上回っている。国際取引を1つ行えば，少なくとも必ず1つの外国為替取引が発生することからすれば，貿易以外の資本取引の多さがうかがわれる。ただし，その差額がすべて資本取引というわけではない。すでに学んだように，企業は貿易等によって生じた為替ポジションをめぐって，先物予約などを何回も繰り返す為替操作を行っているし，銀行間外国為替市場では，為替媒介通貨によって2つの取引になる場合もあるため，貿易に伴う外国為替取引が単純に貿易額そのものというわけではないからである。

しかし，それを勘案しても，1,284兆ドルはもちろん，対顧客取引の115兆ドルでさえあまりに大きく，やはり資本取引が圧倒的に大きいと見て間違いない。結局のところ，現代の世界経済では，財・サービスが国境を越えて取引される貿易額を上回る資金（ストック）が国際資本取引に投入されており，それが世界中を動き回る金額（フロー）はさらに大きいといってよさそうである。

1－2　誰でもが投機家になりうる世界

有り余る資金がうごめく世界でも，すでに理論編と実務編で学んだように，資本の移動は理論的には金利裁定か投機のいずれかしかありえない。そのうち，前者は直物レートと先物レートの幅に影響を与えるだけのものであり，為替レートを変動させ，時として通貨危機をもたらすのは投機的な資本取引ということであった。海外への事業展開を目指した直接投資や政府の経済援助のための借款など別途独自の目的を持ったものを除いても，すでに紹介した理論的意味での投機，すなわちリスクを冒しながら，自らの予想に賭けた行動を実践するものは広範にわたることを，再度強調しておきたい。

投機家は誰かといわれて，読者が思い起こすのは，J. ソロスのようなヘッジ・ファンドではないだろうか。たしかに，彼らは世界中の通貨や金利，株価など

の動きを眺め回し，利益機会があれば，瞬時に資金を動かしたり，最先端の金融技術を駆使して投機アタックをかけている。しかし，彼らだけが投機を行っているわけではない。第6章のヘッジを含む投機のための外国為替需給で紹介したことと重複するところもあるが，具体的に次のような日常的なビジネス行為も投機であることを忘れてはならない。

(1) 貿易業者の投機的行動

　輸出業者や輸入業者でも，契約と同時に，すべてについて先物予約を締結して，安全確実に収益の確保を図っているわけではない。決済までに円高になると思えば，輸入業者は予約をせずに為替差益を追及しようとするし，円安になると思えば，輸出業者がそのような行動をとる。これはリスクが伴っており，投機的な行動にほかならない。

　そればかりでなく，貿易業者は為替レートの動向を見ながらヘッジと投機を繰り返す為替操作を行っているし，すでに第7章4で紹介したように多くの業者がリーズ・アンド・ラグズをすることによって，為替レートの動きを歪めることさえある。

(2) 個人投資家や機関投資家の証券売買

　彼らが，外国の株式や債券を購入するのは，株式の値上がり益や債券の利回りと為替レートの先行き予想とを勘案して，リスクはあってもより有利な投資先と思うからである。まさしく，投機にほかならない。

(3) 企業によるカバー無しでの外貨資金調達

　一般には，企業は財務の健全性を重視し金利裁定によって，安全確実に調達コストを軽減することが多い。しかし，日本企業でも，円高予想がきわめて強かった時には，あえて先物予約をせず，円高による為替差益で調達コスト削減を図ったこともある。あるいは，アジア通貨危機前に，アジアの企業は実質ドル・ペッグを過信し，金利が低いということでドル資金を大量に調達したが，これもリスクを冒した投機行為である。

(4) 資産家などによる資本逃避

　危機がささやかれるようになると，その国の資産家などは，自分の資産を海外へと移す。実際に，アジア通貨危機の時に，インドネシアの華僑たちは，ルピアをドルに替えてシンガポールなどへ持ち出した。これはルピア建て資産の

目減りを回避するヘッジ行為ともいえるし，転換したドル建て資産の価値上昇にかけた投機行為ともいえる。実際に，それでインドネシアのルピアは，暴落幅を大きくしたことは間違いないし，多くのインドネシア国民の塗炭の苦しみをよそに，賭けをした資産家は大儲けをすることができた。

さらに，読者が銀行で預金をする際に，海外の金利が高いということで，あえて先物予約もせずに外貨預金をすれば，皆さんは投機家ということになる。このように，身近での為替リスクを積極的に負ったり，それを回避する行為が投機的な外国為替需給となり，それが一方方向に偏った相場観の下でなされると，為替レートが大きく変動し，危機に発展することもありうるというわけである。つまり，今日の世界では，ヘッジ・ファンドのような典型的な投機家だけではなく，貿易企業，個人投資家，機関投資家，一般企業，さらには読者自身さえも，投機家になりうるということである。

1－3　最先端金融技術・商品によって，膨らむ投機

通貨・金融危機が発生するたびに，最先端金融技術・商品といわれるデリバティブや証券化がその元凶として，話題になってきた。今回の世界金融危機において，証券化が問題となったことは，この後で取り上げることにし，ここではデリバティブが投機を膨張させていることを指摘しておきたい。

もともと，先物，オプション，スワップといったデリバティブは，他の取引を安定的に行うために，リスクを回避する手段として登場した。しかし，ヘッジと投機は裏表の行為であり，第5章3で詳しく説明したように，投機，さらには裁定にも使うことができる。しかも，その特徴は，取引を行ってもその時点では資金の受渡しがないか，少額で済むというものである。したがって，それで投機を行うならば，少額の資金で大きな賭けができ，「当たれば天国，外れれば地獄」という結果になるということであった。

実例として，先物投機を思い起こしてもらいたい。もし，証拠金が1/50で済むとすれば，10億円の資金で，500億円分（100円/ドルの時であれば，5億ドル）の先物ドルを売り買いでき，大きな賭けができる。その賭けが一方方向に向けてなされれば，先物レートが激変し，それは金利裁定を通じて，直物レートにも及んでくるということであった。

つまり，デリバティブを投機に活用すれば，実際に資金がないとできない現物（直物）の投機と違って，少ない手持ち資金で，きわめて積極的に巨額の投機ができるため，市場へのインパクトが大きいということである。わかりやすい単純な1例をあげておこう。もし，中国が資本取引の自由化（とくに，実需原則の撤廃）をしたとすれば，いかに約4兆ドル近い巨額の外貨準備を保有していようとも，たとえば1/50の証拠金でできる外国為替の先物市場があったとすれば，多くの投機家が中国の人民元に不安を感じ，先物人民元売りアタックに走ったら800億ドル，1/100の場合は400億ドルの資金が動けば，突き崩せるということである。いかに，先端的金融商品が投機に使われた場合，市場が不安定になりうるかが理解されよう。

1－4　いつでも危機が発生しうる素地がある世界経済

以上のように，今日のグローバル金融資本主義と称される世界は，有り余る資金が日常的な金融ビジネスとして，リスクを冒しながら投機機会を求めてうごめいている。しかも，その有り余る資金は，先端的金融技術によって膨らまされ，大きな賭けができる時代を迎えているということである。とすれば，いつでも何かのきっかけで金融市場や外国為替市場が混乱をきたし，危機が起こりうる素地があるということがわかるであろう。

しかし，アメリカの市場原理主義者は，それを否定してきた。すでに第5章3において，先物投機に関して述べたように，M. フリードマンは投機には価格平準化機能があり，むしろ積極的な投機は市場を安定化させるはずだと説いてきた。たしかに理論的には，正しい情報に基づいて，安い時に買って高い時に売るか，高い時に買って安い時に買い戻すという合理的行動をとった投機家は生き残り，そうでない投機家は淘汰され，価格変動は投機がなかった時よりも平準化するかもしれない。

繰り返しになるが，現実にはその価格平準化機能が作用していないことを再度強調したい。投機家が合理的な行動をとりその機能が働くためには，市場での情報が完全でなければならないが，実際には誤った情報に基づいて行動することがありうる。それだけではなく，市場で投機家同士が出会うだけであれば，失敗した投機家は市場から淘汰されるが，現実は異なる。たとえば，先物市場

で投機家の先物投機と貿易業者の先物予約が出合った場合には，投機家が勝ったとしても，貿易業者は機会差益を逃しただけで，損失を被り市場から淘汰されるわけではない。また，投機家・投資家はリスクの大きい投機だけではなく，金利裁定的な資金運用も行っており，投機の失敗が即市場からの退出につながるわけではない。こうした理論で仮定されたことと現実の相違を斟酌するならば，市場原理主義者の主張を鵜呑みにすることはできない。

結局のところ，「今日の世界経済は金余り状態にあり，膨大な資金が日常的に投機機会狙ってうごめいており，それが最先端の金融技術・商品を活用して，大掛かりな投機を繰り返しているため，きわめて不安定な土壌にある」ということができる。したがって，もしどこかで何らかの経済問題や不安が発生し，日常のビジネスの中で投機的行動をとっている幅広い投機家の期待（相場観）が大きく一方向に偏った場合は，通貨・金融危機に発展する素地が醸成されているというわけである。

2
アジア通貨危機の原因と教訓

以上のような世界経済の下で，アジアではどのような問題や不安があって，通貨危機が発生したのであろうか。その独自の原因を整理したうえで，教訓や対応策を探ってみたい。

2－1　アジア通貨危機の特徴と背後にあった問題
経常収支危機ではなく資本収支危機

アジア通貨危機の特徴は，「21世紀型通貨危機」，あるいは「経常収支危機ではなく，資本収支危機である」という点にある。従来の通貨危機は，主として当該国の散漫な金融・財政政策によって，インフレが高進して国際競争力が後退し，経常収支の赤字が続き，外貨準備が枯渇するということで発生していた。しかし，アジア通貨危機では外貨準備の枯渇は経常収支の赤字というよりも，それまで大量に流入していた外国資本が一挙に逆流し，資本収支が赤字（新しい国際収支表では，金融収支黒字）に陥ったことによるからである。なお，アジ

ア通貨危機では資本収支危機という呼称が定着しているため,ここではその名称を踏襲することとする。

表8-1からその姿がうかがわれる。危機に見舞われたタイ,インドネシア,韓国の3ヵ国に1996年には543億ドルもの資本流入があったが,それが1997年には252億ドルも流出しており,実に795億ドルものスイングが見られた。これは,グローバル金融資本主義ともいわれる世界で,それまで過剰ともいえるほどアジアに流入していた外国資本が突然逆流に転じ,資本面から外貨準備の枯渇,国内金融の混乱に陥ったことを示している。

表8-1 通貨危機時におけるタイ,インドネシア,韓国の資本収支動向

(単位:100万ドル)

		1993年	1994年	1995年	1996年	1997年
タ イ	直接投資	1,571	873	1,182	1,405	2,497
	証券投資	5,455	2,481	4,081	3,544	3,856
	その他	3,474	8,812	16,645	14,537	-21,794
インドネシア	直接投資	1,648	1,500	3,743	5,594	4,499
	証券投資	1,805	3,877	4,100	5,005	-2,632
	その他	2,179	-1,538	2,416	248	-2,470
韓 国	直接投資	-752	-1,652	-1,776	-2,345	-1,605
	証券投資	10,015	6,121	11,501	15,185	14,295
	その他	-6,047	6,263	7,459	11,084	-21,885
3ヵ国計	直接投資	2,467	658	3,149	4,654	5,391
	証券投資	17,275	12,479	19,682	23,734	15,519
	その他	-394	13,537	26,520	25,871	-46,149
	合 計	19,348	26,674	49,351	54,259	-25,239

注)新しい国際収支表では,資本収支を金融収支とし,黒字・赤字の符号も逆になるが,内容が変わるわけではないため,旧来の表記をそのまま使用した。
出所)IMF, *Balance of Payments Statistics Yearbook*, various issues より作成。

通貨危機の背後にあった2つの政策上の問題

アジア通貨危機が発生し,それがかつてないほど深刻化したのは,背後に次のような問題点があったからである。

(1) 実質ドル・ペッグ政策と性急な資本取引の自由化によって,短期資本が過剰に流入し,不安定な外資依存状態にあったこと

表8-1からわかるように,通貨危機前には巨額の外国資本が流入していた

が，その相当部分が短期資本であった。ちなみに，タイでは1996年末で，906億ドルの対外債務を抱えていたが，そのうちの41.5%にあたる376億ドルが短期債務であった。当時のタイでは6ヵ月程度の短期借入れが多かったことからすると，月々平均60億ドル強を借り替えていかなければならない。それができない状態になれば，タイの外貨準備約387億ドル（1996年末）は半年ほどで底をつくという不安定な外資資金繰り状態にあり，巨額の外国資本流入の背後に危険を孕んでいたといえる。

大量の外国資本が流入したのは，いうまでもなく，「アジアの奇跡」「世界の成長センター」などと称されたように，アジアに対する投機家・投資家の高い投資評価があったからである。しかし，それだけでなく，アジア各国が実質ドル・ペッグ政策を採用していたこと，外国資本に対して，一挙に自由化を推進したことという政策上の失敗があった。

世界を駆けめぐっている金融資本の多くがドルである中で，アジア各国が実質的に自国通貨をドルに固定化するという実質ドル・ペッグ政策をとっていたため，世界の投機家・投資家は為替リスクを考慮する必要がほとんどなかった。そうした中で，たとえばドルとタイ・バーツの間では，6〜7%もバーツ金利が割高であったため，投機家・投資家にはこの金利差がきわめて魅力的であったことは多くを語るまでもない。

いまの中国のように，厳しい資本取引規制が敷かれていれば，海外からの過剰な短期資本流入は不可能である。しかし，アジア各国は1990年代前半に，資本取引の自由化を急ぎ，外国資本への窓口を大きく開いてしまった。とくに，タイで見られた非居住者バーツ預金の自由化，海外から取り入れた外貨資金を国内に融資できるオフショア市場の創設，証券市場での外国人売買の規制緩和などのように，投機性の強い短期資本の流入に対して，あまりに性急に窓を開いたことに問題があった。

(2) ダブル・ミスマッチ問題を抱えていたこと

短期の資本であっても，それが継続的に流入し続ければ，受入れ国の経済開発・発展にとって有用である。しかし，短期資本は何らかのきっかけで逆流した場合，大きな衝撃をもたらす危険性を孕んでいる。ドルを中心とした短期資本への過剰な依存で，アジアはダブル・ミスマッチ状態にあったことが，通貨

危機の衝撃を増幅することになった。

まず，1つは「短期借り・長期貸し」という期間のミスマッチである。アジアでは海外から短期で外貨を借入れ，それを地場銀行は事業会社の設備投資資金などとして長期で貸し付けていた。そうした中で，何らかの不安から海外資金の回収がなされた場合，長期の運用資金は容易に回収できず，地場銀行は流動性不足に陥り，経営が破綻をきたしかねない。

もう1つは，「外貨借り・現地通貨運用」という通貨のミスマッチである。海外から借り入れたドルは，国内通貨に転換されて設備投資などに活用されている。そうした中で，実質ドル・ペッグ政策が維持できなくなり，現地通貨が下落した場合，ドルで借り入れた分の現地通貨での返済額は膨張してしまい，地場銀行などのバランス・シートが悪化し，倒産という事態も起こりうる。

実際に，短期資本の引上げ，それによる現地通貨の暴落が起こり，このダブル・ミスマッチ問題が現実のものとなってしまう。地場銀行は新規貸出しどころか資金の回収に奔走せざるをえなくなってしまった。さらに，資金繰りに行き詰まったり，債務超過に陥り倒産を余儀なくされた。通貨危機が金融危機を併発し，いわゆる双子の危機へと事態の深刻化を招いた原因がここにあったということである。

2－2　危機の引き金を引いたものは何か

世界全体の金融経済がきわめて不安定な中で，アジアでは，目覚ましい成長の裏側で投機性の強い短期資本が過剰に流入し，ダブル・ミスマッチという危険性を孕んでいたことが理解されたと思う。次に知るべきことは，具体的に何がきっかけになって，海外の投機家・投資家のパーセプションが悪化し，「資本収支危機」といわれる外資の逆流を招いたかという点である。タイを中心に，実物経済面と金融経済面の双方で，次のような問題が表面化したことが指摘される。

実物経済面：輸出減退と経常収支悪化

震源地・タイ以外は，さほど目立ったファンダメンタルズの悪化は見られなかったが，少なくともタイでは輸出減退とGDPの8%にまで経常収支の赤字

図8-2 アジアの対外経済依存と為替政策・制度

【アジアにとっての日本，アメリカ，EU】 （単位：億ドル）

	日本		アメリカ		EU	
貿易	3,045	16%	3,347	17%	2,664	14%
対内直接投資	183	15%	162	14%	240	20%
与信残高	1,825	31%	292	5%	2,927	49%
二国間支援	47	69%	1	2%	16	24%

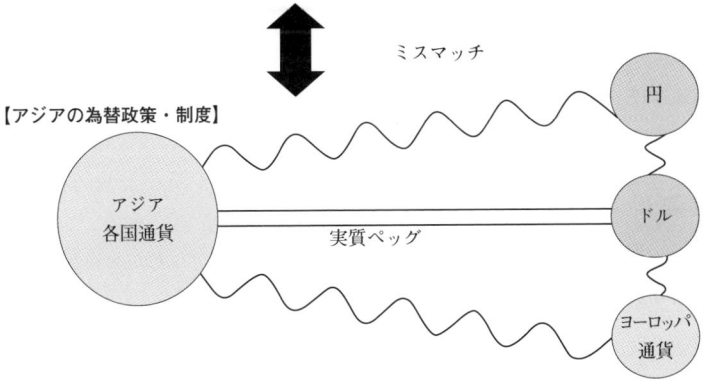

【アジアの為替政策・制度】

出所）大蔵省・外国為替等審議会資料と筆者の作図。

が膨らんだことが，投機家・投資家の心理的不安を醸成したことを見落としてはならない。

　サポーティング・インダストリー（裾野産業）が未成熟なアジア各国では，高度成長とともに資本財・中間部品の輸入が急増する産業構造のひ弱さを抱えていた。そうした中で，輸出面では，高度成長に伴うインフレや賃金上昇でコスト圧力が高まっていたが，より大きな問題は為替政策面にあった。アジア各国は図8-2の上の表からわかるように，アメリカだけでなく日本やヨーロッパとも緊密な経済関係を持っていた。しかし，為替政策はドルとだけ安定化するという実質ドル・ペッグ政策を採用しており，このミスマッチが問題を引き起こすことになってしまった。つまり，1995年を境に，ドルは円やヨーロッパ通貨に対して独歩高といわれるような状態を呈した。ということは，たとえばタイのバーツは，タイが生産性上昇や高付加価値商品の開発によって，国際競争力が上昇していないにもかかわらず，ドルに引きずられて上昇してしまった。

つまり，ドルだけでなく円やヨーロッパ通貨なども含めたバーツの実効為替レートが上昇してしまったということである。そうなれば，日本やヨーロッパに対する競争力が弱まり，輸出が減退することにならざるをえない。こうして，タイは経常収支の赤字が拡大することになってしまったといえる。

しかし，誤解してはならないのは，この経常収支の赤字が直接外貨準備の枯渇を招いたわけではないという点である。一般に，アジアの目覚ましい成長は，一言でいうと「外資導入による輸出主導型の経済発展戦略」ということにあった。外資を燃料に，エンジンである輸出を回転し，経済をテイクオフさせようという戦略であるが，肝心のエンジンである輸出が出力を失い，経常収支の赤字が拡大したということのイメージ・ダウンは大きかったと思われる。海外の投機家・投資家のタイに対する信頼が損なわれ，投資評価が低下したことが，タイからの外貨資金の回収へとつながったということこそ重要である。

金融経済面：バブルの崩壊と金融不安

より重要な要因は，金融経済面でのインフレ高進およびバブルの発生と崩壊によって，金融不安が起こったことにある。

すでに述べたような理由によって，タイには短期のドル資金が大量に流入した。それに対して，実質ドル・ペッグ政策下にあるタイでは，為替レートの安定を維持するために，ドル買い・バーツ売りの市場介入を実施した。それによって，国内に出回ったバーツを吸収するために，債券市場で売りオペをするという不胎化政策をすべきであったが，それが十分になされず，過剰流動性によるインフレやバブルの発生を許してしまった。流入した外資の相当部分が株や不動産投資に向かったため，バブルが発生し，その崩壊を余儀なくされたことが大きな問題をもたらしたといえる。

とくに，不動産市場でのバブル崩壊のショックは大きく，倒産した不動産会社などに融資をしていた金融機関が，その回収不能によって倒産や吸収合併を余儀なくされたり，不良債権を抱えてバランス・シートの悪化を招くことになった。こうした事態を受けて，金融不安が高まることになったが，それに輪をかけたのが，金融機関の経営が脆弱であるということにあった。具体的には，すでに述べたように，短期のドル資金を取り入れ過ぎており，ダブル・ミスマッ

チ問題を抱えていたことだけでなく，自己資本が十分でないこと，十分な審査による貸付けがなされていないこと，経営内容がきちんと開示されていないことなどである。言い換えれば，金融機関に求められる効率性，健全性，透明性が確保されていなかったことも，問題であったということである。

たとえば，インドネシアでは，親族企業グループ内の銀行による杜撰な融資，銀行の経営内容の開示が不明瞭なことなどから，預金者の不安が助長され，取付け騒ぎさえ起きている。タイでも，銀行の抱える不良債権の規模が不透明なことが，海外の投機家・投資家の不安をあおり，資金の回収行動を増幅したと思われる。いずれにせよ，金融不安の高まりが，投機家・投資家の投資評価を悪化させ外国資本の逆流を招いたことが，通貨危機の引き金であったということにほかならない。

2−3 アジア通貨危機の教訓と対応

以上のようにしてアジア通貨危機が起こったとすれば，そこから再び危機を発生させないための教訓と具体的な対応を引き出すことができる。

まず第1に，危機の根底には，今日のグローバル金融資本主義の世界では，幅広い投機で巨額の資金がうごめいていること。そして，もし経済に何らかの問題が生じた場合，投機アタックを受け，それに1国で対抗することは不可能に近いことを知った。

これに対処するためには，地域的な協力が不可欠であり，アジアでは通貨危機を契機に，主としてASEAN＋3（日本，中国，韓国）を舞台とした地域的な通貨・金融協力が進展することになった。

第2に，世界的な投機アタックの標的にならないためには，健全な経済運営に努めることが基本であるが，もし実際にアタックを受けた場合は，地域全体としての「最後の貸し手」を確保する必要があることを知った。投機アタックに1国で対抗することは難しいということで，世界全体としての「最後の貸し手」であるIMFに駆け込んだものの，当時のIMFはアジアにとって十分な防波堤になりえなかったからである。

具体的には，まず投機アタックに付け入る隙を与えないための地域的通貨・金融協力として，ASEAN＋3の財務大臣会議や財務大臣・中央銀行総裁代理

会議で，相互に経済運営を監視し合い，助言をしたり協力し合うこととなった。これは，「経済サーベイランス」と呼ばれている。それでも，参加国のどこかが危機に見舞われた場合は，その国の通貨と交換に他の国々は自国の外貨準備の中から外貨を融通して支援する仕組みが作られた。すなわち，「チェンマイ・イニシアティブ」と呼ばれるものが構築されている。

　第3に，アジアは実質ドル・ペッグ政策といわれる為替政策・制度を採用していたことが，2つの意味で危機につながったことを知った。1つは，日米欧にほぼ均等な経済関係がありながら，ドル，ヨーロッパ通貨，円が変動する中で，ドルとだけペッグした場合，日本やヨーロッパとの貿易関係が不安定になること，もう1つは，基軸通貨・ドルとのペッグで，世界の中心的な投資資金であるドルとは為替リスクがなくなるため，過剰な短期ドル資金の流入をもたらし，その逆流による危機を招いたことである。

　この教訓を踏まえて，対外経済関係の多様なアジア各国は，自国通貨をドル，ユーロ，円からなる通貨バスケットと安定させるような為替政策・制度の導入が研究者の間では提言されているが，いまのところまったく進展をみていない。1国の為替政策・制度の選択は，国家主権の1つであるため，各国は自国の政策目標に相応しい制度の選択をしている。その結果，アジアの為替政策・制度はばらばらであり，「協調の失敗」が起こっているとさえいわれている。

　第4に，アジア各国の金融システムが近代的でなく，きわめて脆いものであることが，危機の深刻化を招いたことを痛感した。最大の問題は，短期のドル資金に大きく依存をし，ダブル・ミスマッチ問題を抱えていたことである。これを解消し，アジアの余剰資金をアジアで安定的に活用することができるように，各国に債券市場を育成し，かつその市場間で国境を越えた取引がスムーズに行いうるようにする取組みが実施されている。ASEAN＋3での「アジア債券市場育成イニシアティブ」がそれである。さらに，債券市場の育成を需要面から推進するために，東アジア・オセアニア中央銀行役員会議（EMEAP）では，「アジア債券基金」が創設されている。

　もちろん，アジア各国は前近代的で脆弱な自国の金融システムを改革し強化するために，それぞれ独自に不良債権処理，業界の再編・合併，自己資本の充実，先端的金融技術・商品の導入，当局の規制・監視体制の強化，会計基準や

倒産法の整備などを推進していることはいうまでもない。

3
世界金融危機の原因と教訓

　2007年夏に，BNPパリバがサブプライム関連商品に投資していた傘下のファンドの資産を凍結したことで，アメリカのサブプライム・ローン問題に端を発した世界金融危機が表面化した。2008年3月には，アメリカでベア・スターンズが破綻，そして9月にリーマン・ショックが起こり，世界を震撼させる金融危機へと発展したが，その根底にある原因はアジア通貨危機の場合と同じと考えられる。すなわち，グローバル金融資本主義といわれる世界的な金余りの中で，異常な投機行動がアメリカの住宅市場とそれに関連した証券市場を舞台に展開されたが，そこに大きな瑕疵があったために，破綻が生じたということである。ここでは，どうしてアメリカで証券投資ブームが起き，それが破綻したかという世界金融危機の直接的原因を紹介し，そこから得られる教訓を学ぶことにしたい。

3-1　世界金融危機の原因
政策運営の失敗と規制・監督体制の不備
　アメリカ政府は，2001年のITブームの終焉に伴う景気後退に対して，大型減税と金融緩和策を採用した。その結果，金融緩和策による金利低下で住宅取得が急増し，住宅バブルが発生。その中で，住宅金融専門の金融機関であるモーゲージ・カンパニーを中心に，返済の信用度の低い層を対象としたサブプライム・ローンが大量に供与され，2005年のピーク時には，住宅ローンの20%にも達した。
　貸し手も借り手も住宅価格の上昇を期待し，安易なローンを組んだためであり，このことが当時の危機における最大の直接的原因にほかならない。さらに，金融当局がその異常なサブプライム・ローンの供与を見逃したという規制・監督体制の不備があったことも否めない。

証券化による住宅ローン審査の杜撰化

モーゲージ・カンパニーは，NINJA（No Income No Job No Assets）ローンなどと呼ばれるローンまで供与したといわれているが，それは住宅バブルに酔いしれたり，金融当局の規制・監督が甘かっただけではない。最先端金融技術・商品の1つである証券化によって，ローンの貸し手はリスクを免れ，利益だけを手にすることができたからである。

モーゲージ・カンパニーは，供与した住宅ローン債権を投資銀行（証券会社）やその子会社である特別目的会社（SPV）に売却して，すぐに資金を回収し，リスクから逃れることができた。しかも，しっかりと住宅ローン供与時には手数料などの収益を得られるとなれば，審査を甘くしてNINJAローンでも何でも供与するという行動に走りがちになるのは，当然の成り行きといえよう。

高度な証券化によるリスクの複雑化・不透明化

証券化とは，金融機関が供与したローンなどの債権を証券会社などが買い取り，その債権から得られる元利を担保に証券を発行して，多くの投資家に販売する仕組みをいう。金融機関は長期のローンを供与しても，それを売却することによって速やかに資金の回収ができるし，余裕資金を持つ多くの投資家がそれを購入することによって，その資金が有効活用されるとともに，リスクが多数の投資家に分散されるという優れものである。

しかし，その証券化によって，問題の大きいサブプライム・ローンから作られた証券のリスクが隠蔽され不透明となってしまった。極端な言い方をすれば，詐欺まがいとさえいえる金融商品が作られ，販売されることになってしまったということである。その仕組みは複雑なものであるが，図8－3に示したように，簡略化していうと次のようなものであった。

(1) 優先劣後構造と呼ばれるもので，かなりの危険性を持ったサブプライム・ローンをベースにした債権であっても，それを輪切りにして，きわめて危険な部分，中間的な部分，かなり安全な部分に分けて，それぞれを担保にした証券を発行すると，投資家の多様なニーズに応えられることなる。

ほとんどのローンの借り手が返済不能にならない限り安全な部分から作られた証券（シニア）は，高い格付けになり安全志向の投資家に選好された。意外に

も，わずかの借り手が返済不能になっただけで毀損してしまう証券（エクイティ）は，危険であるが高利回りなため，ギャンブル志向の投機家に選好されたという。中途半端な部分からなる証券（メザニン）は，さらに加工されていくことになった。

(2) メザニンだけでないが，一度発行された証券を購入して，それをまた担保に証券化をするということが繰り返されたり，その際に自動車ローンなど他の債権から作られた証券と混ぜ合わせて新しい証券（CDO：債務担保証券）を作ることが盛んになされた。

こうした証券化の繰り返しや多様な証券のブレンドによって，投資家は購入した証券がどのような債権からできているかがわからなくなり，どれほど危険なものかが判断できなくなったため，証券投資ブームの中で，販売者の投資銀行や格付け機関の格付けに踊らされてしまったといえる。

(3) さらに，その証券にデリバティブが組み込まれた証券（合成CDO）が作られ，ますます複雑化し，リスクが一段と不透明になった。一番よく使用された

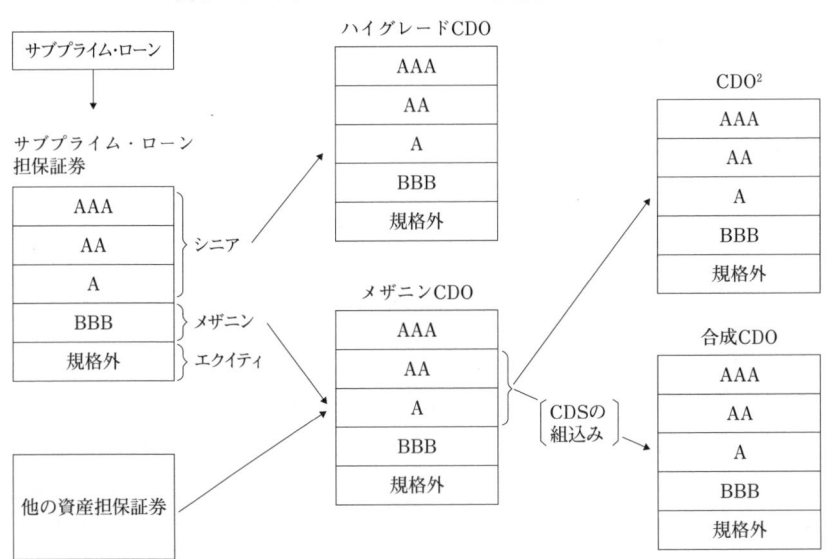

図8-3　サブプライム・ローンの証券化のプロセス

出所）IMF（2008），*Global Financial Stability Report,* April, p.60 の図をベースに作成。

デリバティブは，第5章3では取り上げなかったクレジット・デフォルト・スワップ（CDS）と呼ばれるものであった。ある債権を保有した者が一定の料金を払ってこのCDSを購入すると，もしその債権が破綻しても売り手から補填してもらえ，リスクの転化ができる金融商品である。こういうものが組み込まれることによって，どこにどれだけのリスクがあるのか，素人にはさらに判定が不可能になったということである。

証券投資の水膨れをもたらしたレバレッジ

アメリカ国内の資金はもとより，世界中から巨額の資金がアメリカの証券市場に流入し，証券投資ブームが巻き起こったのは，証券化によってリスクがカモフラージュされただけでなく，レバレッジと呼ばれる金融手法があったからである。

投資銀行は証券化をして，販売を手がけると同時に，収益性の比較的高いCDOなどの有力な購入者でもあった。その投資銀行自身や子会社である仕組投資事業体（SIV），ヘッジ・ファンドなどの機関投資家は，当初の手持ち資金で利回りの高いCDOなどを購入すると，それを担保に，短期の銀行借入れや短期コマーシャル・ペーパーの発行などで資金を調達して，再度CDOなどを購入するということを繰り返し行った。資金調達コストを運用利回りが上回っていたため，それを幾重にも繰り返すことで，膨大な利益を享受できていたが，その調達コストと運用利回りの関係が逆転した場合のリスクも膨大であることを見落としていたといえる。

危機発生・深刻化のメカニズム

以上のように，証券投資ブームの背後に潜んでいたリスクを整理すると，危機が表面化し，深刻化したメカニズムは容易に理解されるであろう。アメリカの金利上昇を機に，住宅バブルが崩壊するとサブプライム・ローンの焦付きが増大。そのローン債権を含んでいるCDOなどの証券に毀損が生じ，機関投資家などの運用利回りが低下して，調達コストを割り込むと，彼らの損失は底なし状態に膨らむという逆回転へと事態は一変してしまった。そして，投資銀行などの破綻が相次いで起こっただけではなく，次のようにして世界金融危機と

呼ばれるまでに波及し，深刻化していった。
(1) 複雑な証券化によって，リスクの大きさや所在さえ不透明になっていたため，疑心暗鬼に陥り，健全な債券も含めて，債券価格全般の暴落へと発展。
(2) 債券価格の全般的暴落により，多くの機関投資家が損失を被っただけでなく，システミック・リスクと呼ばれるリスクの連鎖が起こり，ほぼすべての金融機関へと損失が波及。たとえば，商業銀行は自らの証券投資による損失だけではなく，機関投資家へ融資した投資資金が不良債権化したし，AIG が危機に瀕したように保険会社も，先ほどの CDS の売り手に回っていたため，当該債権の損失補填を迫られることになった。
(3) 金融のグローバル化の中で，ヨーロッパの金融機関を中心にアメリカの証券へ巨額の投資がなされていたため，損失は海外にも及び，アメリカ発の金融危機は世界金融危機へと発展。さらに，各国で金融機関の損失不安などから株価が暴落し，世界規模で危機の連鎖，伝播が起こってしまったといえる。

　もちろん，金融危機は金融機関の破綻による失業，金融機関の信用収縮よる企業の投資減退，不動産や金融資産の減価による消費の減退などを通じ，実物経済にも影響が及び，アメリカの不況が世界同時不況へと深刻化したことは多くを語るまでもなかろう。

3－2　世界金融危機の教訓と対応

　世界中を大きな混乱に陥れた世界金融危機も，いくつかの教訓をもたらした。最後に，教訓とそれを踏まえた対応のあり方を以下に整理してみたい。
　まず第1は，基本的にはグローバル金融資本主義の暴走の1つであるが，世界の基軸通貨国・アメリカがその震源地であったために，世界への衝撃は格段に大きかったといえる。その悪影響は金融面だけにとどまらず，世界同時不況という形で全世界に及んだことも記憶に新しい。
　したがって，ワシントンを皮切りに，ロンドン，ピッツバーグで開催された金融サミット，IMF，FRB（アメリカ連邦準備制度理事会）や ECB（欧州中央銀行）と各国中央銀行間など，世界規模での協調や対応策の検討が必要となった。
　第2に，震源地のアメリカでは，市場原理主義への信頼が強く，市場メカニズムに依存し過ぎたことが，市場の失敗を引き起こしたといえる。投機に価格

平準化機能が期待できない中で，多くを市場メカニズムに委ねたことが，異常なブームやバブルを生み，わずかな綻びが金融システム全体を危機に陥れかねないことを知った。まさに，金融市場は心理的要因によって大きく左右される世界であり，蟻の一穴から堤が崩壊することさえありうるとの教訓を得た。

したがって，デリバティブや証券化などによって，金融市場の異常な動きが発生したり，金融機関の経営の健全性が損なわれることがないように，一定の規制や監視という土俵の中で，自由な取引ができる体制づくりが試みられている。具体的には，バーゼル銀行監督委員会での新たな自己資本規制の制定，ヘッジ・ファンド等への監視強化などである。さらに，デリバティブや証券化といった最先端金融技術・商品が発達した中では，その活用に伴うリスクの所在や大きさに関する情報の把握システムが希求される。なぜならば，個人としては一旦発生したリスクを回避することはできるが，いかなる金融技術をもってしても，経済全体からそのリスクを消滅することは不可能であるからである。できるのは，経済全体の中で，他への転嫁，分散化，不透明化だけであることを忘れてはならない。

第3に，「金融大国」などといわれ，世界でもっとも強固な近代的金融システムを有していると信じられてきたアメリカの金融システムが意外に脆弱なことを知った。アメリカは，自国通貨であるドルが基軸通貨であることをフルに活用し，第3章2で述べた国際通貨国のメリットを享受してきた。しかし，政策的失敗によって，わずかの瑕疵でも明らかになれば，その金融システムも意外なほど脆く，真に「金融大国」などとはいい難いことがわかった。

すでに，アメリカは実物経済面で「世界の工場」「貿易大国」の座を降りて久しい。にもかかわらず，これまでは強固な金融システムと基軸通貨・ドルの特権を生かして，「金融大国」として君臨してきたことが，アメリカ経済，ひいては基軸通貨・ドルへの信認の基盤であった。それが，今回のアメリカ発の世界金融危機によって，大きく損なわれてしまった。もし，アメリカ自身が適正な規制・監視体制を備えた強固な金融システムの再構築を図るとともに，第10章で述べるように過剰消費体質を持った経済構造を是正し，世界へのドルの垂れ流しに歯止めをかけない限り，ドルの単一基軸通貨体制の維持が難しくなりかねないと思われる。

すでに，世界の指導者の間で，将来は複数基軸通貨体制へ移行せざるをえないとの声も聞かれる。先に述べたアジア通貨危機の教訓の1つが，実質ドル・ペッグ政策や短期ドル資金への過剰な依存（ダブル・ミスマッチ）こそが問題であり，その軽減を図るべきということであった。しかし，世界金融危機はそれだけにとどまらず，将来はアジアにおいても「ドルからの脱却」を目指すべきことを示唆しているといえよう。

第 9 章
欧州通貨統合とユーロ危機

　第二次世界大戦後の IMF 体制下で,基軸通貨・ドルに翻弄されてきた EU (欧州連合,1993 年 10 月以前は EC) 加盟国は,1970 年代初頭以降,域内に独自の通貨システムを創出することで,不安定なドルによる自国通貨や経済への悪影響を回避しようとする試みを続けてきた。それが1999 年に単一通貨,あるいは共通通貨と呼ばれるユーロの誕生として結実したが,2009 年からはそのユーロを導入した国々でユーロ危機が発生し,通貨統合に対する疑念さえ聞かれた。
　本章では,この欧州通貨統合の歴史を概観したうえで,改めて通貨統合とは何かということとそのための条件を考え,次に実際の欧州通貨統合の運営方法,およびユーロ危機の原因と対応について学ぶことにしたい。

1
欧州通貨統合の歴史

1－1　欧州通貨統合の原点
　IMF 体制は,アメリカの経済力とその安定を背景としたドルの信認の上に成り立っていた固定相場制といえる。逆にいえば,IMF 体制は,アメリカ経済の安定が損なわれ,ドルの信認が低下すると,周辺国が自国通貨の対ドル・レートの維持に向けて多大な努力を強いられる国際通貨体制であった。現実に,世界経済におけるアメリカの相対的な地位の後退やアメリカの緩和的金融政策と資本流出によりドルの信認が著しく低下し,IMF 体制は動揺をきたした結果,

1971年のニクソン・ショックによって崩壊した。この間，EC諸国はアメリカ経済とドルの動向に翻弄され，IMF体制の不合理性に疑問と不満を感じ，ドルの不安定性から隔離された独自の通貨システムを域内に確立する動きを開始した。

ECは，1969年12月のハーグ首脳会議において，経済・通貨同盟（1990年に第一段階を開始したEMUとは異なる）の段階的な形成などを将来の目標とすることに合意した。この合意を受けて，ルクセンブルグ首相ウェルナーを座長とする委員会が1970年10月に，経済・通貨同盟に関する報告書（ウェルナー・レポート）を発表したが，そこでは経済・通貨同盟を3段階で進めることが謳われた。この報告に基づく協議の結果，為替レート変動幅の縮小計画を1971年6月に実施することが決定されたものの，同年5月のマルクへの投機アタックによって，この計画は頓挫を余儀なくされてしまった。

しかし皮肉にも，その後のニクソン・ショックおよびスミソニアン協定に対応する形で，ECは1972年4月にスネークと呼ばれる通貨制度を発足させ，為替レート変動幅縮小計画をスタートさせた。

その仕組みは，次のようになっていた。スミソニアン協定では，参加国は対ドル中心相場（平価）に対して変動幅をその上下2.25％としたドル・バンド（4.5％）が設定されたが，スネークでは参加国通貨間の為替レート変動幅を2.25％に抑えることにした。これを具体的に示すと図9－1のように，4.5％のドル・バンドの中を最大2.25％の幅を持ったヘビがうねる形状になるため，このスネークは「トンネルの中のヘビ」とも呼ばれた。

しかし，1973年に，スミソニアン体制も崩壊し，主要先進国が変動相場制に移行すると，トンネルであるドル・バンドが消滅することになった。そのため，

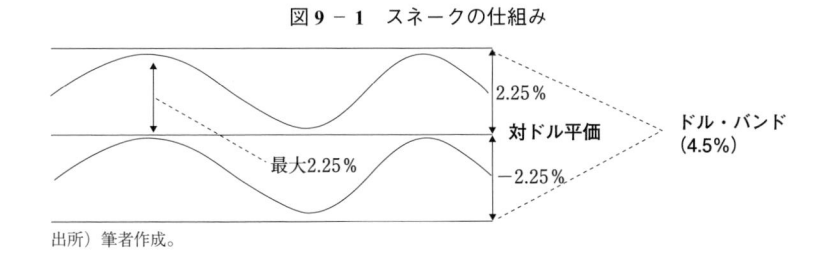

図9－1　スネークの仕組み

出所）筆者作成。

その後のスネークは「トンネルを出たヘビ」とも呼ばれるが，要するに，参加国通貨間は固定相場制で，対ドルを中心とした域外通貨とは変動相場制という共同フロート制に移行したということである。

このスネークのもとでも，通貨不安の火種は消えることなく，参加国と平価の変更が頻繁に行われた。しかし，スネークはEC域内で実施された独自の通貨協力であること，はじめての脱ドル計画であることから，欧州通貨統合の実質的な原点といえよう。

1－2　欧州通貨制度（EMS）

スネークのもとで，加盟国は経済・通貨の混乱を経験する一方で，依然としてアメリカは自国本位の経済政策をとるとともに，1977年からのドルの暴落に対してもビナイン・ネグレクト（慇懃なる無視）と呼ばれるような無為の姿勢をとっていたため，EC内には西ドイツ，フランスを中心にアメリカへの政治的な対抗意識が強まっていった。こうした状況を受けて，ECでは域内の通貨システムをさらに強化すべく，1979年3月に，8ヵ国が参加した欧州通貨制度（EMS：European Monetary System）の設立へと歩を進めた。それは，主に次のような役割を持った三本柱から成っていた。

(1)　欧州通貨単位（ECU：European Currency Unit）

EMSの中核をなす共通通貨単位であり，参加国通貨のバスケットによって決定された。それは，ERMのニューメレールや乖離指標の基礎をなし，EC各国の通貨当局の間では決済手段の役割を果たした。

(2)　為替相場メカニズム（ERM：Exchange Rate Mechanism）

ECUに対して参加国通貨の中心相場が設定され，そこから計算される各国通貨間の基準相場のパリティ・グリッド（各国通貨の基準相場を一覧表にすると，格子状になるためこのように呼ばれた）が，スネークの時と同様の制度として形成された。

このメカニズムのもとでは，為替レートの変動を基準相場から±2.25％の範囲に抑えることが求められ，為替レートが上限・下限に達した場合は，当該国は双方ともに無制限に介入する義務を負っていた。さらに，ECUを基準としたECUバスケット方式による各国通貨の最大乖離限度が設定された。この早

期警報点を越えた場合には，当該通貨当局は多様な介入，金融政策，平価の変更，その他の経済政策といった措置をとることになっていた。

(3) 信用供与メカニズム

固定的な ERM の下で，各国が国際収支の赤字に陥った場合の信用供与として，スネークにおいてなされていた超短期ファイナンス，短期通貨支援，中期金融援助という3つが拡充された。

1－3　EMS の維持と脱ドル

EMS はユーロ誕生までの 20 年間に，幾多の試練に遭遇することとなった。とくに，1980 年代末から 1990 年代初頭にかけて，EMS が安定期を迎えた中で，EC では市場統合と資本移動の自由化が急速に推進された。しかし，1992 年にはリラやポンドに対する投機アタックで，欧州通貨危機という最大の試練に直面した。結局，イタリアやイギリスは ERM を離脱せざるをえなかったが，為替投機を抑えるために，為替レート変動幅を±15％に拡大し，かろうじてこの危機を脱することができた。

この間に，ユーロ導入に向けて具体的に整備された点としては，次のことがあげられる。

(1) 市場統合と資本取引の自由化の推進によって，通貨統合のために必要な経済の一体化・同質化が図られたこと

EC では，人，もの，サービス，金の自由な移動のために，積極的な取組みがなされたが，とくに 1990 年代初頭に資本取引の自由化が達成されたことが意義深い点である。これらによって，域内経済の相互依存関係が深化し，一体化・同質化が進展し，後ほど紹介する最適通貨圏へ向けて前進を見た。

(2) 金融政策における協調が図られたこと

独善的ともいえる金融政策をとったドイツと，それに妥協した形で政策変更を行ったフランスの政治的決断が，EMS が通貨危機を乗り切る原動力になったといえる。なぜならば，すでに第4章4の「国際金融のトリレンマ」で学んだように，資本取引の自由化を進めたうえで為替レートの安定性を維持するためには，金融政策の自立性は放棄せざるをえない。それができなければ，EMSが崩壊することは自明の理であるからである。それだけではなく，このように

政策協調ができたということは，後述のように1つの金融政策しか遂行できなくなることを意味する通貨統合の実現可能性を示唆しているといえる。

(3) ヨーロッパから基軸通貨・ドルを駆逐したこと

基軸通貨・ドルから脱して，少なくともヨーロッパ域内の取引からドルの不安定性を除去したいという悲願は，EMSのもとで大きく前進した。もともと，ヨーロッパの域内貿易はドルだけではなく，現地通貨建ても多かったが，EMSによる域内通貨の安定化で域内の資本取引が促進されるとともに，それが現地通貨建て化された。これによって，ヨーロッパの外国為替市場では，現地通貨の取引が急増し，ついに1980年代末には，ドイツ・マルクがドルを凌駕した。

つまり，ドルが持っていた為替媒介通貨の地位を奪い，ヨーロッパ域内からは基軸通貨・ドルを駆逐することに成功した。このマルクの基軸通貨化とともに，域内ではECUが単なる共通通貨単位としてだけではなく，公的部門での決済通貨や準備通貨の役割を担ったことも看過してはならない。EMSという通貨制度によって，ドルに代わる通貨を中心とした独自の通貨圏を形成しうることが示された意義は大きいからである。

1－4　マーストリヒト条約に基づく通貨統合と参加条件

EMSが軌道に乗ったことに加えて，市場統合への機運が高まった中で，1989年に「EC経済・通貨同盟に関する報告」(通称ドロール委員会報告)が公表された。そこでは，単一通貨，単一中央銀行からなる通貨同盟，単一市場，マクロ政策協調からなる経済同盟で構成される経済・通貨同盟（EMU：Economic and Monetary Union）への3段階アプローチが提案された。これを受けて，ECでの経済統合のベースとなってきたローマ条約を大幅に改正し，マーストリヒト条約（正式名称は，欧州連合条約）が1992年に調印され，翌年発効した。それに伴って，ECはEU（欧州連合）へと呼称を変え，ヨーロッパは一段と結束力を強めることとなった。

1998年5月にユーロ加盟国（11ヵ国）が確定し，同年6月には共通の金融政策の策定・遂行をする欧州中央銀行（ECB：European Central Bank）が創設された。翌年1月に単一の共通通貨・ユーロが導入されたが，この段階でのユーロは単なる預金通貨であった。そしてついに，2002年1月に各国の現金通貨が

ユーロに交換されて，ユーロの現金流通が開始され，通貨統合が完成した。

欧州通貨統合が構想されてから約30年の時を経て，1999年1月に11ヵ国で導入されることになったユーロは，その後表9－1に見られるように加盟国が増加し，2015年現在19ヵ国に及んでいる。

表9－1　ユーロ加盟国の推移

加盟年	加盟国名（加盟国数）
1999	ベルギー，ドイツ，スペイン，フランス，アイルランド，イタリア，ルクセンブルグ，オランダ，オーストリア，ポルトガル，フィンランド（合計11ヵ国）
2001	ギリシャ（合計12ヵ国）
2007	スロベニア（合計13ヵ国）
2008	キプロス，マルタ（合計15ヵ国）
2009	スロバキア（合計16ヵ国）
2011	エストニア（合計17ヵ国）
2014	ラトビア（合計18ヵ国）
2015	リトアニア（合計19ヵ国）

出所）欧州委員会の資料などを基に筆者作成。

ユーロは複数の国がともに利用する共通通貨であるため，加盟国間に経済パフォーマンスの著しい格差が生じると，その安定性が損われる可能性がある。したがって，ユーロに加盟するためには，経済収斂基準（コンバージェンス・クライテリア）として，次の4条件がマーストリヒト条約で規定されている。

(1) 消費者物価上昇率：直近1年間における消費者物価上昇率が，EU加盟国の中で低位3ヵ国の平均値から1.5％以上上回らない。
(2) 長期金利：直近1年間における長期国債利回りが，低位3ヵ国の平均値から2％以上上回らない。
(3) 為替レート：少なくとも過去2年間ERM（ユーロ誕生以降はERM II）の変動幅を維持し，中心相場の切下げを行わない。
(4) 健全財政：財政赤字を対名目GDP比3％以下とする。政府債務残高を対名目GDP比60％以下とする。

2
通貨統合の理論とユーロ圏の経済運営

2-1 通貨を統合するというのはどういうことか

ここで，あらためて通貨を統合するというのはどういうことかを考えてみたい。簡潔にいえば，それは各国が独自に通貨を持つ時と，次の2つの点で大きな違いが生じることを意味する。

1つは，複数国で同じ通貨を採用することによって，加盟国間で通貨の交換の必要性がなくなり，為替レートが存在しなくなるということである。為替レートはすでに学んだように，各国間の国際収支不均衡を是正する役割を担っており，それがなくなるということは，国際収支調整機能を失うことにほかならない。たとえていうならば，為替レートはゴルフのハンディキャップに相当するものであり，それがなければ腕前に相違が出てきてもそれに応じて調整ができず，楽しいプレーはできなくなる。それと同じように，国際競争力が強い国，弱い国があっても，ある時点での強弱に応じた為替レートで通貨を統合できるが，その後に競争力格差が拡大して国際収支不均衡が生じても，もはや為替レートによる調整はできないということである。

もう1つは，複数の国が同じ通貨を採用するならば，各国個別で金融政策を遂行することはできなくなることを意味する。通貨が同じであれば，ある国でインフレを抑制すべく金融を引き締めたいと思っても，他の国が逆に金融緩和をしてしまえば，たちまち貨幣は移動してしまい，各国ごとの独自の金融政策は効果を発揮しえない。通貨統合に参加した国全体で1つの金融政策しかとりえないということである。

以上のことを再度「国際金融のトリレンマ」論からいうならば，政策組合せ自体は先ほどのEMSと同様であるが，通貨を1つに統合するということは，為替レートが存在しないというより厳格な固定相場制（通貨同盟）を選択するとともに，金融政策の自立性は完全に放棄せざるをえなくなるということを意味する。

2－2 最適通貨圏の理論

　単一の共通通貨導入の理論的根拠とされているのが，R. マンデルなどによって主張された「最適通貨圏（OCA：Optimum Currency Area）」の理論である。いうまでもなく，最適通貨圏とは１つの通貨に統合することが適している地域という意味であるが，具体的には上記のように通貨を統合して為替レートがなくなり，１つの金融政策となっても，適切に経済運営ができる地域ということにほかならない。

　その最適通貨圏を形成する基準として，まず第１にいえることは，そもそも各国に経済的格差が発生しないことであろう。すなわち，その通貨圏内の国々に非対称的なショックが発生せず，各国経済が同じようにショックに反応し，同一の動きをするということであり，そうならば，為替レートや個別の金融政策による調整が必要ないからである。

　換言するならば，各国経済が一体的・同質的であるということができる。より具体的には，経済・貿易構造が類似していることが望まれるが，そうでなくとも，各国の経済依存関係が緊密であったり，補完的であれば一体的な経済といえよう。

　第２に，もしその通貨圏内の国々に，非対称的ショックが発生したとしても，市場の自動的な均衡回復メカニズムが作用し，その経済的格差を解消することが可能であればよいといえる。つまり，各国間で価格メカニズムが作用し，財・サービスの貿易取引によって調整されること，あるいは生産要素である労働や資本の移動によって，発生した経済的格差が調整されるならば問題がないからである。

　実際には，その手段の１つとして，R. マッキノンは貿易面における経済の開放度を指摘した。経済が開放され，貿易依存度が高ければ，非対称的な需要ショックによって，ある国では総需要が増加し，他の国では減少したとしても，後者から前者に輸出が拡大するならば，両国経済の格差は調整されるというわけである。

　さらに，R. マンデルは労働の移動性を主張した。各国間で労働生産性の上昇・下落といった非対称的な供給ショックが起こった場合は，両国の貿易拡大では解決できない。生産性の低下した国では，商品価格が上昇し，需要の減退

から雇用が減少するが，そうした中で輸出増加は望めないからである。そこでは，生産性が低下した国から上昇した国へ，労働の移動がなければ調整不可能である。こうして，労働の移動性が最適通貨圏を形成する基準の1つとされている。

このほかにも，資本の移動が自由で，金融市場が統合されていることなども，同じ観点から指摘されているといえよう。

第3は上記のいずれもが満たされなくとも，為替レートや個別の金融政策ではなく，他の経済政策手段によって，経済的格差を解消できることである。具体的には，財政政策によって，好況の国から不況の国へと所得の再配分がなされ，好不況という経済的格差が均等化できることである。

以上の3つの条件のうち，もっとも重要なのはいうまでもなく，第1の条件である。各国経済が一体的・同質的であり，非対称的ショックが生じなければ，通貨を統合してもまったく問題がない。もちろん，他の条件も満たされている方がより望ましいが，なくとも問題ないからである。どちらかといえば，第2や第3の条件は第1の条件が満たされていない場合に必要という意味合いが強いことを理解すべきである。そうすれば，財政政策による所得の再配分を通貨統合の必須条件とみなし，「ユーロの致命的欠陥は財政が統合されていないことにある」という主張が正しくないことも容易に首肯されよう。

2-3 通貨統合のコストとベネフィット

ユーロのように通貨を統合するということが理解できれば，おのずと通貨統合にともなって必要になること，すなわちコストが浮かび上がってくる。それは繰り返しになるが，加盟国は通貨主権を失うため，為替レートの変動を通じて国際収支の不均衡を調整ができなくなるということ，金融政策の自立性を放棄することになるため，自国の経済状況に対応する大きな調節機能を失うことであり，もしその必要性が生じた場合は，他の政策手段に頼らざるをえないということである。

ということは，そうした必要性が生じないような最適通貨圏の条件を満たした国々で通貨を統合したならば，次のような大きな経済的ベネフィットを得ることができる。

(1) ユーロ域内では，為替レートの変動リスクが除去される結果，域内諸国間の貿易や投資が容易となり，それらの拡大につながる。
(2) 為替手数料が不要となるため，企業も個人も外国為替取引にともなう経費を節減できる。
(3) 通貨の相違から生じる価格の不透明性を排除できるため，ユーロ圏内にポジティブな意味で競争が生じ，労働生産性などが向上する。その結果として，ユーロ圏全体の国際競争力の向上や経済の活性化が促進される。
(4) ユーロ圏全体での共通通貨・ユーロの方が各国別の独自通貨よりも国際通貨としての信認が得やすく，国際通貨としての地位を向上させることができる。それゆえ，加盟国では域内だけでなく域外とも貿易や資本取引を自国通貨であるユーロ建てで行いやすくなり，為替リスクが回避しやすいなど，有利になりうる。

実際に，ユーロ導入からの10年間では，必ずしも労働生産性の上昇は見られなかったものの，1,600万人の雇用創出，域内貿易の拡大や域内直接投資の活発化，国際通貨としての地位の向上などの成果が出たとの報告がなされている。

2-4 ユーロ圏でのマクロ経済政策運営
ECBによる一元的金融政策

図9-2に示されているように，EU全体ではユーロ加盟国も未加盟国もESCB（欧州中央銀行制度）の下で金融政策を遂行している。しかし，ユーロ加盟国における一元的金融政策は，ユーロシステム（Eurosystem，ユーロ中央銀行制度）が担っている。ユーロシステムはECBとユーロ加盟国中央銀行（NCBs：National Central Banks）で構成される連邦型の中央銀行制度である。ユーロシステムは発券銀行として，共通通貨・ユーロを供給している。具体的には，ECBの決定方針にしたがい，NCBsが各国の適格資産（国債など）を見合いに供給と回収をしている。

ECBの一義的任務は「物価安定」であり，義務遂行上，EUならびに加盟国政府からの独立性が確保されている。具体的な「物価安定」とは，「統合消費者物価指数（HICP）の年率が2％未満で，かつその近傍にあること」を指す。広義の貨幣供給を示すマネーサプライM3の増加率も物価安定のための参照値とされ

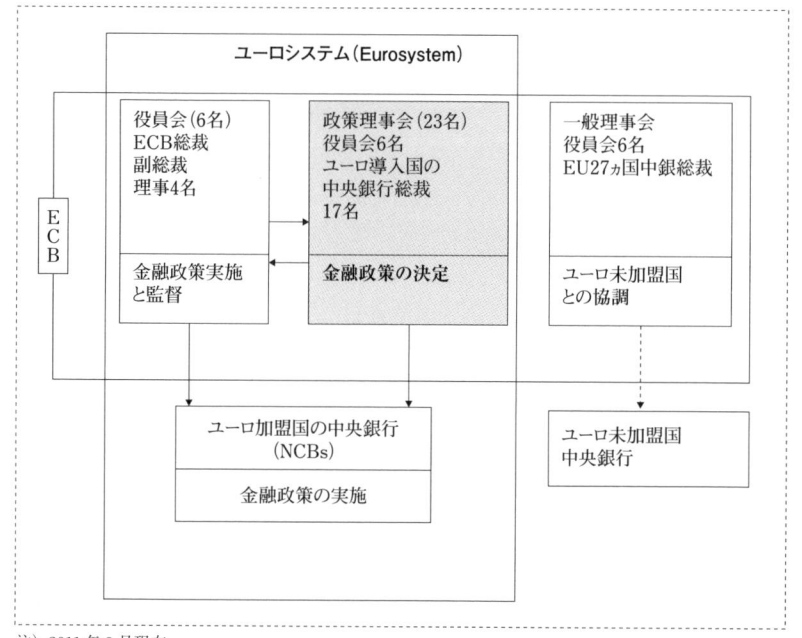

図 9 - 2 ESCB（欧州中央銀行制度）

```
┌─────────────────────────────────────────────────────────┐
│              ユーロシステム（Eurosystem）                  │
│  ┌──────────┐  ┌──────────┐  ┌──────────┐              │
│  │役員会(6名)│  │政策理事会(23名)│ │一般理事会 │           │
│  │ECB総裁   │  │役員会6名  │  │役員会6名  │              │
│E │副総裁    │→ │ユーロ導入国の│ │EU27ヵ国中銀総裁│          │
│C │理事4名   │  │中央銀行総裁│  │          │              │
│B │          │  │17名       │  │          │              │
│  │金融政策実施│ │金融政策の決定│ │ユーロ未加盟国│           │
│  │と監督    │  │          │  │との協調  │              │
│  └──────────┘  └──────────┘  └──────────┘              │
│       ↓              ↓              ↓                    │
│     ┌────────────────┐        ┌──────────┐              │
│     │ユーロ加盟国の中央銀行│      │ユーロ未加盟国│          │
│     │    （NCBs）      │      │  中央銀行  │            │
│     │  金融政策の実施   │      │          │            │
│     └────────────────┘        └──────────┘            │
└─────────────────────────────────────────────────────────┘
```

注）2011 年 8 月現在。
出所）ECB 資料に基づき作成。

ているが，政策のうえでそれほど重要視されていない。

経済の一体性・同質性が高く非対称的ショックが生じにくいと見られていたユーロ圏の国々であったが，ユーロ加盟後の各国経済の状況は必ずしも完全に一様でなく，経済的な格差が見受けられた。その場合には，一元的金融政策による経済運営が難しくなることはいうまでもない。たとえば，ユーロ圏のA国は景気が過熱傾向にあり，B国は景気が後退しているとすると，ECBの引締め的金融政策はA国にはインフレ沈静効果をもたらすが，B国の景気後退は一段と深刻化するからである。

実際に，ユーロ誕生以降のユーロ圏経済は，耐えられるほどの非対称的ショックの中で成功を収めていた時期もあれば，そうでない時期もあった。たとえば，ユーロ圏では，2000年前後から原油高騰やユーロ安により物価が上昇し始め，HICPは2％を超え「物価安定」を脅かすに至ったため，ECBは政策金利の引上

げを実施した。その結果，もちろんユーロ圏全体では景気が低迷したが，その中ではとくにドイツは成長の低迷を余儀なくされた一方で，景気が過熱していたスペインに対してはインフレ抑制効果が働き，同国はほどよい成長を確保できたことがあげられよう。

分権的財政政策と安定成長協定

　EU では，ユーロのような通貨同盟を維持するためには安定的な財政政策が必要と考えている。そのためには連邦財政のような制度が望ましいが，財政政策は各国の主権事項になっており，分権化されている。そこで，一元的な金融政策しかとれないユーロ加盟国が勝手な財政政策を採用し，インフレや経済混乱，ひいてはユーロの信認の低下を招くことがないように，一定の縛りを持たせることにした。具体的には，ユーロ加盟国だけでなく EU 加盟国全体に対して，対 GDP 比 3％を超える財政赤字を出さない（以下，3％基準とする）こと，政府債務残高を GDP 比 60％以下に抑えることという規定が，1997 年の安定成長協定（SGP：Stability and Growth Pact）に定められている。

　すなわち，EU 加盟国が 3％を超える過度の財政赤字国とみなされた場合は，赤字の額に応じて対 GDP 比 0.5％を上限とする無利子の預け金を EU に積まなければならない。また，2 年以内に赤字を削減できない場合は没収されることになる。ただし，経済がマイナス成長率に陥った場合には，例外的規定が設けられている。

　このように厳しい規律・制裁が謳われた SGP だが，「物価安定」を第 1 義的任務として一元的金融政策を遂行する ECB の下で景気後退に見舞われた場合は，拡張的な財政政策に頼らざるをえない場面に直面した。実際には，2001～03 年に景気が鈍化する中で，もともと厳しい財政規律を主張していたドイツ，フランスをはじめとして，図 9－3 からもうかがわれるように，3％基準や政府債務残高基準を維持できない国が続出した。この結果，2003 年の段階で，EU 経済・財務相理事会は制裁発動を行わないことを決定した。さらに，2005 年 3 月に欧州理事会は，①財政赤字が 3％を超えた場合でも一時的で小幅な超過幅であれば過度の財政赤字とはみなされないこと，②年金改革・欧州統合関連の支出の一部は赤字から除外されることなど，内容を緩和した。こうしたな

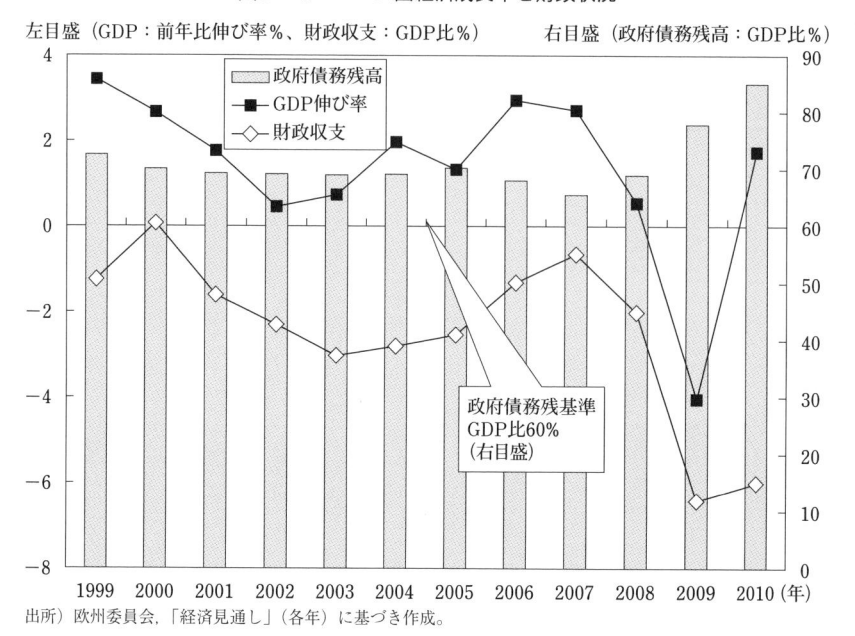

図9-3 ユーロ圏経済成長率と財政状況

左目盛（GDP：前年比伸び率％，財政収支：GDP比％）　　右目盛（政府債務残高：GDP比％）

政府債務残基準
GDP比60%
（右目盛）

出所）欧州委員会，「経済見通し」（各年）に基づき作成。

し崩し的なSGPの緩和は，その後のPIGS（ポルトガル，アイルランド，ギリシャ，スペイン）の財政問題につながり，ユーロ危機の原因になったともいえよう。

3

ユーロ危機の原因とその対応

3-1 財政・金融危機としてのユーロ危機

　一見すると，ユーロ危機はすでに学んだアジア通貨危機や世界金融危機とは様相を異にしている。しばしば，ソブリン危機，政府財政危機などとも呼ばれているように，政府が財政赤字の財源を確保できず，デフォルトの懸念に直面するという性格が濃厚であったからである。しかし，同時にヨーロッパの金融市場が機能不全に陥り，世界的な波及も懸念されたという側面もあり，他の危機と同じようにグローバル金融資本主義の暴走や市場の失敗という共通性もう

かがわれる。それらは表裏一体となったものであり，財政・金融危機と呼ぶのが望ましいように思われる。

財政危機のトリガーとなったギリシャ

　まず，財政面から危機を見てみよう。もともと，ギリシャは2001年のユーロ加盟時にも3％基準を満たしておらず，それを偽ってユーロを導入した。そのギリシャで，2009年10月に政権交代によって誕生したパパンドレウ政権が前政権に統計処理操作があり，2009年のGDP比率が12.7％にものぼることを暴露し，これによってギリシャの財政データや財政当局への信認がおおきく失墜。これを契機に，一連のユーロ危機が深刻化することとなった。

　ギリシャがトリガーとなったが，図9－3からうかがわれるように，ギリシャと同様に他のユーロ圏諸国も財政赤字の悪化（GDP比6.3％）や政府債務残高の増加に直面しており，財政不安の連鎖が生じることになった。とりわけ，ポルトガル，アイルランド，スペイン，さらにはイタリアの財政も不安視されるに至り，ユーロ危機はソブリン・リスク（政府が財政赤字の財源を確保できないリスク）が懸念される全面的な財政危機の様相を呈していった。

　ユーロ加盟国で財政が悪化し，財政危機を招いた原因はなんであろうか。まず第1に，すでに学んだアメリカ発の世界金融危機により世界は同時不況に陥ったため，その対応としてユーロ加盟国でも財政負担が増大したことである。世界同時不況に対する国際的な政策協調にユーロ加盟国も参加をし，積極的な財政出動による景気刺激策を遂行したことが指摘される。

　第2に，アメリカ発の世界金融危機，さらには自らの不動産バブルの崩壊にともなって，ユーロ加盟国の銀行も大きな損失を被り，バランスシートの毀損，さらには経営破綻にさえ見舞われたが，それへの対応として資本注入，銀行の債務保証，不良債権の買上げなどに財政資金を投入せざるをえなかった。サブプライムローン証券化商品の不良債権化では多くのヨーロッパの金融機関が損失を被ったが，不動産バブル崩壊による損失ではアイルランド，スペインが深刻で，同国の財政危機の主因になったとさえいえる。

　第3に，ユーロへの加盟によって資金調達が容易になった国において，安易に国債依存を強めたうえ，その資金を経済開発に投入せず，放漫な財政運営を

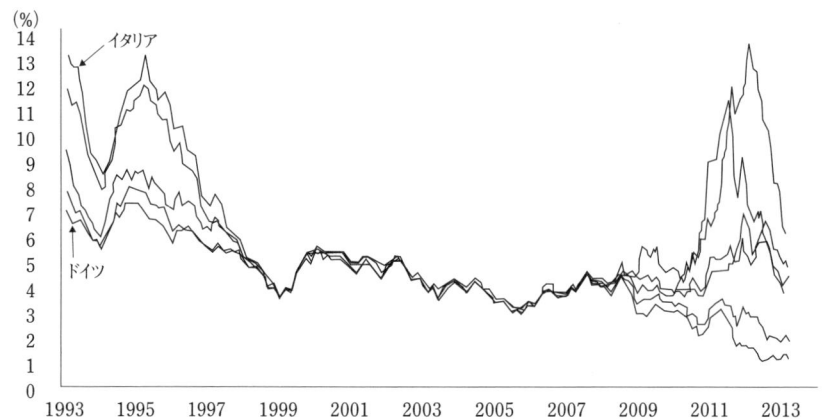

図9-4 ユーロ圏諸国の長期金利の収斂と再乖離

資料）European Commission［2013］p.8（原資料：OECD）．
出所）田中素香「ユーロ危機とその克服の特徴について」，第32回国際金融研究会報告資料，2015年。

したことも指摘される。図9-4に見られるように，財政危機に陥った国々はもともと長期金利が高かったが，ユーロ加盟によりその信用力を高め金利が低位収斂を見せたため，資金調達が容易になった。そうした資金がインフラ整備や産業育成へと投下され，経済力の向上につながれば，財政の健全化が可能となる。しかし，ギリシャやポルトガルでは経済力にそぐわない福祉などに安易な財政支出がなされ，2000年代の好況期でも財政赤字が続くことになった。とりわけ，ギリシャでは，ポピュリズム政治による過剰な公務員採用，厚遇された公務員年金，脱税や汚職など，異常ともいえる固有の財政問題を抱えていたといえる。

機能麻痺に陥ったヨーロッパの金融市場

次に，金融面から危機を眺めてみよう。ユーロ圏の大手銀行は資本自由化の中で，グローバルに業務を展開しており，その一環としてのアメリカへの投融資は世界金融危機でも大きな痛手を被ることとなった。このドル資金を主体としたグローバルな業務展開と同時に，ヨーロッパでは金融統合の中で，ユーロ資金を中心にリージョナルな金融仲介業務も大々的に展開していた。とくに，

ユーロ圏域内では為替リスクがない中で，金利の収斂化はあるものの西欧の大国であるコア諸国に比べて PIGS などのペリフェリ（周縁）諸国では，金利がリスクプレミアム分だけ割高であった。このため，国債購入を含む証券投資，銀行貸付といった形で巨額の資金がペリフェリ諸国に流入していたが，今回はここに危機が発生したといえる。

その第1は，巨額の資金流入によってスペインやアイルランドでは不動産バブルが発生し，それが崩壊したため，それらの国の銀行が危機に瀕したことである。たとえば，スペインでは主に不動産金融を担って来た地方貯蓄銀行が苦境に陥り，政府による統合や資本増強がなされた。アイルランドでは銀行への打撃はより深刻で，政府は国有化などで巨額の資金を投入せざるをえなかった。これが財政危機につながったことは，すでに述べたとおりである。

第2は，ペリフェリ諸国に投融資して巨額の債権を持つコア諸国の銀行が，ギリシャなどの財政危機から国債価格が暴落したため，多大な損失を被ることになった。さらには，ギリシャなどがデフォルトを起こせば，経営が破綻するかもしれないという不安が広がり，銀行は資金調達が困難になるなど流動性危機に直面し，ユーロ圏だけでなくヨーロッパ全体の金融市場が機能の低下を余儀なくされたことである。グローバル金融資本主義の世界では，それが日米など他の先進国の金融市場にも動揺を与えたことはいうまでもない。

あえて財政面，金融面からそれぞれユーロ危機を見たが，財政危機と金融危機が表裏一体をなし，かつ相互に影響しあうという関連性を持っていたことが重要である。すなわち，世界金融危機，さらには不動産バブル崩壊による金融危機への政府の対応は財政への負担を増大させ財政不安や財政危機の1因になっている。逆に，多額の資金を政府に投融資をしていた銀行が，財政危機により損失を被ったり，経営不安から finding リスクが高まり，金融機能を麻痺させることによって金融市場の混乱を招いている。さらに，その金融危機が実体経済を冷え込ませ，税収不足の中での景気対策のために一段と財政負担を重くし，財政危機に拍車をかけてきたといえる。まさしく，このように財政危機と金融危機が相互に関連しあい，財政・金融危機として深刻化してきたというのが，ユーロ危機にほかならない。

3－2 ユーロ危機への対応

　以上のように，ユーロ危機は財政と金融両面に問題を抱え，かつそれが共振しながら起こったとするならば，やはり両面からその連鎖を断ち切ることが必要となろう。さらに，その連鎖や共振は財政不安や金融不安といわれるように，心理的要因が大きく作用していたことを看過してはならない。以下において，それに対する対応策はどのようなものであったかを整理し，評価と残された問題点を指摘してみたい。

危機鎮静化のための緊急対応

　まず第1にいえることは，前章で見たアジア通貨危機や世界金融危機の場合と同様に，ユーロ危機も肥大化した金融資本がデリバティブなどで投機化したグローバル金融資本主義の下で起こっており，ユーロ圏諸国では心理的不安によって危機が伝染，波及したり，必要以上に深刻化しかねないという危険に直面していた。したがって，次のような財政不安と金融不安の根源への緊急処置によって市場心理の鎮静化を図ることが不可欠となった。

(1) 財政が行き詰ったギリシャ（第1次2010年：1,100億ユーロ，第2次2012年：1,300億ユーロ，第3次2015年：860億ユーロ），アイルランド（2010年：850億ユーロ），ポルトガル（2011年：780億ユーロ）への金融支援プログラムの実施

　域内の金融市場からの調達が困難になるというソブリン・リスクに陥った国の政府の要請で，EU（具体的には，欧州委員会），IMF，ECBのトロイカ方式で交渉が行われ，第1次ギリシャ支援はユーロ圏諸国とIMF，その後はEU加盟国を支援するために創設された欧州金融安定化メカニズム（EFSM：European Financial Stabilisation Mechanism），ユーロ加盟国向け融資を行うために設立された欧州金融安定ファシリティ（EFSF：European Financial Stability Facility）とIMF，さらには後述の欧州安定メカニズムなどで金融支援がなされた。

　融資を受けるためには，財政健全化のための厳しい条件が課せられるが，その際の被支援国の査定，経済再建計画の策定，定期的な査察などで，経験と人材を抱えるがゆえに，IMFが参加することになったともいわれている。その結果，銀行資本の増強を目的としたスペイン政府（2012年：上限を1,000億ユーロと

した支援）への金融支援を含め，ギリシャ以外は一定の成果をあげたといえる。

しかし，ギリシャは第1次の金融支援の後も，デフォルト，さらにはユーロ崩壊までが懸念されるに至り，第2次の金融支援が実施された。にもかかわらず，2015年には期限を迎えたIMFからの融資などへの返済ができず，実質的なデフォルトに陥り，最近ようやく第3次の金融支援が合意を見たところである。今後の財政再建の進展いかんによっては，ユーロ危機を再燃させかねない埋火（うずみび）としての危険性をはらんでいる。

(2) ECBによる銀行への緊急的なユーロ資金の補填

本来，ECBの金融政策における一義的な任務は「物価安定」であった。しかし，世界金融危機の時にも，域内の金融市場が機能麻痺をきたしたため，ECBはFRBとの通貨スワップによる国際流動性（ドル資金）の供給も含め，流動性危機への対応を余儀なくされた。ユーロ危機でも，域内の銀行は金融不安による信用収縮に見舞われ，ユーロ資金を中心に資金繰りが悪化。この金融市場の混乱，機能麻痺を緩和すべく，ECBは緊急的な流動性の供給を実施した。具体的には，通常の公開市場操作では短期債券の売買が中心であるが，2011年12月と2012年2月に，長期資金供給オペレーション（LTRO：Long-Term Refinancing Operations）によって，1兆ユーロを越える低金利の長期資金を域内の銀行に供給している。

危機対応のための新たな制度の構築

ユーロ圏諸国では，危機が発生することを前提とした制度設計がなされていない中で，ユーロ危機に直撃されてしまった。そこで，まずは前記のような緊急的な対応をすると同時に，新たに恒久性を持った制度の構築を進めてきている。それによって，ユーロ圏経済の危機への耐震性の強化が図られたが，それだけでなく進行中の危機に対する鎮静化効果を発揮したことも事実である。

その第1は，危機が発生した場合に備えたセーフティネットを構築することである。危機時に，世界的な観点から「最後の貸し手」機能を果たしているのがIMFであるが，それを補完する地域的な仕組みがユーロ圏でも作られることになった。それによって，機動的に危機の伝染や深刻化を最小限に抑えることを狙っている。

(1) 欧州安定化メカニズム（ESM：European Stability Mechanism）の設立

ユーロ危機の進行過程で設立され，危機に陥った国に金融支援したのが前記の EFSM と EFSF であった。しかし，ユーロ加盟国向けに金融支援を行う EFSF は時限機関であるため，後継機関として恒久的な ESM が 2012 年に設立された。ユーロ加盟国の分担による資本金 7,000 億ユーロ（払込資本金は 800 億ユーロで，残りは請求次第の払込み）をベースに債券を発行し，最高貸付額 5,000 億ユーロを有しており，IMF の欧州版ともいわれている。

(2) ECB による国債購入プログラム（OMT：Outright Monetary Transactions）

前述のように，ECB は LTRO などで銀行から債券を購入して市場に資金を供給してきたが，2012 年には財政危機対応として危機に陥った国の国債をその流通市場で買い入れるという OMT を公表・採択した。国債購入の条件としては，危機国が ESM の融資条件を履行することが求められているが，中央銀行が危機国の国債をほぼ直接的に無制限購入するという極めて画期的な制度が設定されたといえる。実際に，この制度の公表によって，それまでのユーロ危機は鎮静化に向かったため，「ドラギ・マジック」などと呼ばれている。

第 2 は，再び財政・金融危機を引き起こさないために，財政面と金融面のそれぞれで危機管理を強化するための新たな制度が構築されつつあることである。

(1) 銀行同盟

ユーロ圏では金融政策は一元化されているうえ，EU 全域において銀行はクロスボーダーに進出し合い，域内全域にわたって経営を展開している。こうした金融統合にもかかわらず，銀行規制や銀行監督は「母国監督主義」のままで統一性を欠いていた。このギャップを埋め，危機の予防や拡大に歯止めをかけるべく，EU の欧州委員会によって次のような内容を持つ「銀行同盟」が進捗しつつある。

①統一された銀行の健全性規制

　　EU の銀行に対して，自己資本，流動性など健全性に関する統一的な規制が規定された。

②単一銀行監督制度（SSM：Single Supervisory Mechanism）

　　これまでの「母国監督主義」を改め，日常の監督業務などを除いて，ECB が一元的に銀行の健全性監督を行うこととなった。

③単一銀行破綻処理制度（SRM：Single Resolution Mechanism）

　　単一破綻処理基金を創設し，それを活用しながら中央（単一破綻処理理事会）の意思で迅速に破綻処理を実行することによって，破綻の混乱や連鎖を抑制するための制度。

④預金保険制度のハーモナイゼーション

　　各国別々の預金保険制度の調和を図ることによって，預金者の信認の向上や破綻時の混乱の緩和を目指しているが，いまだ実現していない。

(2) 財政安定同盟

　ユーロ危機が燃え盛っていた中では，金融政策が一元化されたにもかかわらず，財政が統合されていないユーロの通貨統合そのものに根本的な問題があり，ユーロは崩壊せざるをえないという声が多く聞かれた。しかし，すでに学んだ最適通貨圏の理論からわかるように，財政が統合されているに越したことはないがそれは必須条件ではなく，むしろユーロの失敗はこの後で述べるように非対称的ショックが起きるような一体性・同質性が確保されない国々で通貨統合をしたことにある。

　したがって，ユーロ危機への対応としての財政面での制度改革も，財政の統合（財政同盟）ではなく，財政規律の強化，すなわち財政安定同盟が主眼であるといえる。つまり，すでに紹介したユーロ加盟のための経済収斂基準における財政項目や SGP の厳格な運用はもとより，さらなる財政規律の設定によってユーロの信認を維持するという対応が求められているといえる。

①新たな財政規律の設定

　　SGP とは別に，景気循環の影響を除去し，さらに一時的変動要素を除いた構造的財政収支の赤字を対 GDP 比 0.5％以内に均衡化しなければならないという新財政協定が 2013 年に発効した。以降，ユーロ圏の国が ESM を通じた金融支援を受ける場合の条件となっている。

②各国財政の健全性の監督・監視

　　ユーロ加盟国は，毎年 10 月 15 日までに次年度の予算計画を欧州委員会に提出する。それを欧州委員会は評価し，SGP などの遵守について見解を示すことになった。

③ユーロ共同債構想

　ユーロ圏諸国が共同してユーロ債を発行し，財政資金を調達しようという構想。財政の厳しい国は調達が容易になるが，モラルハザードを招くとして反対も根強い。

3-3　ユーロ危機の根底にある問題

　財政面と金融面の双方に発生した問題が心理的に負の連鎖を引き起こし，伝染と深化をもたらしたといえるユーロ危機は，上記のような対応によって一応鎮静化に向かった。しかし，ユーロ危機の根底には，さらなる本源的な問題が横たわっており，その解決なくしては完治とはいい難い。

　その問題とは，ユーロは財政が分権化されたままであるということではなく，もっと重要な最適通貨圏の条件を満たしていない国を加盟国としてしまったことにある。いまの加盟国経済は一体化・同質化されておらず，経済格差が発生しているうえ，価格メカニズムの作用や労働移動によってその格差是正ができていない。そもそも，経済収斂基準が最適通貨圏の理論を十分反映していないか，政治的意思で安易な加盟申請・承認がなされ，理論的には通貨を統合できないメンバーを含んでいることこそ本質的な問題である。

　具体的には，通貨統合後も勤労意欲の違いや産業構造の相違などから，北欧諸国と南欧諸国の間に歴然たる労働生産性格差が存在している。つまり，最適通貨圏の理論で学んだ非対称的な生産ショックが生じているということで，通貨統合にとってもっとも重要な第1の条件が満たされていない。さらに，これをカバーするための第2の条件として，賃金の上昇が労働生産性格差に反比例するか，労働そのものが移動すれば問題ないが，残念ながらこれらの機能も作動していない。

　その結果，ユーロ圏諸国間の単位労働コストに大きな開きが生じ，当然のことながら国際競争力にも変化をもたらすこととなった。こうして，図9-5に見られるようなリージョナル・インバランスといわれる地域的な経常収支の不均衡が発生してしまっているが，通貨を統合しているため，これを為替レート変動によって是正することはできない。ユーロ危機が発生するまでは，この不均衡は黒字国から赤字国（コア諸国からペリフェリ諸国）へ民間資金による国債

購入や融資という形でファイナンスされてきた。その赤字国では，I-S バランス上，民間部門が豊富な貯蓄による余剰資金を持たないため，ほぼ経常収支赤字と財政収支赤字が対応していた。そうした中では，財政面で危機が発生すれば，民間資金によるファイナンスが困難になり，公的な金融支援などによって埋めざるをえなくなる。こうした構造を勘案すると，根本的な危機の再発防止やユーロの安定性維持にはリージョナル・インバランスの拡大を抑制することが不可欠である。

そのためには，2つのことが考えられる。そのひとつは，そもそもリージョナル・インバランスが発生してしまうこと自体，最適通貨圏の条件を満たしていない国がユーロに参加してしまっているわけであるから，「離脱のためのルール」を定めて，それらの国を排除し，真の通貨統合を果たすことである。とは

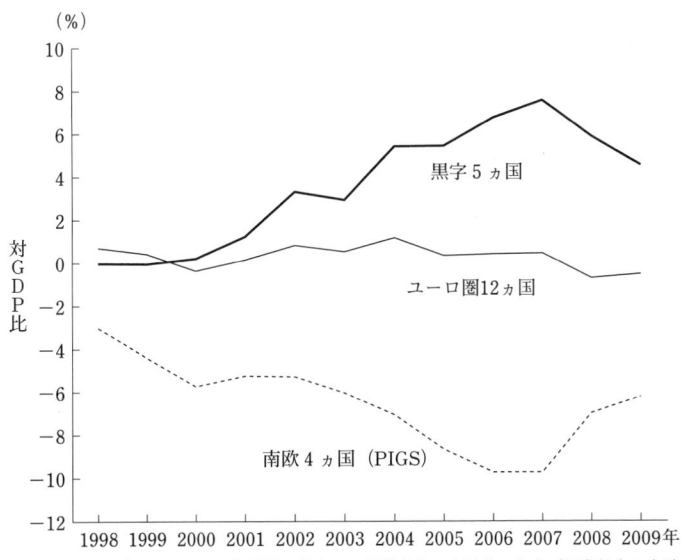

図 9 - 5　ユーロ圏のリージョナル・インバランス

注 1）グループ各国の GDP の合計値に対する，経常収支の合計値の比率（経常収支の合計値が黒字の場合はプラス，赤字の場合はマイナス）。
　 2）黒字 5ヵ国は，ドイツ，ベルギー，オーストリア，オランダ，フィンランド。
　 3）ユーロ圏 12ヵ国は，1999 年加盟の 11ヵ国とギリシャ。
資料）European Commission, European Economy Spring 2010 より作成。
出所）田中素香『ユーロ―危機の中の統一通過』岩波新書，185 ページ。

いえ，非可逆性を持つといわれる通貨統合においては，政治的にも，現実経済的にもそれは難しいと思われる。

とすれば次善の策として，ユーロ圏諸国において次のような構造改革を推進し，リージョナル・インバランスの発生・拡大を抑制していく必要がある。つまり，事後的に最適通貨圏の条件を満たす努力をするということにほかならない。たとえば，EUの新構造基金や欧州投資銀行の融資などを通じて南欧諸国での投資を促進することによって，それらの国の生産性向上を図り，経済格差（非対称的な供給ショック）を抑制しなければならない。それでも生産性格差が発生するとすれば，価格メカニズムの働きにくい硬直的な労働市場の改革を進め，賃金決定における合理性を高めることによって，国際競争力に開きが生じないようにしなければならない。

さらには，財政改革によって財政赤字の削減を図ることが望まれる。なぜならば，今回の危機の引き金となった財政不安の解消ということだけでなく，I-Sバランスから見るならば，それは経常収支の赤字削減，リージョナル・インバランスの改善にも必要だからである。

（コラム）局地的な基軸通貨にとどまるユーロ

現在，19ヵ国からなるユーロ加盟国は人口やGDP規模で見ても，アメリカに匹敵する一大経済圏を形成している。この経済力や通貨価値の安定性，国際金融市場の発展などを背景に，ユーロが担っている国際通貨，さらには基軸通貨としての地位や役割を見てみたい。

その際に議論するのは，本文でユーロ圏と称した19ヵ国の加盟国内部（そこでのユーロは国際通貨でなく自国通貨）の話ではない。主に，周辺のユーロへの未加盟国でユーロを取引に使用している国々が対象であり，このコラムではそれをユーロ圏と呼ぶことにする。具体的には，19ヵ国と域外との取引やこの周辺のユーロ圏諸国における国際通貨としての使用を見ることになる。

まず，民間部門から見てみたい。貿易取引におけるユーロの使用は，19ヵ国の域外への輸出におけるユーロ建て比率は68.0%（2010年），域外からの輸入におけるそれは53.5%（同年）と相当の高さにのぼっているが，アメリカの輸出入に

おけるドル建て比率と比較すると見劣りがすることは否めない。とくに，大々的に第三国間貿易に使用されているドルに比べ，そこでのユーロの利用度はきわめて低いと推察される。

資本取引におけるユーロの使用は別表のようになる。国際銀行市場では，預金で20％前後，貸付で15％程度，さらに国際債券市場では，30％近いシェアを占めている。世界の資産通貨（投資・調達通貨）としてもドルには及ばないが，ここでのユーロの健闘ぶりがうかがわれる

全世界の外国為替市場における利用状況は，第5章の**表5－3**からわかるように，ユーロのシェアはドルの87.0％に次いで，33.4％を記録しており，一定の存在感を示している（2つの通貨の取引であるため，合計は200％）。問題は，為替媒介通貨としてどれだけ機能しているかである。この点は，正確にデータで確認することはできないが，19ヵ国の周辺のユーロ圏の国々などでは，ユーロが為替媒介通貨として使用されているという。

次に，公的部門を見てみよう。まず，EU加盟国でERM II（ユーロ誕生後のERM）参加国はもちろん，ERM IIへの非参加国，EUに加盟を希望している国，さらにはユーロ加盟国と関係の深い一部のアフリカ諸国など，このコラムでいうユーロ圏諸国はユーロを基準通貨として，それとの安定を目指した為替政策をとり，そのための介入通貨としてもユーロを使用している。

世界の外貨準備に占めるユーロの比率は，おおむね25％前後で推移しているが，

別表　投資通貨としてのユーロ

（単位：％）

	1999年	2009年	2010年
銀行預金			
ユーロ	17.3	21.6	20.4
ドル	62.2	51.8	52.4
円	7.3	2.9	2.0
銀行貸付け			
ユーロ	10.1	16.3	14.4
ドル	56.8	53.0	52.9
円	10.4	5.4	3.8
国際債発行残高			
ユーロ	24.2	30.6	27.4
ドル	43.0	44.7	48.7
円	17.6	7.5	6.3

注）1999年および2010年は年末，2009年は第1四半期末。
出所）ECB（2011），*The International Role of the Euro*に基づき作成。

60％台のドルとの差は大きい。さらに，自国の外貨準備の多くをユーロで保有しているのは，ほとんどこのコラムでいうユーロ圏諸国であり，特定地域での限定的な保有という姿がうかがわれる。

　以上のように，第3章で学んだ国際通貨の機能をどれだけ果たしているかを見ると，ユーロはドルに次ぐ第2位の地位を確実に維持していることは間違いない。しかし，あえて誤謬を恐れず国際通貨としての使用状況をおおまかにいうならば，ドルが60％ほどなのに対して，ユーロは25〜30％と推察され，その格差は歴然としている。しかも，地理的に見てユーロが国際通貨として使用されている領域はドルのように地球規模ではなく，ユーロ圏主体に限定的な点が目立つ。

　このことは，とくに外国為替市場で為替媒介通貨の機能を担い，ひいては基準通貨，介入通貨などとして用いられるという国際通貨の中の国際通貨，すなわち基軸通貨としてユーロをドルと比較してみると，さらに際立ってくる。これも，大胆にいえば，ドルが基軸通貨として君臨する勢力圏は80〜90％，ユーロのそれは10〜20％に過ぎないのではなかろうか。いうまでもなく，その地域はほぼユーロ圏諸国に限定されており，その意味で，グローバルな基軸通貨であるドルに対して，ユーロは局地的な基軸通貨（リージョナルな基軸通貨）というのがふさわしい。一応，ユーロも基軸通貨でありながら，一般に現在の国際通貨体制を「ドルの単一基軸通貨体制」と呼ぶ所以がここにあるといえる。

　局地的な基軸通貨であれ，ユーロが誕生したことによって，域内の取引からドルの不安定性を除去すべく，ドルを駆逐して独自の通貨圏を構築するという目的をヨーロッパは果たした。しかし，ユーロがドルに対抗しうる国際通貨，基軸通貨にまで発展することによって，実物経済面で多極化が進んだ世界経済において「ドルの単一基軸通貨体制」がもたらす不安定性を是正するという望みは叶いそうにない。

第10章

グローバル・インバランス

1 グローバル・インバランス問題とは

　21世紀に入り，グローバル・インバランス問題が国際金融における大きな関心事になり，世界的に活発な論争が展開されている。グローバル・インバランス問題とは，主要国や主要な経済地域の間に，持続的に存在する大規模な経常収支の不均衡，およびそこから発生している国際金融上の問題とでも定義することができよう。

　統計的な誤差を別にすれば，世界全体の経常収支はプラスマイナス・ゼロとなるが，その中で世界の国や地域間での経常収支不均衡は，**図10−1**に見られるように，アメリカがほぼ唯一といえるほどの膨大な経常収支赤字国である。その対極には，日本やドイツといった一部の先進国もあるが，とくに目立ってきているのは，中国を筆頭としたアジア諸国，中東産油国，ロシアなどであり，通常新興国・産油国といわれる国々の経常収支黒字の拡大がある。ここでも，「アメリカの赤字と新興国・産油国，とりわけ中国を中心とした新興国の黒字」の問題として取り上げたい。

　すでに，1980年代頃からアメリカの経常収支赤字は拡大していた。しかし，その時の赤字額の大部分は，日本，西ドイツの黒字に相当しており，したがって，日米貿易摩擦問題のようにバイラティラルな通商問題を惹起してきた。し

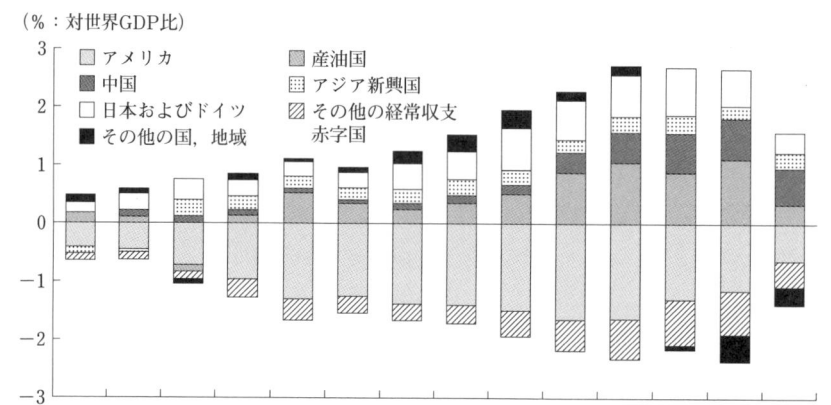

194　第3部　国際金融の現実問題

図10－1　世界の経常収支状況

(％：対世界GDP比)

凡例：
- アメリカ
- 中国
- 日本およびドイツ
- その他の国，地域
- 産油国
- アジア新興国
- その他の経常収支赤字国

注）2009年の値はIMF予測値。「アジア新興国」：香港，インドネシア，韓国，マレーシア，フィリピン，シンガポール，タイ。「産油国」：イラン，ナイジェリア，ノルウェー，ロシア，サウジアラビア，ベネズエラ。「その他の経常収支赤字国」：ブルガリア，チェコ，エストニア，ギリシャ，ハンガリー，アイルランド，ラトビア，リトアニア，ポーランド，ポルトガル，ルーマニア，スロバキア，スロベニア，スペイン，トルコ，イギリス。

資料）IMF, *World Economic Outlook,* October 2009, *International Financial Statistics.*
出所）増島稔，田中吾朗（2010）「世界金融・経済危機のグローバル・インバランス調整」植田和男編著『世界金融・経済危機の全貌』慶応義塾大学出版会，115ページ。

　かも，プラザ合意後のドルの実効為替レートの下落によって，1990年代初頭には赤字の縮小が見られた。

　しかし，1990年代末からは様相が大きく変わっている。まず，第1は依然として，中心的な赤字国はアメリカであるが，その対極にある黒字国は，前記のように日本やドイツだけでなく，中国を筆頭とした新興国と産油国へと広範化したことである。ここに，「グローバル・インバランス」と呼ばれる所以があるといえる。第2は，1990年代後半のドルの実効為替レートの上昇の中で，再び拡大し出したアメリカの経常収支赤字は，2000年代に入って，実効為替レートが低下してきているにもかかわらず，改善されるどころか，急拡大をするという異常な動きを見せていることである。実際に，2006年には史上最高の8,115億ドルの赤字，GDP比6.2％という高水準にまで膨らんでいる。

　そのために，いま世界には次のような問題が投げかけられている。すなわち，

(1) アメリカの赤字の大きな部分を占める中国との間での貿易摩擦が激しくなり，人民元の切上げ問題が注目を集めていること。
(2) 中国をはじめとする新興国のような世界の貧しい国々（1人あたり GDP）が，世界のもっとも豊かな国であるアメリカに，経常取引で稼いだ外貨を貸付けて，その贅沢な生活を支えるという不思議な現象が話題となっていること。
(3) 第3章で学んだ基軸通貨国の特権があるとはいえ，大きく膨れ上がったアメリカの経常収支の赤字が，どこまで持続可能なのかというサステイナビリティの問題が生じていること。もし，その調整が必要であるとすれば，それはどのようにしてなされるべきなのかが重要な議論となっているが，何といっても最大の焦点はドルの暴落が起こりうるか否かであること。
(4) アメリカの経常収支赤字の持続可能性と関連するが，ドルの単一基軸通貨体制が維持できなくなる危険性やその時の新たな国際通貨体制のあり方も話題となっていること。

こうした話題を含めて，以下ではグローバル・インバランスの原因，アメリカの経常収支赤字の持続可能性，グローバル・インバランスの解消方法について，わかりやすく解説をしてみたい。

2　グローバル・インバランスの原因

グローバル・インバランスは，世界規模での経常収支の不均衡の問題であるため，経常収支をどう捉えるかということで，いろいろな原因が指摘されている。すでに，第1章で学んだが，経常収支の捉え方に対応して，次のような観点からの議論がされている。
(1) 単純に，経常収支を主に財やサービスの輸出や輸入の差として見れば，その国際競争力を長期にわたって歪めているものがあるのではないかという議論。
(2) 経常収支を貯蓄‐投資バランス（I-Sバランス論）として捉え，赤字国のアメリカと黒字の国々での民間貯蓄や投資，さらには財政収支状況に原因を

求める議論。
(3) 国際収支表では経常収支の裏側に金融収支があり，アメリカの経常収支赤字は海外からの資本の流入，すなわち金融収支の赤字によって，ファイナンスされているということを思い起こしていただきたい。このことから，アメリカには世界中の潤沢な資金を引き付ける魅力的な何かがあるのではないかということから，説明しようとする議論。

　以下に，それぞれの見方から来る原因を紹介しておこう。

2－1　ドルに対する人民元の過小評価

　経常取引の中核をなすのは財やサービス貿易であり，とくにアメリカの赤字は貿易収支が大きい。その不均衡をもたらす要因として，短期的には景気循環のズレもあるが，長期間にわたる原因となると，均衡為替レート（適正レート）から現実の為替レートが乖離したままの状態が続いていることが考えられる。一般的には，変動相場制をとっている国々やある程度弾力性を持った管理フロート制をとっている国々では，その可能性が低いものの，ドルと固定的な為替相場制度を採用している国で，その通貨の過小評価が疑われることになる。

　いうまでもなく，その嫌疑がかけられているのが中国である。中国は，2006年以降アメリカにとっての最大の赤字国になっている。ちなみに，図10－2からうかがわれるように，近年におけるアメリカの経常収支赤字のうち，対中赤字は実に約40％，これに対産油国赤字25％を加えると，両者で大半を占めることがわかる。世界的な原油価格の上昇の中で，対産油国赤字の削減には，産業構造の転換や代替エネルギーの開発などが必要とされ，為替レートによる調整は難しいものがある。

　こうした状況を受けて，アメリカを中心に，人民元の対ドルレートが両国の国際競争力を適切に反映したものになっているか否かの検証が行われてきた。為替レートは，ゴルフのハンディにあたるものであり，市場開放により国際市場に参入したばかりの頃の中国はビギナーであった。しかし，その後の猛練習によって，飛躍的に腕前を上げた現在の中国のハンディキャップは小さ過ぎる，すなわち人民元が過小評価されており，仲良く公平なプレーをするには適当でないとの評価が多くでている。

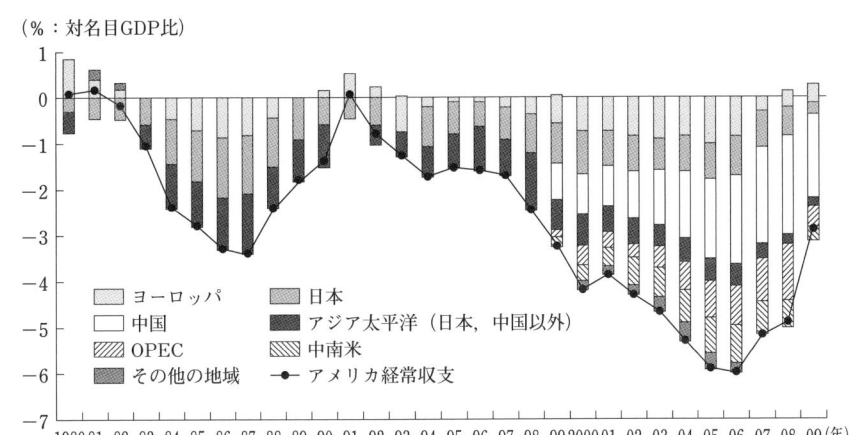

図10-2 アメリカの経常収支とその相手国

(%:対名目GDP比)

凡例:
- ヨーロッパ
- 日本
- 中国
- アジア太平洋（日本，中国以外）
- OPEC
- 中南米
- その他の地域
- ●─● アメリカ経常収支

注) 1. 2009年の経常収支は第3四半期まで実績値，第4四半期の値については前3四半期の平均値と仮定した。
 2. 1999年以前の，「その他の地域」は，「中国」，「アジア太平洋（日本，中国以外）」，「OPEC」，「中南米」を含む。

資料) アメリカ商務省。
出所) 増島稔，田中吾朗（2010）「世界金融・経済危機のグローバル・インバランス調整」植田和男編著『世界金融・経済危機の全貌』慶応義塾大学出版会，116ページ。

　人民元はドルに対して，30～40％も過小評価になっているという分析結果もあり，アメリカはもとより，日本やヨーロッパからも人民元の切上げや人民元の為替レートの弾力化を求める声があがっていた。中国の為替相場制度は，2005年7月から「ドルだけでなく主要通貨によるバスケットを参照した管理フロート制」ということになっている。しかし，中国は経済成長のために，安定的な貿易や投資を維持することを為替政策の目標としており，実質的には外国為替市場に介入して，ほとんどドルと安定性を保ちながら，徐々に切り上げるという方法をとっている。近年，人民元の為替政策の弾力化が図られているが，そのスピードをどれほどアップしていくのか，それによって，どれほど経常収支の不均衡の是正が可能になるのかが注目されている。

2-2　新興国の過剰貯蓄・アメリカの過剰消費

　第1章で学んだI-Sバランス論によれば，当然のことながらアメリカは過小

貯蓄（過剰消費）で経常収支が赤字，中国等の新興国および産油国は過剰貯蓄で経常収支が黒字という関係が成立していることになる。このこと事態は，事後的に成立する恒等関係であるが，ここにグローバル・インバランスの原因を求める考え方がある。

その1つとして，主にアメリカの研究者による「世界的な貯蓄過剰（Global Saving Glut）」論などに代表されるように，黒字国側に原因があるとする考え方がある。中国では社会保障制度の未整備の中での高齢化に備えて，貯蓄がなされていること，産油国では原油価格の高騰で，消費拡大を上回る収入の急増があることなど，黒字国側ではさまざまな理由で投資以上の貯蓄がなされ過剰貯蓄状態にある。これが世界でもっとも運用機会の豊富なアメリカに流入していることが，グローバル・インバランスの原因であるという。

なぜならば，1つはアメリカへの大量の資本流入が，ドルの為替レートの上昇をもたらすからである。実際，1990年代後半は，「強いドル政策」とも相まって，ドルが上昇したし，その後も経常収支赤字を調整するに必要な下落を抑えているといえるかもしれない。さらにより重要なのは，大量の資本流入によって，アメリカで（実質）金利の低下，株式・債券価格の上昇，あるいは住宅などの資産価格の上昇といったことが起こりうるからである。それによって，とくに保有している株や債券，住宅価格の上がった人々の消費が資産効果によって刺激され，過小貯蓄状態になり，同時に輸入増から経常収支は赤字に陥るというわけである。さらに，今回の世界金融危機さえも，新興国・産油国などの過剰貯蓄による資金がアメリカへ大量に流入し，住宅バブルや証券投資ブームをもたらしたことが原因であるという主張さえもされている。

このように，すべての責任を「貸し手」である黒字国に押しつけるような考え方へは，当然批判も多い。そもそも，アメリカが国際通貨国（基軸通貨国）のメリットの上に胡坐をかき，野放図な経済運営をしている結果，過小貯蓄（過剰消費）構造にあることの方が問題だということができる。図10－3を見ればわかるように，アメリカ国民は「宵越しの金は持たない」という江戸っ子気質どころか，1990年代末からは所得以上の消費（マイナスの貯蓄）という贅沢な生活を謳歌しているし，政府は財政赤字を膨らませているため，I-Sバランスは過小貯蓄（過剰消費）状態にある。となれば，国内の生産では旺盛な消費を賄い

図10-3 アメリカの経常収支と貯蓄・投資バランス

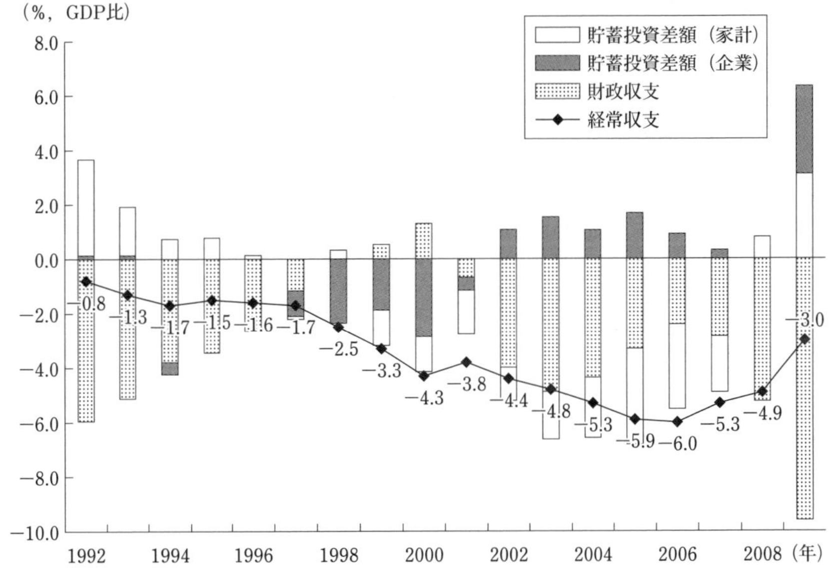

注）貯蓄投資差額＝貯蓄－投資
資料）アメリカ商務省。
出所）竹中正治・西村陽三「「グローバル金融危機の原因は経常収支国にある」という奇妙な議論」，International Economic and Financial Review，2009年第1号，15ページの図を加工・更新。

きれず，海外からの財・サービスの輸入が増え，経常収支は赤字になるし，国内では民間投資や財政赤字のための資金を確保することができず，海外からの資本流入（金融収支赤字）に頼らざるをえなくなるのは当然の帰結といえる。

どちらにそもそもの原因があるかは意見の分かれるところであるが，何らかの理由で新興国・産油国などの側に過剰貯蓄，アメリカ側に過小貯蓄（過剰消費）があれば，それを反映してグローバル・インバランスが発生することは理解できよう。とくに，世界全体として見れば，過剰貯蓄の国と過小貯蓄の国という資金面の偏りがある裏側で，財・サービス面でも経常収支のインバランスが発生しているだけであり，後述するようにそれを維持するメカニズムがあるとすれば，一種の均衡状態にあるということさえできる。

2-3 アメリカへは資本流入を促す要因があること

　そのような状態を実際に具現させ，かつ持続させるためには，経常収支のインバランスをファイナンスする資本の流れがなければならない。そうでないとドルが暴落し，アメリカ経済が危機に見舞われるだけでなく，世界経済が深刻な打撃を受けかねないからである。ハードランディングと呼ばれるこうした最悪のシナリオを回避できるほど，アメリカの経常収支赤字のサステイナビリティがあるかということになる。そのことを議論する前に，まず一般論として，なぜ過剰貯蓄の新興国・産油国などから過小貯蓄のアメリカへ順調に資本が流入しているのかを見てみたい。

　まず第1にいえることは，アメリカが国際通貨国，とくに基軸通貨国の特権ともいうべき「負債決済」ができることである。詳しくは，第3章を参照願うとして，要するに，アメリカは相手が受け取ってくれる限り，自国通貨ドルで海外からいくらでも財・サービスを購入でき，同時に支払ったドルはそのままアメリカへの預金として還流することになる。もちろん，実際はアメリカの国内の銀行で，居住者の口座から非居住者の口座に振替えが行われるだけなのであるが，国際収支の理論上は，一旦海外に支払われた赤字分の代金がアメリカへの預金（多くは，海外の銀行が保有するコルレス勘定の残高増）という形で還流したと捉えられることになる。したがって，経常収支の赤字分は，まずはほぼ自動的にアメリカに還流し，ファイナンスされるというわけである。

　第2に，これがその後もドル建ての金融資産，たとえばその預金のまま，あるいはアメリカの国債，社債，株式などとして，保有される傾向が強いことが重要である。海外の機関投資家や個人投資家にとって，アメリカには多様で，魅力的な資産運用のチャンスが多くあり，それに匹敵する有望な金融資産が他の国になかったことが，本当の意味でアメリカへの資本の還流を可能にしてきたといえるからである。

　前章で見たように，資産通貨としてユーロはある程度健闘しているが，局地的であり，グローバルにはドルに遠く及ばない。とくに，中国をはじめとする世界各国政府の外貨準備の運用先，日欧の民間投資家などの国際的な資産運用先としては，アメリカの国債や社債，株式，預金などが圧倒的に多く，これまではアメリカのドル建て金融資産がもっとも魅力的であったといえる。金融資

産には，収益性，安全性，流動性が求められる。アメリカには，それぞれのニーズに適した金融資産が多く存在することが，世界中の投資資金を引きつけてきたといえる。次の世界金融危機の前後の事例を見れば，よく理解できよう。

　危機の前の証券投資ブームの中では，実際は欠陥を抱えていたとはいえ，最先端金融技術・商品として，収益性の高かった債務担保証券（CDO）などへ，ヨーロッパなどから巨額の投資がなされていた。しかし，危機が表面化し，これらのハイリスク・ハイリターンの金融資産からは波が引くように資金が逆流してしまった。しかし，その反面世界的な金融不安の中で，行き場を失った資金はもっとも安全で流動性が高いと見られている財務省証券（TB）などの購入として，アメリカに流入した。層の厚い金融資産がその時々の金融情勢，投資家のニーズによって，いかに世界中から投資資金を引きつけているかを物語っているといえよう。このことと，アメリカの金融機関が海外への貸付資金の回収に走ったことで，今回も危惧されたドル暴落は起こらなかったというわけである。

3　アメリカの経常収支赤字のサステイナビリティ

3-1　ドル暴落の懸念

　グローバル・インバランスは，国際貿易の場において，人民元のように必ずしも各国の実力に相応しい為替レートが具現していないこと，I-Sバランス上，双方に不均衡を生じさせる事情があること，アメリカには経常収支の赤字が発生しても，容易にファイナンスできる要因があることから生じているといえる。とくに，グローバル・インバランス状態がこれまで長きにわたって持続してきたのは，アメリカは経常収支の赤字に陥っても，基軸通貨国であり魅力的な金融・資本市場を備えているために，容易にそれをファイナンスできたためであるといえる。

　しかし，それが今後も持続できるかという懸念をたえず抱きつづけてきたことも事実である。通常の国であれば，とっくに首が回らなくなって，通貨・金融危機に陥っているはずであり，いかに基軸通貨国・アメリカといえども，い

ずれは赤字をファイナンスできなくなる時が来るという心配である。国際収支の理論で学んだように，年々の経常収支赤字額分は，その国の対外純債務として外国への借金が膨らんでいくことになる。実際に，2013年末のアメリカの対外純債務残高は，5.4兆ドルという膨大な額にのぼっている。このような世界最大の「借金大国」の通貨であるドルを受け取ったり，資産として保有していて大丈夫であろうかという疑念が芽生えてくるのは当然であろう。幸い今回の世界金融危機では，空振りに終わったものの，もしそれが現実の行動になったならば，アメリカへの資本の還流は途絶え，すでにアメリカに投下されていた資本は一気に引き上げられるため，ドルは暴落せざるをえなくなる。

狼少年のようだといわれながらも，「ドル暴落説」が払拭されたわけではない。やはり，I-Sバランスを是正するような手が打たれなければ，ドルが暴落して，深刻な事態が起こりかねないと警告を鳴らす研究者が多い。たとえば，アメリカの経常収支赤字の許容範囲をGDP比3%であるとみなすと，そこまで削減するためには，ドルを世界の主要な通貨に対して実質（ドルの実質実効為替レート）20%ほど切り下げなければならないといった推計がなされている。このほかにも，すでに巨額化したグローバル・インバランスを是正するためには，大幅なドルの切下げが必要であり，黒字国の通貨に対する段階的な為替レートの調整や双方の国の貯蓄や消費行動の是正をしなければ，ハードランディングと呼ばれるような事態が避けられないという主張は多い。

以下では，それに対抗して，アメリカは経常収支の赤字を持続することが可能であるという考え方の根拠を示し，そのうえで改めて可否を検討するとともに，対応策を考えてみたい。

3-2 復活したブレトンウッズ（BW Ⅱ）説

アメリカの経常収支赤字の持続可能性を主張するものとして，復活したブレトンウッズ（BW Ⅱ）説という考え方がある。それは，アメリカをセンター国，ヨーロッパやカナダ，オーストラリアなどを資本勘定諸国，東アジアを貿易勘定諸国というように，世界を3つに分類し，それぞれの事情，行動を考えると，今日の世界経済は経常収支の不均衡を抱えながらも，安定状態にあるという主張である。

資本勘定諸国では，政府は外国為替市場に為替介入を行っておらず，民間投資家が諸情勢を勘案した収益予想に基づいて，アメリカへの投資活動を行っているため，為替レートは変動し，外貨準備は増加しない。ところが，中国に代表される貿易勘定諸国は，多くの失業者を抱え，アメリカへの輸出による経済成長と雇用増大を目指しているため，ドルの下落に対しては外国為替市場にドル買い介入をしてドルを支え，増加した外貨準備はアメリカの財務省証券（TB）などで運用している。そのため，ドルとこれらの国々の通貨の為替レートは安定を保つことができており，あたかも戦後の固定相場制であるブレトンウッズ体制（本書では，IMF体制と呼んだ）が復活したようであるとしている。

とくに，アメリカが最大の赤字を計上している中国は，内陸部を中心に依然として多くの失業者を抱えており，それを解消するまでには長い期間かかるという。さらにインドなど他の新興国がこれに続けば，長期間にわたってアメリカの経常収支赤字は持続できるということになる。

3－3 アメリカの対外債権・債務の特異性を強調する主張

アメリカは基軸通貨国として他の国々にない特権を有しているため，経常収支の赤字を抑制したり，その赤字の累増によってもたらされる対外純債務残高を抑制することができ，膨大な「借金大国」ということからくる不安を緩和できているという見解がある。

その特権とは，アメリカは基軸通貨であるドルを国際資本取引にフルに活用し，大きな収益をあげていることに関わっている。一般に，国際資産運用でもたらされる収益といえば，1つはその資産の値上がりと為替差益であり，これはキャピタル・ゲインと呼ばれる。もう1つは，利子や配当といったインカム・ゲインである。アメリカは，この双方において，収益を得やすい構造というか，特権ともいうべきものを有しているという議論がなされている。

まず前者から見てみよう。アメリカが海外から受け入れている金融資産，すなわちアメリカにとっての債務はほとんどがドル建てであることはいうまでもない。これに対して，アメリカが海外に投融資している金融資産は，資金繰りの悪化した国への国際流動性・ドルの補填や海外の大型プロジェクトへのドル資金貸付けなどドル建てのものもあるが，世界中への企業進出（海外直接投資），

外国の株式・債券，外貨建て投資信託の購入といった形で現地通貨建ての資産を多く保有している。こうした，資産と負債の構造的相違の中では，海外の株式や債券価格がアメリカのそれ以上に上昇したり，ドルが海外の現地通貨に対して下落すると，利益が得られることになる。とくに，ドルの下落はその分アメリカが海外に保有している現地通貨建ての資産の価値が，ドル表示にすると膨らむことになる。実際に，こうしたキャピタル・ゲインが，内外の資産の価格変動格差と為替レート変動から多くの年で発生してきたことが，図10－4から確認できる。

図10－4　アメリカのキャピタル・ゲインとインカム・ゲインの推移

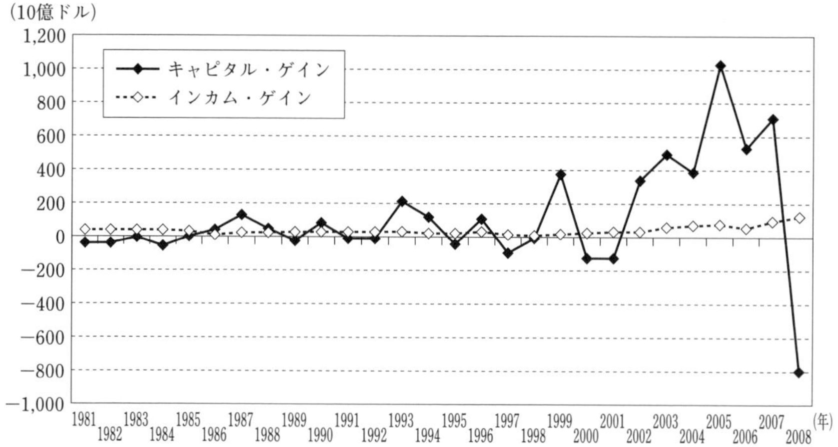

備考）2008年は速報値から計算。
資料）アメリカ商務省から作成。
出所）『通商白書』（2010年版）。

このことは，アメリカの経常収支赤字のサステイナビリティにとって，次のような意味を持つ。すでに学んだ国際収支の理論では，経常収支の赤字（≒金融収支の赤字）は，その分対外資産・債務内容が悪化（対外純資産の減少あるいは対外純債務の増加）をもたらすはずであるが，キャピタル・ゲインがあると，その分悪化が緩和されることになる。

具体的に，表10－1を見ていただきたい。アメリカは長年にわたって，経常

表10-1 アメリカの経常収支赤字累積額と対外純債務残高

(単位：10億ドル)

	経常収支赤字累積額 （1985年以降の累積）	対外純債務残高
2000年	- 2,262	- 1,331
2005年	- 4,983	- 1,925
2006年	- 5,782	- 2,140
2007年	- 6,497	- 2,139
2008年	- 7,203	- 3,469
2009年	- 7,557	- 2,275
2010年	- 8,008	- 2,250
2011年	- 8,463	- 3,730
2012年	- 8,903	- 4,568
2013年	- 9,309	- 5,382

原資料）*Survey of Current Business.*
出所）坂本正弘「世界金融危機とドル本位制」，中條誠一・小森谷徳純『世界金融危機後の世界経済の課題』中央大学出版部，2015年，192ページ。

収支の赤字を累積させてきているにもかかわらず，それと同額だけ対外純債務残高は膨らんでいない。それは，アメリカが海外に保有する有価証券の時価が国内以上に上昇し，これにドル安による為替差益が加わって，対外資産により大きな評価益が得られてきたことによる。なんと2013年末では，本来ならば9.3兆ドルにものぼるはずの対外純債務が，約5.4兆ドルにとどまっている。これまでのところ，キャピタル・ゲインが発生しうる内外直接投資や内外証券投資の比重やその建て値通貨構成の中で，内外の証券価格動向や為替レートの変動がアメリカに有利に働いてきたことは事実である。とくに，アメリカの対外債務はすべてがドル建てなのに対して，対外債権は日欧への証券投資や中国などへの直接投資のように外国通貨建てのものが相当の比率を占めているため，外国通貨に対する趨勢的なドルの下落が大きく寄与していると見られる。しかし，2008年や最近のように，ドル高になれば大きなキャピタル・ロスが出て，経常収支の赤字以上に対外純債務が膨らむこともありうることを忘れてはならない。

　上記のような要因があったものの，アメリカは2013年末には約5.4兆ドルという膨大な対外純債務を抱える，世界最大の「借金大国」になっている。しかし，図10-4に示されているように，利子や配当といったインカム・ゲイン（経

常収支の中の第1次所得収支の「投資収益」）は，わずかながらも受取り超過という不思議な状態を維持している。このため，世界最大の「借金大国」がなぜ利子や配当といった投資収益を確保できているのかに関心が集まっている。すでに，第3章でアメリカは世界の中央銀行として世界にドルを供給しており，その通貨発行利益（有利子の有価証券を見返りに無利子の貨幣を供給）を得ていること，さらにそれだけでなくアメリカは世界の銀行として，ドルを中心として国際資金循環を仲介しており，銀行業務の基本である「短期借り・長期貸し」による利ざやを得ていることを説明した。基本的には，このことがベースにあることは間違いない。しかし，アメリカの対外資産と債務の構造をもう少し詳細に見ると，債務に比べ資産はリスクを負いながらも収益性を追求するもののウエートが高いことから，世界の銀行というより世界のベンチャー資本家といった色彩が強いという指摘がされている。

　いずれにせよ，債務側では，外国の政府や銀行などがドルを運用する場合，一定部分は今後の国際取引の決済に使用しなければならないため，流動性・安全性を重視し，低利のドル預金や財務省証券（TB）などを選択せざるをえない。事実，アメリカの対外債務の60％ほどが確定利付き証券と銀行預金などで占められている。収益性が高いと見られるアメリカへの対内直接投資や海外投資家の株式取得は35～40％程度にとどまっている。反対に，アメリカの対外債権は，アメリカの多国籍企業による対外直接投資，機関投資家を中心とした海外株式の取得で60％近くに及んでいるという。こうした債権・債務の構造的な相違に加え，アメリカの対外直接投資の方が，外国によるアメリカへの対内直接投資よりも高い収益を得ていること，アメリカの対外債権から得られる利子・配当も現地通貨建てが多いため，ドルの下落でドルでの手取りが膨らんだということも指摘されている。

　このように，債務超過のアメリカが，いまなおプラスの投資収益を得ているのは，基本的にはドルが基軸通貨であるがゆえに，それを保有する国々は収益性だけでなく，流動性・安全性を重視せざるをえず，きわめて低利の収益に甘んじていることにある。つまり，アメリカが国際通貨発行利益を享受している表れであるが，それを超える世界の銀行としての国際融資活動，さらには世界のベンチャー資本家としての積極的な投資活動によると理解される。いずれに

せよ，ドルが基軸通貨であることを背景にしており，「法外な特権」とさえ呼ばれている。

3－4　ドル暴落の危険性とその対応
依然として綱渡りが続くサステイナビリティ

　最後に，これまで見てきた見解を踏まえて，今後のアメリカの経常収支赤字のサステイナビリティ，すなわちドルの暴落の有無，および暴落を回避するための対応策を考えてみたい。

　1990年代末からアメリカの経常収支赤字が累増していく中で，ドルの暴落懸念が多方面から聞かれたが，いまのところは杞憂に終わっている。それは，海外からアメリカに資本が順調に流入し，経常収支の赤字をファイナンスできたからである。しかし，今後ともそれが可能かどうかとなると，疑念を抱かざるをえない。

　第1は，今後とも完全にドルに取って代わる魅力的な金融資産が登場するとは考えにくいが，世界経済がますます多極化し，アメリカの地位が相対的に後退する中で，世界の投資家がドルへの信認を低下させ，分散投資を進めることは容易に想像される。ユーロ，円，金，さらには資源保有国通貨などが投資対象金融資産となり，これまでのドル一辺倒から全体として他通貨建て金融資産の比重が高まることはありうる。

　第2には，そのこととも関連するが，BWⅡ説が唱えるような行動を中国などの貿易勘定諸国が，今後とも取り続けるかどうかである。中国などは，自国通貨をドルに安定化することによって，アメリカ向け輸出を伸ばして経済成長を推進するために，外国為替市場に介入し，それによって増加した外貨準備をアメリカで運用してきたが，インフレ高進といったその弊害や通貨切上げを求める外圧に直面している。さらに，ドルの先行きへの不安を増幅させつつあり，いつまでこうした体制を維持するような行動をとるか疑問である。

　第3に，アメリカは基軸通貨としての「法外な特権」を得てきたかもしれないが，必ずしもそれが永遠に可能とはいえない。たしかに，経常収支の赤字ほど対外純債務は膨らんでこなかったが，それが今後とも続く保証のないことは容易に想像できよう。すでに指摘したように，現実に2008年にはアメリカと

海外の証券価格の動向と為替レートの動きの双方によって，経常収支の赤字以上に対外純債務が膨らんでしまったからである。

いまのところ，対外債権を上回る債務があっても，その収益率が違うため，投資収益は黒字を維持している。このことは，アメリカはまだ「借金の利子を返済するために，借金を繰り返すサラ金地獄」とはいい難いという印象をかもし出していると思われる。しかし，これも風前の灯ともいうべき状態にある。仮に，今後もアメリカの対外債権がうまく評価益をあげえたとしても，それを経常収支赤字が上回れば，どうしても対外純債務残高が増加することは避けられない。となれば，いかに収益率がアメリカに有利であっても，いずれは投資収益が赤字に転落せざるをえないからである。「金融大国」などと呼ばれながら，金融システムの欠陥から世界金融危機を引き起こしたアメリカが，さらにサラ金地獄のような事態に陥った場合に，順調に海外から資本が流入するだろうかという危惧を抱かざるをえない。

以上のように，アメリカの経常収支の赤字は持続可能性があるといっても，その論拠に絶対的な信頼を置くことは難しい。繰り返しになるが，とくに次の点が懸念される。

(1) いかにアメリカが対外純債務の膨張をある程度抑制できたといっても，すでに世界最大の債務を抱えている「借金大国」であること。
(2) 仮に，対外債権のキャピタル・ゲインがあったとしても，経常収支がそれを上回る赤字である限り，その対外純債務額はさらに膨張すること。
(3) 対外純債務額がさらに膨張すれば，いかに「法外な特権」を駆使しようとも，投資収益は赤字に転落せざるをえないこと。

そうなった時には，中国をはじめとする黒字国が，これまでどおりBW Ⅱ説のいうように，あたかもドル基軸通貨体制を支えるような行動をとり続けるか疑問である。現に，中国でもすでにBW Ⅱ説どおりでない兆候が表面化し始めている。たとえば，現在外貨準備の約70％がドル建てで，アメリカ国債の保有は約35％という状態であるが，すでに国全体としての分散投資に乗り出している。実際に，中国政府はアメリカ国債を2010年10月以来買増ししていないし，ユーロ圏の国債や日本国債の購入に積極的であるともいわれている。さらに，市場介入によって外貨準備として政府がドルを吸収するよりも，「走出去」と呼

ばれる対外直接投資の促進策によって，アメリカよりもアジア域内などへの直接投資を増加させ始めているからである。

それ以上に重要なのは，中国に限らず世界の投資家がドルへの投資評価を低下させ，多数の他の金融資産を含めた分散投資行動を強めるならば，アメリカへの資本流入が滞る事態が十分考えられることである。「グローバル金融資本主義」とさえいわれるように，巨額の余剰資金が徘徊している現代社会では，多くの投資家のパーセプションが資本流出入の決め手になるからである。したがって，アメリカの経常収支赤字の持続可能性，すなわちドル暴落を回避できるか否かは，依然として薄氷を踏むような危険性を孕んでいると考えておくべきである。

黒字国・赤字国双方に求められる協調的対応

そうした中で，ドルの暴落を引き起こすことなく，徐々に不均衡を縮小するというソフトランディングのシナリオを実現することが期待されている。そのためには，すでに述べた原因から考えて，赤字国のアメリカ，黒字国の中国などの国々が双方で，協調しながらグローバル・インバランスの削減努力を講じる必要がある。

まず，アメリカは過剰消費体質を改善することと，膨大な財政赤字の削減努力をすることによって，自国内で余剰資金を捻出することが必須である。金融危機というショックによって，アメリカの家計では一挙に消費が控えられ，それまでマイナスでさえあった貯蓄率が2008年から急上昇していることが，図10－3から見て取れる。あまりに極端な消費の減退によって，厳しい景気の悪化を招いたことは異常事態かもしれないが，元の贅沢な過剰消費生活に戻ることがあってはならない。それよりも，アメリカは自前の貯蓄で生み出された資金を，輸出産業へと戦略的に投下をし，貿易面での国際競争力の向上を図ることが最善の策である。そうすれば，景気回復も果たしながら，過小貯蓄（過剰消費）が改善され，経常収支の赤字の抑制が可能となるからである。

逆に，中国をはじめとする黒字国では，それぞれの国の貯蓄過剰の原因に応じた是正策を講じるとともに，これまでの輸出主導型から内需主導型の経済成長政策へと転換を図ることが求められる。さらに，外国為替市場への介入に

よって，自国通貨が適正レートから過小評価されている場合は，通貨切上げや為替レートの弾力的運営を推進することが望まれる。中国では，2005年7月に，「ドルだけでなく主要通貨によるバスケットを参照した管理フロート制」を採用して，人民元の為替政策を弾力的に運営すること表明したし，前回の全人代では国民生活の向上を目指して，国内需要を喚起する政策へと舵を切ると宣言した。しかし，現実にはこれが確実に実行されているとはいい難い。その実行が切に望まれるところである。

第 11 章
アジア通貨システムの改革と人民元の国際化

　グローバルな基軸通貨・ドルの発行国アメリカは，巨額の経常収支赤字を続けており，グローバル・インバランス問題を抱えている。そのドルに対抗することが期待されたユーロは局地的な基軸通貨にとどまり，ユーロ危機さえ引き起こしてしまった。そうしたドル，ユーロが不安定性を抱える中で，「21世紀はアジアの世紀」といわれるアジアでは，独自の通貨圏を形成する可能性が芽生えつつある。

　とくに，ドルの傘のもとにあったアジアは通貨危機を経験することによって，過剰なドル依存の危険性を認識した。しかし，いまのところアジア全体での通貨システムの改革は，アジア各国の足並みがそろわず，ほとんど進展を見ていない。ただし，アジア各国ごとには為替政策・制度の改革が進められているし，中国では実物経済面で目覚ましい躍進をしたことを背景に，通貨の面でも人民元の国際化が進展しつつある。

　本章では，なぜアジアで通貨システムの改革を進める必要があるのかを考察したうえで，ユーロの経験を踏まえながらアジア各国が通貨協力を推進し，独自の通貨圏を創出しようとした場合に想定されるシナリオを提示してみたい。しかし，いまだにアジアで通貨協力が進展する兆しは見受けられない。そうした中で始まった中国の人民元の国際化によって，自然派生的に人民元圏が誕生する可能性とそのアジアへの影響を見てみたい。

1
アジアの通貨システム改革の必要性

1−1　3極基軸通貨体制への移行を目指して

　ユーロはきわめて局地的な基軸通貨でしかなく，今日の世界はドル単一基軸通貨体制であるといってよい。その基軸通貨国・アメリカが変動相場制の下で，基軸通貨の特権のみを享受し，その責務を果たしていないことが，今日の世界経済の不安定性の根底にある。

　すでに学んだように，経常収支の赤字が容易にファイナンスでき，その赤字額ほど対外純債務が膨らまず，投資収益まで得られるという基軸通貨国としての「法外な特権」を享受しているアメリカは，その上に胡坐をかき，基軸通貨・ドルの安定を維持するという責務を果たしていない。すなわち，自国中心の安易な政策運営によって，財政赤字と経常収支赤字という「双子の赤字」，巨額な対外純債務残高を抱え，世界にドルを垂れ流し，グローバル金融資本主義と呼ばれるような不安定な世界経済の主因を作り出してきている。

　こうした世界経済を安定化させるためには，ドルに対抗できる基軸通貨が誕生することが望ましい。対抗馬があれば，アメリカも安易な経済運営は不可能になり，基軸通貨国の節度を遵守せざるをえない。ユーロにはその期待がかけられたものの，局地的な基軸通貨にとどまっているだけでなく，ユーロ危機さえ招いてしまっている。

　今日の世界経済では，実物経済面で多極化が進展しており，アメリカに代わる超経済大国が出現する可能性は低い。しかも，基軸通貨・ドルには一度基軸通貨になると，その地位は維持されやすくなるという「慣性」の効果が強く作用している。したがって，地球規模でドルに取って代わる基軸通貨が誕生する可能性は薄い。しかし，ユーロの経験に鑑みるならば，局地的な基軸通貨の交代はありうることを物語っている。とすれば，2030年には世界の経済規模の30％，50年には50％を占め，「21世紀はアジアの世紀」との予想もあるアジアがもっとも注目される。もし，アジアがドルから脱却し，独自の通貨圏を形成したならば，国際通貨体制はドル単一基軸通貨体制から大きく変貌を遂げるこ

とを意味する。具体的には，図11−1の基軸通貨の勢力版図のイメージ図のように，強大なドル圏に対して，弱小なユーロ圏が存在するに過ぎない現状から，新たにアジアの新通貨圏が創出され，3極基軸通貨体制へと移行することになる。

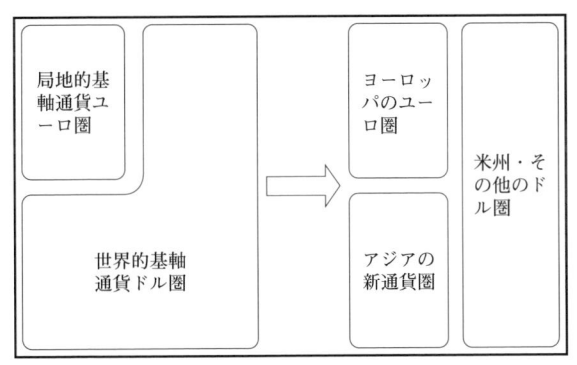

図11−1 3極基軸通貨体制への移行

現在	将来
局地的基軸通貨ユーロ圏 / 世界的基軸通貨ドル圏	ヨーロッパのユーロ圏 / アジアの新通貨圏 / 米州・その他のドル圏

出所）筆者作成。

　もちろん，そこでは3極の経済動向をめぐる投機家の思惑次第で，3極通貨を持ち替える通貨投機が大々的になされるため，通貨・金融危機の危険性が高まるとの見解もある。しかし，少なくともほぼ唯一の基軸通貨国として「法外な特権」をフルに生かして，独善的ともいえる経済運営をしてきたアメリカは，強力な対抗馬が存在する中ではそれができなくなるであろう。もちろん，ユーロ圏もアジアの新通貨圏でも，通貨投機に対抗すべく節度ある経済運営をせざるをえず，相互に牽制しあう関係が醸成されやすい。

　さらには，単に牽制しあうだけではなく，世界が大きく3つの通貨圏に集約されるのであれば，その間で国際協調がしやすくなる。すなわち，3極の通貨当局が協力することよって，主要な3通貨間の安定化を政策的に図ることが容易になると期待される。

　まさしく，そうした3極基軸通貨体制の実現の鍵を握っているのが，アジアの通貨システム改革の行方にほかならない。今後の世界の国際通貨体制の安定化という観点から，アジアでの新たな通貨圏の形成が注目されているといえる。

1 – 2　アジア通貨危機の教訓と新たな問題

　すでに第 8 章 2 で学んだように，アジア通貨危機を経験することによって，アジア各国は実質ドル・ペッグ政策に問題があったことを知った。すなわち，ひとつは日本やヨーロッパなどとも緊密な経済関係がある中では，自国通貨をドルとのみ固定化しても，必ずしも対外経済関係が安定化しないことであった。もうひとつは，自国通貨をドルと固定化することによって，為替リスクがなくなった短期のドル資金が過剰に流入し，ダブル・ミスマッチをもたらしたことであった。

　このことを認識し，アジアは各国ごとには為替政策・制度の変革をしつつあるが，アジア全体として足並みを揃えて通貨システムを改革するという通貨協力は手付かずのままである。そのため，アジアは各国ごとにバラバラの為替相場制度を採用しているのが現状である。すなわち，

　　香港：厳格な固定相場制（カレンシー・ボード制）
　　中国：通貨バスケットを参照した管理フロート制（実質はドル・ペッグ制に近い）
　　シンガポール，タイ：ドル，ユーロ，円からなる通貨バスケットを参考にした為替政策
　　韓国，インドネシア，フィリピン：比較的自由な管理フロート制
　　日本：ほぼ自由な変動相場制

である。

　その結果，2000 年代に入ってからのアジア各国通貨の動きは，図 11 – 2 に見られるように，為替レートの乱高下（ボラテリティ）やオーバー・シューテングが激しく，各国の実体経済の状況を反映したものとはいい難い。つまり，アジア各国通貨間の為替レートの動きには経済的合理性が乏しく，各国および域内経済全体の発展にとって，大きな障害になることが懸念される。今日のアジアにおいては，貿易依存の度合いは欧米に対する以上に域内のウエートが高まっている。そうした中で，域内各国通貨間の為替レートがこれだけ変動し，そのリスクが大きければ，貿易・投資意欲が阻害されかねないし，為替レートのオーバー・シューテングはアジア域内における資源の最適配分を歪めるからである。

　現実に，アジア各国通貨間の為替レートの非合理的動向によって，数年前までは日本がその実害を被ってきたことは記憶に新しい。デフレに苦しむ中での

異常な円高によって，日本の半導体メーカーは破綻し，家電メーカーも巨額な赤字に苛まれた。また，国内生産の採算が悪化したため，必要以上に多くの企業が海外に移転せざるをえなくなり，産業の空洞化さえ懸念された。

以上のことから，アジアは通貨危機の教訓を踏まえて，域外との外経済関係の安定性維持，過剰な短期ドル資金の流入抑制に加えて，域内の各国通貨間の異常な為替レート変動を抑制できるように，通貨システムの改革をすべく通貨協力を推進しなければならない。

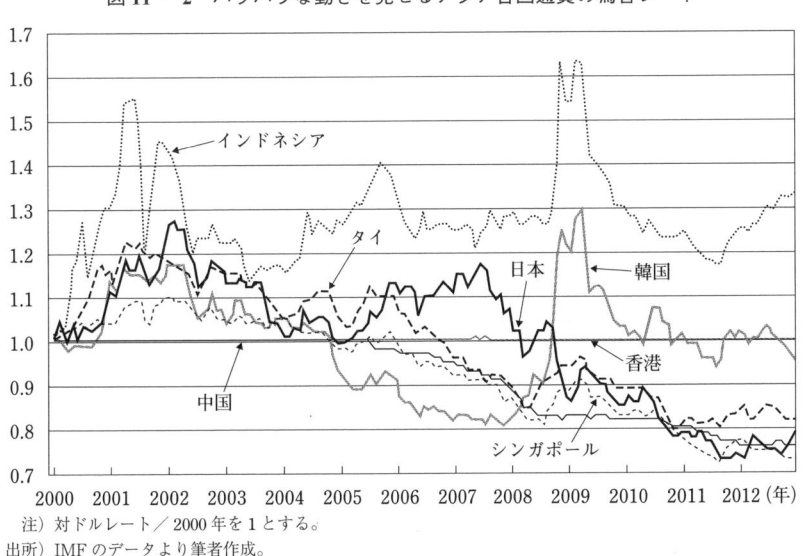

図11－2　バラバラな動きを見せるアジア各国通貨の為替レート

注）対ドルレート／2000年を1とする。
出所）IMFのデータより筆者作成。

2
共通通貨圏の創出へ向けたロードマップ

2－1　助走段階が必要なアジア

ここではまず，もしアジアでも積極的に通貨協力ができるとしたら，アジアの通貨システムは地域的な経済発展とともにどのような変容をたどるべきかを

考えてみたい。すなわち，アジアでより実現可能性の高い通貨システムを検討するまえに，アジアの経済発展と安定性維持にとって望ましい通貨システム改革のための道筋を示すことにしたい。

実物経済面でのアジアへのパワー・シフトを背景に，通貨・金融面でもアジアに独自の通貨圏を創出するにしても，いきなり第9章1で学んだヨーロッパの通貨統合への歩みを踏襲することはできない。すなわち，現在のアジアはヨーロッパと違い，各国の経済発展段階の相違や経済の多様性，ダイナミックな経済変動が著しいため，1970年代にスネークから欧州通貨制度（EMS）へと，域内通貨を固定化したヨーロッパの試みを始めるわけにはいかない。それに先立って，助走段階が必要であるといえる。

そこでは，アジア通貨危機の教訓を生かし，域外とは全体的な安定性を図ると同時に，域内では前述のようなアジア各国通貨間での無秩序な為替レートの変動を抑制し，ある程度の「合理的な伸縮性を持った通貨システム」作りから着手すべきである。たとえば，その具体的なシステムとして，J.ウィリアムソンは「G3共通通貨バスケット制をBBCルールに基づいて運営する方式」を提言している。それは図11－3に示してあるように，まずアジア各国すべてが，ドル，ユーロ，円という3通貨（G3）からなる共通通貨バスケットに対して自国通貨との中心レートを設定する。そうすると，アジアは域外のアメリカや日本，ヨーロッパ経済全体との安定性を維持できるが，アジア各国が同じ通貨バスケットに固定すれば，結果としてそのアジア各国通貨間の為替レートも固定化されてしまい，ダイナミックな域内経済の変動・変化に対応できない。

そこで，BBCルールと呼ばれる次のような方式で運営しようというものである。すなわち，上記のG3共通通貨バスケットに対する中心レートの設定（バスケット：Basket）に加えて，短期的な好況・不況といった景気変動のズレなどから，各国間で国際収支の不均衡が発生したような場合に，為替レートが変動して不均衡を是正できるように，その中心レートから一定の変動幅（バンド：Band）を設ける。さらに，域内には目覚しい発展を遂げつつある国も，すでに成熟経済に近づいた国もあり，長期的な経済成長格差が存在する。その場合には，経済的実力の変化に応じて，中心レートを段階的に変更（クローリング：Crawling）できるようにするというものである。

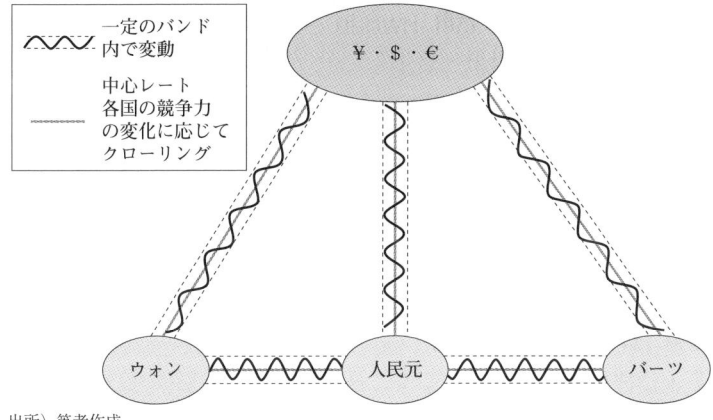

第11章　アジア通貨システムの改革と人民元の国際化　　217

図11－3　G3共通通貨バスケット制:BBCルール

```
┌─────────────────┐
│ 〰〰〰　一定のバンド │
│ 　　　　内で変動   │
│ ───　中心レート   │
│ ╌╌╌　各国の競争力 │
│ 　　　　の変化に応じて│
│ 　　　　クローリング │
└─────────────────┘
```

（¥・$・€）

ウォン　　人民元　　バーツ

出所）筆者作成。

　これ以外にも，アジア通貨単位（ACUやACM：アジア各国通貨の加重平均値）を作成し，それを基準としてアジア各国通貨の変動を一定内に収める方式やアジア各国通貨同士の実効為替レートの動きを参考に管理する方式などが考えられる。いずれにせよ，アジアで通貨協力が進展し，域外との経済的安定性を維持しつつ「合理的な伸縮性を持った通貨システム」が構築されるならば，助走段階でのアジアは次のような経済発展が期待される。

(1)　域内貿易の拡大・構造変化と現地通貨建て化

　アジアでは，各国間の自由貿易協定（FTA）や経済連携協定（EPA）などの進展に加えて，アジア各国通貨間の為替レートが合理的な伸縮性を持った動きをするようになったならば，域内の経済関係はより円滑化し，緊密化すると予想される。活発な双方向での直接投資，それによる重層的な生産ネットワークの形成，その拠点間での頻繁なものやサービスの双方向取引が進展すると期待される。

　とくに，アジアの貿易構造はこれまで最終製品の輸出をアメリカやヨーロッパに大きく依存し，域内は垂直的な生産工程間の分業という「三角貿易構造」が主流であった。しかし，アジア域内の経済関係が深化するとともに，各国の経済発展度合いや技術力に応じて，中間財・最終製品のいずれにおいても水平

的分業が飛躍的に拡大し，アメリカやヨーロッパに多くを依存することのない「自己完結的貿易構造」へと転換しうるであろう。

そうなれば，アジア各国の企業の間では，域内への輸出もあれば輸入もあるという双方向の取引が顕著になり，これまでのように「アメリカが輸出先でドル建てだから，域内からの部品調達もドルで」という必要はなくなる。どちらかの域内通貨を使って輸出も輸入も行えば，為替リスクは回避できることから，アジアの通貨が貿易取引に使われる可能性が高まるであろう。

(2) 域内の資本取引の拡大と現地通貨建て化

現在のアジア域内各国間の国境を越えた資本取引は，微々たるものといってよい。アジアでも資金余剰の人もいるし，資金不足の人もいる。しかし，アジアの金融市場は発達が遅れており，かつまったくといっていいほど域内での金融的交流や統合がなされていない。その結果，アジアの余剰資金は欧米金融市場へと流出。逆に，アジアで資金を必要としている人は，欧米金融市場から資金調達をせざるをえないという図11－4の上部のような状態にある。その調達が主に短期ドル資金であり，過剰であったことがアジア通貨危機の素地を

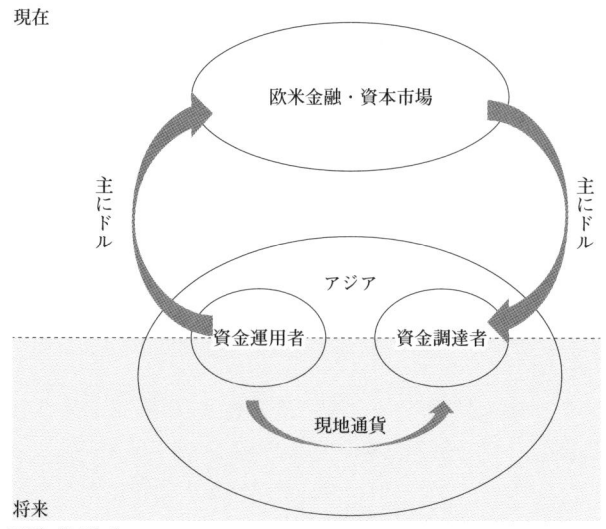

図11－4　アジア域内での金融・資本取引の活発化

出所）筆者作成。

作ってしまったといえる。

　1国全体で見ると，それまで資金不足状態にあったアジアでは，通貨危機以降，多くが国内の投資や財政赤字を賄って余りある資金を持つ貯蓄超過国に転換した。その余剰資金をアジア域内で安定的に活用することによって，短期のドル資金への過度の依存を軽減する取組みが，すでに第8章2で紹介した「アジア債券市場育成イニシアティブ」や「アジア債券基金」にほかならない。このようなアジア地域での通貨・金融協力が成果をあげるとともに，今後アジア各国通貨間の為替レートが一定の合理的な伸縮性を持った動きをするようになれば，個々のアジアの金融市場，とりわけ債券市場が発達し，その市場間のクロスボーダー取引が活発化するであろう。それとともに，同図の下の部分に示されるように，その取引がドルだけでなくアジアの現地通貨でなされると期待される。

2 - 2　脱ドルへ向けて固定的な通貨システム構築を
アジア通貨制度のもとでの基軸通貨の交代

　助走段階で，アジア域内の貿易取引や資本取引が盛んになり，かつ現地通貨建て化が進むということは，円や人民元などの国際化が進み，ドルへの過剰な依存が薄れていくことを意味する。こうして，アジアの各国経済が一体性・同質性を深めたならば，第2段階として固定的な通貨システムに移行できることになろう。

　ここまでくれば，ほとんど第9章1で学んだヨーロッパの経験を踏襲することができる。すなわち，ヨーロッパで1979年に構築された欧州通貨制度（EMS）のアジア版を作り出せばよい。それは，

(1)　アジア通貨単位（ACU：Asian Currency Unit）の創出
(2)　為替相場メカニズム（ERM：Exchange Rate Mechanism）の構築
(3)　信用供与メカニズムの設定

からなり，アジア通貨制度（AMS：Asian Monetary System）と呼ぶことができる。

ヨーロッパでは，EMS の下で 1980 年代末に脱ドルを果たすことができた。同じように，アジアでも AMS のもとでドルが駆逐され，独自の通貨圏が形成されると期待される。ヨーロッパでは，もともと域内貿易取引の多くが現地通貨建てで行われてきたうえに，EMS に転換して以降，域内の資本取引が激増し，かつ現地通貨建てで行われるようになったことが脱ドルに寄与したといわれている。アジアの場合は，いまのところ域内の貿易取引，資本取引の双方ともに，圧倒的にドル建てが多いが，先ほどの助走段階に引き続いて，その取引自体の増大とともに，現地通貨建て化が一段と強まるであろう。AMS のもとで固定的な通貨システムが導入されることによって，いずれでもドルよりも為替リスクが少なくなる現地通貨が選好されやすくなるからである。

　そうなれば，アジア各国の外国為替市場ではいっきにアジア各国通貨の売買が増加すると予想される。その中で，ドルの取引を上回る通貨が出てくるならば，それがドルに代わってアジアの外国為替市場における為替媒介通貨の役割を担うことになる。なぜならば，取引量の多いその通貨の方が市場で取引相手を見出しやすく，かつアジアの通貨に対して変動するドルに比べて安定的であるため，取引コストが安くてすむからである。

　アジアの特定国の通貨が外国為替市場でナンバーワンの通貨になるならば，アジア各国の通貨当局はその通貨を基準通貨として自国通貨を安定化させるために，その通貨での市場介入をするようになるであろうし，介入に備えてその通貨を外貨準備として保有することになる。こうして，アジアでも基軸通貨の座はドルからアジアの特定国の通貨へと交代し，脱ドルが実現することになろう。

　アジアのどこの国の通貨が基軸通貨になるかは，市場が決めることになる。日本の円もその候補になりうるが，やはり中国の人民元の可能性が高いといわざるをえない。その時までに，中国は経済発展によって，アジアでさらに存在感を増していると思われる。そのうえ，中国が金融市場の改革を進め，資本取引の自由化を推進したならば，アジアにおいて人民元の活用は大幅に増大しよう。その結果，アジア各国の外国為替市場で人民元の取引が最大となれば，その市場で人民元が為替媒介通貨となりうる。となれば，AMS の下で，その固定的な通貨制度を維持するための基準通貨や介入通貨としても人民元が使用さ

れることになる。ヨーロッパの EMS の下では，形式上は ECU が基軸通貨であったが，実質的にはマルクがドルを駆逐して基軸通貨となった。同じように，アジアでは人民元が ACU に代わって，実質的な基軸通貨なることが予想される。

アジアでも通貨統合があるとすれば

AMS の下で，アジア域内の貿易取引，資本取引が飛躍的に拡大し，アジア経済が一体化・同質化するとともに，人民元と思われるアジアの特定国の通貨によってドルが駆逐されたならば，その先にはアジアでも最終ゴールとしてユーロのように通貨を統合することが見えてくるかもしれない。

そのためには，まず第1に AMS の下での固定的な通貨システムを長期にわたって安定的に維持しなければならず，アジア各国間で政治的に金融政策の協調を図らなければならない。なぜならば，アジアでも「資本取引の自由化」によって，域内の資本取引が飛躍的に拡大して金融統合が進展する。その中で，「為替レートの安定性」として AMS 下の固定的な通貨システムを維持するためには，「国際金融のトリレンマ」から見て，アジア各国は「自立的な金融政策」を放棄し，協調的な金融政策をとらなければならない。そうしなければ，AMS が崩壊してしまい，通貨統合に至ることはできないからである。

逆の言い方をするならば，政治的な協調がなされ，同一の金融政策でアジア経済を適切に運営できるということは，アジアが最適通貨圏の条件を充足してきたことにほかならない。すなわち，アジア各国経済が一体化・同質化してきており，各国間に経済格差が生じにくくなってきたことの証左にほかならず，通貨を統合する条件が整ってきたことを意味するからである。

第2に必要なことは，すでに学んだユーロ危機の原因に鑑みて，もしアジアでも通貨統合が可能な段階に至ったとしても，その加盟国は本当に最適通貨圏の条件を満たした国のみに限定した「真の通貨統合」をすべきことである。ユーロ危機の根底には，最適通貨圏の条件を満たしていない国の加盟があり，経済格差が生じてしまっていることがあった。アジアではそのようなことのないように，参加のための条件である経済収斂基準（コンバージェンス・クライテリア）を適切なものにすると同時に，政治的な妥協などのない厳格な加盟国の

選定がなされなければならない。そうしなければ,せっかく通貨を統合しても,そのメリットを享受できないし,危機を招くことになりかねないからである。

　以上は,アジアが「21世紀はアジアの世紀」といわれるような経済発展を遂げた時に,アジア各国が通貨協力を推進し,その経済発展段階にふさわしい通貨システムの改革をするとすれば,どのような未来が描けるかを示したものである。しかし,その実現性という観点からいうならば,現状では悲観的にならざるをえない。その理由として,まず第1にアジアでは,日中韓の政治的軋轢もあるが,そもそも地域をあげての共通の社会的価値観,共同体意識が乏しく,このことが統一的な通貨システムの構築に向けた通貨協力を阻んでいることを忘れてはならない。

　1997年の通貨危機を機に,ようやくアジアでも地域的連帯感・一体感が高まり,ASEAN＋3という形で地域的な通貨・金融協力が推進されることになった。しかし,そこでの共通認識は,あくまでもアジアでの通貨危機の再発防止ということに過ぎず,危機感から将来の統合に向けての共同体意識が芽生えたわけではなかった。だからこそ,通貨危機直後に謳われたアジアの通貨システムの改革へ向けての通貨協力意欲も,危機からの脱却後にはいつの間にかしぼんでしまっている。

　第2に,現在は中国と日本がアジアの中で断トツの経済規模を誇るが,将来は中国がさらなる成長によってアジアでの超経済大国となり,経済規模の格差がさらに開くと予想されている。ヨーロッパのようなどんぐりの背比べ状態ではないだけに,地域的な協力を推進する際の意思決定においては,特定国の意向が強く反映されかねない。地域全体としての意思決定が協調性を欠く危険性があり,アジアでの統一的な通貨システムの構築に向けての協力が難しいといえる。たとえば,仮にAMSが構築され,中国の人民元が事実上の基軸通貨になったとしても,アジアの中で断トツの超経済大国になった中国が,自国通貨を捨てて共通通貨による通貨統合に踏み切るかといえば,やはり疑問視せざるをえない。

　あくまでも,この節で提示したのはアジアの経済発展段階に応じて,アジア各国が通貨協力を積極的に推進した場合のひとつの理想的なシナリオである。とりわけ,最終ゴールの通貨統合がアジアでも実現する可能性は極めて低いと

第11章 アジア通貨システムの改革と人民元の国際化　　　223

いわざるをえないが，アジア各国が現在のアジア通貨システムの抱える問題を認識し，通貨協力への一歩を踏み出すことを切望したい。

3
人民元の国際化と人民元圏の誕生

3-1 通貨統合より可能性の高い人民元圏誕生

　通貨システムの改革に向けて，アジア各国の通貨協力がいまのまま何も進展しなければ，アジアでは自然派生的に人民元圏が誕生するかもしれない。その可能性は，すでに第3章3で学んだ国際通貨になるための条件に則してみても，次のような理由によって高まってきているといえる。

　やはり第1は，中国が経済力を拡大し，世界経済や世界貿易おいて存在感を増すと見られることである。とりわけ，アジアにおいては，中国が断トツの超経済大国になると予想されることにある。アジア域内の貿易や投資活動，さらには資本取引においても，中国の影響力は強大となり，他のアジア各国の企業は人民元建てを受け入れざるをえない場面が増すことになろう。そうした中では，各国の通貨当局は，いやおうなく人民元に対して自国通貨を安定化させるような為替相場制度の採用を余儀なくされる。

　第2にいえることは，今後中国が人民元の国際化を目指すに当たって，ドルの壁はかつて円の国際化をしようとした時代ほど高くないという点である。日本は1980年代前半に外圧から円の国際化に方向転換した。その後，激しい円高の中で積極的な円の国際化姿勢を示したものの，アジアで立ちはだかるドルの壁を突き崩すことはできなかった。最大の障害は，アジア各国が通貨危機までは実質ドル・ペッグ政策を採用していたためであり，円はアジア各国通貨に対して，不安定にならざるをえなかったからである。

　しかし，前述のように現在のアジア各国の為替相場制度はバラバラであるが，多くがドルとの伸縮性を高める中で，むしろ現在は香港ドルに次いで，人民元はドルとの安定性が強い方である。将来は，人民元がドルとの伸縮性を高めると予想される中で，他のアジア各国は中国への経済的依存度を増すとともに，人民元との安定性を目指した為替相場制度を採用する可能性は十分ありうる。

となると，アジアにおいては，ドルではなく人民元がもっとも安定的な通貨になる余地があり，アジア各国企業などが人民元での取引を選好しやすくなるからである。

第3に，国際通貨になるために必要とされる経常収支の黒字という条件を，すでに中国は満たしているが，今後とも持続する可能性が高いと見られる。I-Sバランス論からいって，経常収支黒字国は国内の貯蓄が投資を上回っており，海外に投資をできる余剰資金を抱えているという状態にある。現在の中国では，余剰資金はほとんど通貨当局が人民元の上昇を抑えるために外国為替市場に介入した結果，外貨準備として蓄積され，アメリカの財務省証券（TB）などで運用するという形で海外に供与されている。

しかし，今後中国の金融市場が発展し，かつ中国が資本取引の自由化，人民元の国際化を推進するならば，アジアに向けて種々の人民元建ての金融商品を提供できるようになるかもしれない。中国はアジアを中心に，人民元を武器とした資本輸出国，さらには金融大国にのし上がる可能性を秘めているといえる。

つまり，人民元は経済力，通貨価値の安定性，経常収支の黒字という国際通貨になるための条件をすでに満たしていたり，さらに今後強化しうるということである。しかし，市場メカニズムの作用する自由で効率的な金融市場を有し，それが対外的に開放されているという条件は満たされておらず，その面での中国の対応が鍵を握っているということにほかならない。とくに，中国がアジア各国との経済依存関係を重視し，アジアにおいて人民元の国際化（人民元のアジア通貨化という）を推進するならば，ドルへ慣性の効果が作用していたとしても，アジアにおいては局地的に基軸通貨の交代が実現し，人民元圏が成立するかもしれない。

3－2 人民元の国際化の現状

人民元の国際化とは，人民元が第3章1で学んだ国際通貨の諸機能を担うようになって行くことにほかならない。それをもう少し端的かつ具体的にいうならば，

(1) 人民元が，貿易取引や資本取引といった国際経済取引において使用されること

(2) 非居住者が人民元（人民元建て金融資産）を保有すること
を意味する。

　人民元は，すでに国境を接する越境貿易において現金が使用されたり，2002年開始の適格海外機関投資家（QFII: Qualified Foreign Institutional Investors）制度によって，外国人投資家が人民元建て証券を一定範囲内で取得することができた。しかし，本格的にその国際化が始まり，注目されるようになったのは，2009年7月に貿易におけるクロスボーダー人民元決済が試行されたことにある。

　その直接的な動機は，2008年にアメリカ発の世界金融危機を経験し，ドルへの信認低下やドルの不安定性への懸念を高めたことにより，ドルに大きく依存した対外取引，巨額な外貨準備保有にともなうリスクを強く認識したことにある。すなわち，ドルへの過剰依存にともなうリスクの軽減を図るべく，人民元の国際化へと踏み切ったといえる。

　しかし，それだけでない。中国が実物経済面でその存在感を増大させるとともに，国際金融・通貨面でも一定の役割を果たすべき，あるいは国際通貨のメリットを享受したいという現われともいえる。中国の指導者や通貨当局者から現行の国際通貨体制の改革を促す発言が聞かれるが，そこからも人民元の国際化を推進し，国際通貨，とりわけアジアでの中心通貨を目指したいという意図がうかがわれる。

経常取引における人民元の国際化
(1) 経常取引におけるクロスボーダー人民元決済の激増

　2009年7月に，「クロスボーダー貿易人民元決済試行管理弁法」が公布され，貿易取引に人民元を使用できるようになった。当初は，一部の貿易のみが対象であったが，その後国内の試行地域，国内の対象企業，対象国・地域，そして対象取引について，その適用範囲を拡大してきている。最終的には，2012年3月には，中国のすべての地域の輸出入経営資格を有する企業が全世界と行った経常取引について，人民元での決済が可能となっている。

　こうした緩和措置に伴って，商品貿易やサービス貿易などの経常取引におけるクロスボーダー人民元決済は，表11-1に示すように急速な拡大を見せてい

表 11 – 1　経常取引と対内・対外直接投資におけるクロスボーダー人民元決済

(単位：億元)

	経常取引におけるクロスボーダー人民元決済			対外直接投資	対内直接投資
		商品貿易	その他の経常取引		
2012 年合計	29,400	20,600	8,772	292	2,510
2013 年合計	46,300	30,200	16,100	865	4,481
2014 年合計	65,500	59,000	6,565	1,866	8,620

出所）中国人民銀行データ。

る。2009 年 7 月から 2010 年まででわずか 5,083 億元，2011 年でも 2 兆 800 億元であったものが，2014 年には 6 兆 5,500 億元にも達している。とくに，商品貿易の人民元決済が開始からわずか 5 年で中国の貿易額の 22.3％にも及んだことは，日本の円建て貿易比率が長年かかって輸出が約 40％，輸入が約 20 数％であることからすると，驚異的な伸長ぶりであるといえる。

　その中身を見ると，貿易相手国・地域は約 90％が香港であること，近年は均衡化しつつあるが，これまでは圧倒的に中国にとっての輸入取引が多かったことが特筆される。こうした輸出入のアンバランスによって，後述のように主に香港に人民元が流出し，オフショア人民元となってきたことがうかがわれる。

(2)　人民元の国際化を促進するための人民元建て通貨スワップ協定

　2008 年 12 月に，中国人民銀行は韓国との間で人民元建て通貨スワップ協定を締結した。これを皮切りに，最近までにアジアの国々を中心にして 24 ヵ国・地域と協定を締結し，その総額は 2.6 兆元に及んでいる。これは，すでに学んだ通貨危機への対応としてのチェンマイ・イニシアティブ (CMI) で，中国が他の ASEAN＋3 の国々と締結した通貨スワップ協定とは目的が異なる。一連の人民建て通貨スワップ協定は，中国が相手国通貨とのスワップで人民元を供与するものであり，その目的は公的ルートを通じて人民元を海外に供給し，それによって経常取引などにおけるクロスボーダー人民元決済を促進し，人民元の国際化を促すことにある。

　通貨を国際化するためには，非居住者が国際取引にその通貨を使用できるように十分な供給がなされなければならない。しかし，中国ではごく一部しか資本取引における人民元の使用が認められていないため，中国本土の金融市場を通じて海外に人民元を供給するルートがほとんど開かれていない。極端な言い

方をすれば，貿易を中心としたクロスボーダー人民元決済で輸入が輸出を上回ることで，人民元が供給されているといっても過言ではない。したがって，中国人民銀行が他国と人民元建て通貨スワップ協定を締結することによって，それを代替・補完しているといえる。

資本取引における人民元の国際化

現段階での中国の人民元の国際化は，経常取引におけるクロスボーダー人民元決済が主体である。しかし，資本取引においても，きわめて限定的ながら人民元の国際化が開始されているので，簡単に概要を見ておきたい。

(1) QFII 制度と RQFII 制度などの対内証券投資

2002 年に，外国人投資家による中国本土の証券市場への投資を一定の枠内で認めるという適格海外機関投資家（QFII）制度が制定された。すなわち，一定の基準を満たす海外の機関投資家に対して，一定の額（2015 年 4 月時点の運用割当額：736.15 億ドル）まで中国本土の人民元建て債券や株式への投資を認める制度である。この制度よって，非居住者は人民元建て金融資産に投資し，保有する道が開けたことになり，人民元の国際化の事例ということになる。

2011 年には，人民元適格海外機関投資家（RQFII: Renminbi Qualified Foreign Institutional Investors）制度が新設された。これは，100％中国資本の証券会社・資産運用会社の香港現地法人を対象に，保有する人民元による中国本土への証券投資を許可する制度である。その後，対象金融機関の拡大，株式への投資枠の撤廃などの規制緩和が進んできているが，これによって対内証券投資にも一定の枠内で人民元が使用されることになった。

このほか，中国への対内証券投資に関しては，2010 年に，中国政府は海外中央銀行，香港などのクリアリング銀行などを対象に，オフショア人民元で中国本土の銀行間債券市場に参加することを認めた。さらに，2014 年には上海と香港の証券取引所の間で，株式の売買を相互に取り次げるようになった。この中国本土と香港の相互株式投資制度によって，総額制限などはあるものの，個人投資家も含めて香港や海外の投資家が香港の証券会社を通じて，中国本土の株式を購入する道が開かれた。

(2) 人民元建て対内・対外直接投資の解禁

　中国では，厳しい資本取引規制がなされてきた中で，対内直接投資の自由化は1978年の改革・開放開始以来積極的に進められてきた。さらに，累増した外貨準備の有効活用，中国企業の経営の国際化を目指して，2000年代前半から「走出去」政策が推進され，対外直接投資も自由化されつつある。それを受けて，2011年には対内直接投資と対外直接投資に関して，人民元の使用が解禁されることになった。表11－1に見られるように，2014年現在，人民元建て対内直接投資は8,620億元（同年の対内直接投資の29.8％），人民元建て対外直接投資は1,866億元（同年の対外直接投資の15.9％）にのぼっている。

香港オフショア市場の現状

　中国の人民元の国際化を考える場合，香港オフショア市場を抜きにして語ることはできない。なぜならば，香港は中国の一部でありながら，1国2制度のもとで運営されており，人民元とは異なる香港ドルが流通し，為替管理上，香港は非居住者扱いとなっているからである。ということは，中国本土から香港に流出した人民元はオフショア人民元と呼ばれ，人民元の国際化に深く関わってくる。しかも，中国はこの香港オフショア市場を人民元の国際化の実験場として重視しており，香港でのオフショア人民元の現状を把握することはきわめて重要になってくるからである。

(1) 香港での人民元預金の急増

　前述のように，貿易を中心としたクロスボーダー人民元決済の相手国としては香港が圧倒的に多く，かつ中国本土側の輸入が多かったことによって，香港に人民元が流入してきた。そのほかにも，中国本土の旅行者による持ち込み，中国本土からの送金，さらには中国本土からの人民元建て対外直接投資もそのルートになっている。

　資本取引の規制が厳しいため，香港へのオフショア人民元の供給ルートはこのように限定的である。2004年に，香港の銀行では個人預金中心に人民元業務が開始されたが，その後2010年に中国人民銀行と香港金融管理局（HKMA）の間で，その拡大に関する合意がなされると，クロスボーダー人民元決済の拡大と歩調を合わせて，香港の人民元預金残高は図11－5に見られるように急増を

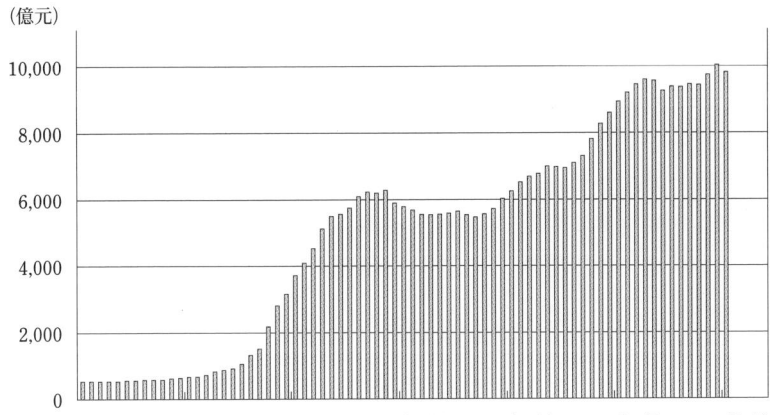

第11章　アジア通貨システムの改革と人民元の国際化

図11-5　香港の人民元預金残高の推移

(億元)

2009年1月　2010年1月　2011年1月　2012年1月　2013年1月　2014年1月　2015年1月

資料）Hong Kong Monetary Authority.
出所）みずほ銀行中国営業推進室資料。

示し，オフショア人民元の増大を物語っている。

(2) 人民元建て債券や各種人民元建て金融商品

人民元が国際化されるためには，単に香港に流出した人民元が預金されるだけでは不十分である。オフショア人民元が融資されたり，魅力的な人民元建て金融商品が整えられ，それで運用されなければならない。

まず2007年には，中国本土の金融機関による香港での人民元建て債券の発行が解禁され，その後も発行主体の拡大がなされてきている。その結果，中国本土で発行される人民元建て債券であるパンダ債に対して，主に香港で発行されるそれは「点心債」と呼ばれ，急速に発行額が拡大している。

香港における人民元建て金融商品の多様化は，点心債のみにとどまらず，人民元建て株式，人民元建て譲渡性預金，人民元建て投資信託などに及んでいる。

3-3　中国における人民元の国際化戦略

中国における人民元の国際化は経常取引では順調に進展しているが，資本取引ではそもそもそれ自体が厳しく制限されている中で，ごく一部の資本取引で人民元の使用が始まったところである。それによって流出した人民元は，香港

を中心にオフショア人民元市場を形成しつつあるが，いまのところ中国本土の金融市場や外国為替市場とほとんど分断された状態にある。

将来は，人民元がアジアの中心的な通貨を目指すというのであれば，資本取引での人民元の国際化を本格化させ，内外の金融・外国為替市場を一体化しなくてはならないが，そのために，中国はどのような戦略をとろうとしているのであろうか。結論からいうならば，中国経済は大きな転換点を迎え，政策目標と経済政策の組合せの変更を余儀なくされつつあるが，その中で人民元の国際化も他の経済政策と体系的にして，かつ段階的に実施しようとしているということである。

求められる経済政策の組合せの転換

改革・開放以来，中国の基本的経済開発戦略は「外資導入による輸出主導型経済発展」にあった。そのため，「国際金融のトリレンマ」から見ると資本取引の自由化を放棄し，図11-6で網がかけられたような政策的組合せ，すなわち資本取引の規制のもとで，金融政策の自立性と為替レートの安定性を採用するという選択をしてきた。

しかし，いままさに内外経済環境の変化によって，その転換を求められてい

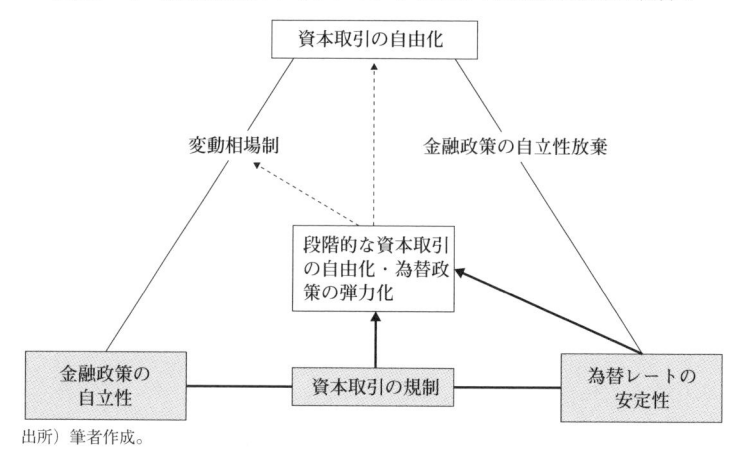

図11-6　「国際金融のトリレンマ」から見た中国の経済政策の組合せ

出所）筆者作成。

る。まずは，実質ドル・ペッグ政策の弊害や限界が鮮明になってきたことである。すなわち，その政策の下で，外貨準備の過剰な累増にともなう問題，さらには過剰流動性問題などが発生してきた。さらに，低賃金や人民元の過小評価による価格競争力を背景に，輸出を牽引役として経済発展を図ることが難しくなりつつある。こうした中では，むしろ為替政策を弾力化して貿易・産業構造の高度化，内需主導型経済発展への転換を促すべきとの主張が強まっている。

　一方，資本取引の規制については，それをかいくぐるホットマネーの流出入によって規制の効果が薄れ，直接貨幣供給量をコントロールする金融政策が難しくなってきている。であれば，むしろ内外の資本取引を段階的に自由化することによって，中国の経済発展にそれを活用することが望ましいとの見解が強まっている。

　以上のような内外経済環境の変化に対して，中国は輸出主導型から内需主導型経済発展へと政策目標を転換し，それとともに図11－6のように，

(1) 従来通り，金融政策の自立性を維持するが，「貸出総量規制」のような直接的な貨幣供給量の調整が限界を迎えていること認識し，金利や為替レートの市場化によって，価格効果を重視した金融政策手段へとシフト
(2) 資本取引の自由化を段階的に推進するとともに，人民元の為替政策を徐々に弾力化するという2つを同時並行的に実施

することを選択しつつある。

　こうした中国の経済政策の組合せの転換と人民元の国際化は，きわめて高い関連性を持つ。先ほどの国際通貨の条件を人民元が満たすためには，資本取引の自由化を推し進め，対外的に開かれた金融市場にすることが不可欠である。しかし，それを推進するには，中国の金融市場自体が市場メカニズムの作用する自由で効率的なものであるとともに，強固なものでなければならないが，現時点での中国はここに大きな問題を抱えている。資本取引を自由化した場合に，近代的な金融市場の基盤が確立していなければ，海外からのショックに耐えることができないからである。したがって，金融市場の改革を進めるまでの間は，資本取引そのものを制限せざるをえないということにほかならない。

　実物経済の躍進に比較して立ち遅れの目立つ金融経済を有する中国は，いままさに金融市場の改革に取り組みつつある。具体的には，次のような面での改

革が求められている。
(1) 金利の自由化，さらには業際の自由化など，金融の自由化の推進
(2) 金融の自由化に伴うリスクの増大に対する金融監督体制の整備と規範化
(3) 金融機関の経営のガバナンスの確立と審査能力の向上，リスク管理機能の強化
(4) 間接金融における中小企業金融の育成
(5) 直接金融のための資本市場，とりわけ債券市場の育成

段階的な資本取引自由化の中での人民元の国際化

　もちろん，こうした金融市場の改革と資本取引の自由化は，相互に関連性を持つことは否定しえない。しかし，今日の中国では金融市場の改革の進捗を前提に，段階的に資本取引の自由化を推進しようとしている側面が強い。それに合わせて，人民元の為替政策も「主体性，管理可能性，漸進性」を持って推進することが表明されているように，弾力化を段階的に進める方針であることがうかがわれる。

　こうした経済政策運営の中で，人民元の国際化，とりわけ資本取引における人民元の国際化はどのように関わっているのであろうか。資本取引の自由化とそれは相互補完関係にあり，同時進行させるべきであるという見解もあるが，基本的には資本取引の自由化の方が大きい概念であり，現実的にもそちらが先行すると見るべきであろう。

　すでに見た QFII 制度と RQFII 制度を例にとって見れば，わかりやすい。前者では，非居住者は外貨であるドルを中国本土で人民元に交換して，中国の証券を購入している。人民元建て金融資産を保有しているという意味では，これも人民元の国際化であるが，この資本取引に人民元が使用されているわけではない。その後に制定された RQFII 制度では，非居住者はなんらかの手段で入手したオフショア人民元で中国の証券を購入しており，その資本取引に人民元が使用されているという意味での人民元の国際化である。あるいは，対外直接投資を見れば，もっと前後関係や規模の大小が明確である。最初は，中国本土で人民元をドルなどに替えてなされており，人民元は使用されていないが，対外直接投資における人民元の解禁によって，その一部では人民元を使って行う

ことができるようになっている。

　対内直接投資やQFII制度などの対内投資の自由化は，人民元は使用されなくとも，それによって「非居住者が人民元（人民元建て金融資産）を保有」することになるため，その意味では同時に人民元の国際化も達成している。しかし，それを除いて一般的にいえば，資本取引が自由化され，資本が内外を自由に移動できるようになっても，その取引に「人民元を使用」できるか否かは別であり，通常タイム・ラグがあるし，一定の範囲内にとどまることが多い。つまり，資本取引の自由化というより大きな範疇の中に，資本取引における人民元の国際化が内包されているということにほかならない。こうして見ると，人民元の国際化は資本取引の自由化の中で，あるいは一環として，段階的に推進されることになるといえよう。

　結局のところ，人民元の国際化はそれ自体が独自になされるわけではなく，中国の新たな経済政策目標の下で，他の経済政策の組合せと関連性を持ちながら，体系的に遂行されるべきである。すなわち，中国は金融政策の自立性を再構築するためにも，金利や外国為替の市場化が必要となっている。しかし，そのためには金融市場の効率化や強化が不可欠であるが，それが進展すれば資本取引の自由化も推進しやすくなる。こうして，金融政策の自立性を確保し，かつ為替政策の弾力化と資本取引の自由化とを歩調を合わせながら遂行することができる。そうした組合せの中で，とりわけ資本取引の自由化の中で，あるいはその一環として，為替変動リスクの軽減，さらには人民元のアジア通貨化を目指して，資本取引おける人民元の国際化を図っていくというのが，中国のとるべき戦略ということになろう。

4
将来の通貨システム次第で異なるアジア

　中国が人民元のアジア通貨化を前述のどちらで推進するかによって，同じように人民元がアジアの基軸通貨になったとしても，その意味は大きく異なることを看過してはならない。中国が後者のように独自の通貨戦略を採用した場合からいうならば，アジアでは中国だけが特権を持つ中心国となり，他のアジア

各国は周辺国として，それに追随した政策運営をすることによって人民元に自国通貨を安定化させなければならない。いわゆる，非対称的通貨システムが誕生することになる。

それは，まさしくドルを事実上の基軸通貨とした現行の国際通貨体制のミニ版がアジアに出現するということにほかならない。そこでは，いまの世界全体でのドルと同じように，中国はアジア各国に対して，制度的には基軸通貨国としての節度ある金融政策の遂行，通貨価値の安定といった責務をなんら負っていない。したがって，自国の国益を重視した経済政策目標を達成することを第一義的に考えた政策運営をすることが可能となる。

これに対して，他のアジア各国は否応なくそれに準じた政策運営を強いられることになる。そうしないと，中国との間で金利格差や景気のズレが生じてしまい，国際収支不均衡に陥ったり，投機アタックを受けて，通貨危機に見舞われかねないからである。さらに，もしそうなったとしても，それは基本的にはその国の自己責任であり，中国が支援してくれる保証はなにもない。したがって，地域協力としての金融支援メカニズムを別途構築することが極めて重要となる。

しかし，前者のように，アジア各国による通貨協力によってAMSが構築された場合は，人民元が基軸通貨になったとしても，中国は国益だけを追求した独善的な経済政策運営をしにくくなる。AMS参加メンバーの中核をなす国として，地域全体の経済動向を勘案した政策運営，とりわけ金融政策を遂行し，AMSの安定性維持に対して重要な責務を負うことになる。基軸通貨国としての節度ある政策運営こそが，そのシステムの維持，ひいてはアジアの地域的安定に不可欠だからである。

ましてや，AMSが安定的に維持され，その先に中国がユーロにおけるドイツのように基軸通貨になった自国通貨・人民元を放棄し，アジアでも通貨の統合を決断したとすれば，それは加盟国すべてが対等な対称的通貨システムが創設されることを意味する。ユーロ圏で経済規模の微小なギリシャでも，その危機はユーロ全体の問題となるように，アジアの新たな共通通貨圏では全加盟国が運命共同体になり，加盟国全体での合議によってひとつの金融政策で適切な経済運営をしなければならなくなる。

以上のように，中国が人民元のアジア通貨化をどのような戦略で推進するかで，アジアの通貨システムは大きく異なり，各国に与える影響も違ってくる。極論するならば，アジアの未来が中国の戦略に大きく左右されるとさえいえる。したがって，中国がアジアの盟主として，アジアの経済発展段階にふさわしい地域全体の安定的な通貨システム作りに貢献し，アジアの共存共栄を目指すことに期待をしたい。

索　引

アルファベット

ACU（アジア通貨単位）　217, 219
AMS（アジア通貨制度）　219
ASEAN＋3（日本・韓国・中国）　159
BBC ルール　216
BIS（国際決済銀行）　33, 83, 87
CDO（債務担保証券）　163, 201
　　合成──　163
CDS（クレジット・デフォルト・スワップ）　164
CIF（cost, insurance and freight）　8
CP（コマーシャル・ペーパー）　11
EC（欧州共同体）　169
ECB（欧州中央銀行）　172, 177, 178
ECU（欧州通貨単位）　170
ECU バスケット方式　170
EFSF（欧州金融安定ファシリティ）　184
EFSM（欧州金融安定化メカニズム）　184
EMS（欧州通貨制度）　170, 216, 219
EMU（経済・通貨同盟）　172
ERM（為替相場メカニズム）　170, 219
ERM II　173, 190
ESCB（欧州中央銀行制度）　177
EU（欧州連合）　168, 172
FOB（free on board：本船渡し）　8
IBRD（国際復興開発銀行）　68
IMF（国際通貨基金）　67
IMF 体制　61, 64, 67, 168, 203
I-S バランス式　20
I-S バランス論　18, 195, 197
J カーブ効果　16
L/C（信用状）　112
M&A　83
PIGS　180, 183
SDR　65, 74
SGP（安定成長協定）　179
TB（財務省証券）　11, 12, 59, 201, 203, 206, 224

ア　行

アジア債券基金　160, 219
アジア債券市場育成イニシアティブ　160, 219
アジア通貨化　233
アジア通貨危機　153
アジア通貨制度（AMS）　219
アジア通貨単位（ACU）　217, 219
アジアの通貨システム改革　212
アセット・アプローチ理論　33, 44, 124
アブソープション　19
安定成長協定（SGP）　179
一物一価の法則　29, 31, 49
一方向への予想（one-way option）　76
インカム・ゲイン　203, 205
インハウス・バンク　143
インパクト・ローン　129
ウェルナー・レポート　169
売持ちポジション　136
円の国際化　223
欧州安定化メカニズム（ESM）　186
欧州共同体（EC）　169
欧州金融安定化メカニズム（EFSM）　184
欧州金融安定ファシリティ（EFSF）　184
欧州中央銀行（ECB）　172, 177, 178
欧州中央銀行制度（ESCB）　177
欧州通貨危機　171
欧州通貨制度（EMS）　170, 216, 219

238　索　引

欧州通貨単位（ECU）　170
欧州通貨統合　168
欧州連合（EU）　168, 172
オーバー・シュート　142, 214
オフショア市場　92, 155
オフショア人民元　238
オプション料　100
オープン・アカウント　138

カ　行

外―外取引　92
外貨借り・現地通貨運用　156
外貨資金　129
外貨準備　11
外貨準備増減　11
外貨建て金融債権・債務の創出　136
外貨マリー　137
外貨預金　129, 136
回帰的期待仮説　39
会計的リスク　133
外国為替　111
外国為替市場　26, 115
　　銀行間――　55
外国為替のスワップ市場　118
外債　90, 130
外資導入による輸出主導型の経済発展戦略　158
介入通貨　55, 220
買持ちポジション　136
価格弾力性
　　輸出の――　15
　　輸入の――　15
価値貯蔵手段　53
価格平準化機能　78
　　投機の――　152
カバー付きの金利平価式　46
カバー無しの金利平価式　37
貨幣市場　86
カレンシー・ボード制　72, 214
為替スワップ取引　43, 117, 122
為替相場制度　67, 214

管理フロート制　71, 73
共同フロート制　71, 72
固定相場制　67, 72, 75
単独フロート制　71
中間的――　67, 73
変動相場制　67, 73, 76
為替相場メカニズム（ERM）　170, 219
為替媒介通貨　55, 56, 191, 220
為替ポジションのスクエア化　136
為替リスク　84, 132
為替リスク管理　132
為替リスク・ヘッジ手段　95, 135
為替レート
　　基準為替相場　119
　　均衡――（適正レート）　32, 196, 209
　　銀行間為替相場　115
　　クロス・レート　119
　　裁定為替相場　119
　　実効――　74, 120, 186
　　実質――　75, 120, 153
　　実質実効――　120
　　対顧客為替相場　115
　　名目――　120
　　――の国際収支調整機能　14
　　――の予想変動率　36
為替レート決定理論　26, 121, 124
換算リスク　133
慣性の効果　64, 212, 224
機会利益　100
期間のミスマッチ　156
基軸通貨　55
　　局地的な――　190
基軸通貨国　62
基準通貨　54, 191, 192, 220
基礎的不均衡　68
期待（expectation）　38, 44, 77, 123, 153
キャピタル・ゲイン　203
協調の失敗　160
共通通貨　66, 168, 172, 175, 177
共通通貨圏　215
共通通貨バスケット　216

索　引　239

共同フロート制　170
居住者　4, 83
金為替本位制　69
銀行同盟　186
金・ドル本位制　64, 69
金の縛り　62, 64
金融勘定　6
金融危機　183
金融資本　148
金融収支　6, 10, 12
金融政策の自立性　79, 171, 174, 176, 230
金融大国　166, 209
金融派生商品（デリバティブ）　11, 86, 88, 94, 136, 151, 164
金融のコメ　103
金融不安　158
金利還元　107
金利裁定　46, 85, 126, 149
金利スワップ　105
金利平価説　44, 85, 118, 126
クレジット・デフォルト・スワップ（CDS）　164
クロスボーダー人民元決済　225
グローバル・インバランス問題　14, 18, 24, 193
グローバル金融資本主義　147, 154, 161, 165, 183, 209
クローリング（Crawling）　216
クローリング・ペッグ制　74
経済サーベイランス　160
経済収斂基準　173, 187, 188, 221
経済・通貨同盟（EMU）　172
経済の開放度　175
経済的リスク　133
計算単位　53
経常勘定　6
経常収支　6, 8, 22, 30
　──赤字の持続可能性（サステイナビリティ）　14, 58, 201, 204, 207
経常収支危機　153
経常収支不均衡　193

経常取引　3, 33
ケイ線（チャート）予測　42
契約・表示通貨　54
ケインズの美人投票　41
決済通貨　54
現物市場　94
現物投機　96, 152
権利　99, 109
コア諸国　183, 188
行使価格　100
公定レート　72, 73, 74
購買力平価　27, 31, 39, 50, 74
購買力平価説　27, 29, 31
　絶対的──　26
　相対的──　30, 31
効率的市場　41, 46
合理的期待仮説　39, 41
合理的な伸縮性を持った通貨システム　216
国際貸付市場　86
国際銀行市場　87
国際金融子会社　138
国際金融市場　84, 86
　短期金融市場　86
　長期金融市場　86
国際金融のトリレンマ　67, 79, 221, 230
国際決済銀行（BIS）　33, 83, 87
国際決済システム　51
国債購入プログラム（OMT）　186
国際債（券）　87, 130, 191
国際財務活動　128
国際資産選択行動　36
国際資本市場　86
国際収支　3
　──の理論　14
国際収支発展段階説　12
国際収支表　3, 8, 26, 83
国際収支マニュアル　4
国際証券市場　87
国際通貨　51, 53
国際通貨基金（IMF）　67
国際通貨国のデメリット　61

国際通貨国のメリット　57
国際通貨システム　67
国際通貨制度　67
国際通貨体制　67
国際復興開発銀行（IBRD）　68
国民通貨　51
誤差脱漏　12
異なった種類の債務交換取引（exchange of borrowing）　105
コマーシャル・ペーパー（CP）　11
コルレス勘定　52, 58, 59, 113, 200

サ　行

債権大国　23
債権取崩期　13
最後の貸し手　159, 185
財政安定同盟　187
財政危機　181
財政・金融危機　180
財政同盟　187
最先端金融技術・商品　85, 151, 162, 166, 201
最大乖離限度　170
裁定（arbitrage）　85, 106, 129
最適通貨圏（OCA）　171, 175, 188
財務省証券（TB）　11, 12, 59, 201, 203, 206, 224
債務担保証券（CDO）　163, 201
債務返済国　13
先物市場　45, 118
先物投機　96, 124, 151
先物取引（future transaction）　43, 95, 117
先物予約　95, 108, 118, 122, 136, 150
先物レート　43, 117, 124
先渡し取引（forward transaction）　95
サービス収支　8
サブプライム・ローン　161
サポーティング・インダストリー（裾野産業）157
三角貿易構造　217
3極基軸通貨体制　213

直先スプレッド　46, 118
直物市場　45, 117
直物投機　96, 124, 152
直物取引　43, 117
直物レート　43, 117, 124
仕組投資事業体（SIV）　164
自己完結的貿易構造　218
自己資本規制　166
資産通貨（投資・調達通貨）　54, 191
市場原理主義者　153
市場の失敗　142, 153
市場の相場観　36, 41, 75, 122
実質ドル・ペッグ政策　156, 158, 160, 214
実需原則　96
実効為替レート　217
支払手段　53
資本移転等収支　12
資本勘定諸国　202
資本収支
　狭義の——　12, 24
資本収支危機　153, 156
資本取引　3, 33
　——の自由化　10, 35, 154, 171
　金利裁定的——　47
　長期安定的——　124
　投機的短期——　124
　投機的な——　149
借金大国　59, 202, 203, 205, 208
周辺国　62, 64, 75, 77, 168
準備通貨　55
証券化　162
証券収支　11
所得収支
　第1次——　10
　第2次——　10
信用供与メカニズム　171, 219
信用状（L/C）　112
人民元圏　223
人民元建て対内・対外直接投資　228
人民元建て通貨スワップ協定　226
人民元適格海外機関投資家（RQFII）制度

索　引　　241

　　227
人民元のアジア通貨化　224
人民元の為替政策　232
人民元の国際化　223, 239
人民元預金　238
ストック　22, 34
ストック市場　34
スネーク　169, 216
スミソニアン協定　169
スミソニアン体制　70
清算決済　11, 99
成熟債権国　13
成熟債務国　13
世界金融危機　198, 202
世界的な貯蓄過剰（Global Saving Glut）論　198
世界同時不況　165
センター国　202
走出去政策　228
相対的優位性　106
ソブリン・リスク　181

タ　行
対外資産・負債残高　22
対外純債務残高　23, 204, 212
第三国間貿易　56, 191
貸借記帳決済　52, 113
ターゲット・ゾーン制　75
タックス・ヘイブン　93
脱ドル　171, 219
ダブル・ミスマッチ　156, 160
単一基軸通貨体制　166, 192, 195, 212
単一銀行監督制度（SSM）　187
単一銀行破綻処理制度（SRM）　187
単一通貨　168, 172
短期流動性ポジション　58
短期借り・長期貸し　58, 156, 206
弾力的アプローチ　14
弾力的・機動的為替操作　96
チェンマイ・イニシアティブ　160, 226
超短期ファイナンス　171

長期均衡レート　32, 39
長期資金供給オペレーション（LTRO）　185
直接投資　10
通貨オプション　99, 108, 136
　　コール・オプション（call option）　100
　　プット・オプション（put option）　100
通貨危機　69
　　21世紀型——　153
通貨協力　214, 222, 234
通貨・金融危機　147, 156
通貨・金融協力　159, 219
通貨システム
　　対称的——　234
　　非対称的——　234
通貨主権　176
通貨スワップ　105, 108, 131, 137
通貨統合　221
　　真の——　221
通貨同盟　72
通貨の購買力　28
通貨のミスマッチ　156
通貨バスケット　74, 160, 214
　　——を参照した管理フロート制　73
通貨バスケット・ペッグ制　73
通貨発行利益（シニョレッジ）　57, 206
強いドル政策　198
適応的期待仮説　39
適格海外機関投資家（QFII）制度　225, 227
適正レート（均衡為替レート）　32, 196, 209
デスパリティ　47
デリバティブ（金融派生商品）　11, 86, 88, 93, 136, 151, 164
転換社債　131
点心債　229
伝統的市場　89
投機（speculation）　85, 96, 102, 108, 129, 142, 149
　　通貨オプション——　104
　　リスク限定的——　102
投機アタック　150, 159
東京オフショア市場（JOM: Japan Offshore

242　索　引

Market）　93
東京金融市場の空洞化　92
投資収益　10
投資・調達通貨（資産通貨）　54, 191
投資立国　13
特別目的会社（SPV）　162
取引リスク　133
ドル化　72
ドル過剰　69
ドルからの脱却　167
ドル暴落　201, 207
ドル本位制
　変動相場制下の――　71, 78
ドロール委員会報告　172
トンネルの中のヘビ　169

ナ　行

ニクソン・ショック　70, 169
二重通貨債（デュアル・カレンシー債）　54
ニューヨーク IBF（International Banking Facility）市場　92
ネッティング　138
ノンシステム　60

ハ　行

バスケット（Basket）　216
バーゼル銀行監督委員会　166
発生主義の原則　4
ハード・ペッグ　72
バブル崩壊　158
パリティ・グリッド　170
バンド（Band）　216
比較優位の原理　105, 108
東アジア・オセアニア中央銀行役員会議（EMEAP）　160
非居住者　4, 83, 92
非対称性　76, 77, 78
非対称的ショック　175, 178
　非対称的な供給ショック　175
　非対称的な需要ショック　175
　非対称的な生産ショック　188

ビッグマック・レート　49
ビナイン・ネグレクト　170
ファンダメンタルズ　42
不可能な三角形　79
複式簿記の原則　4
複数基軸通貨体制　65
負債決済　59
不胎化政策　158
双子の危機　156
復活したブレトンウッズ（BW Ⅱ）説　202
船積書類　112
プーリング　140
プール口座　140
ブレトンウッズ体制　61, 67
プレミアム料　100
フロー　22, 34
フロー・アプローチ　27
平価　72, 76, 77, 170
ヘッジ（hedge）　84, 95, 100, 108, 129, 142
ヘッジ・ファンド　123, 149, 164, 166
ペリフェリ（周縁）諸国　183, 188
貿易勘定諸国　202, 207
貿易財　29
貿易収支　8
貿易立国　13
法外な特権　207, 208, 212
香港オフショア市場　228
本船渡し（FOB）　8

マ　行

マーシャル・プラン　69
マーシャル・ラーナー条件　15, 17, 77
マーストリヒト条約　172, 173
マルチネッティング　139
未成熟債権国　13
未成熟債務国　13
モーゲージ・カンパニー　161

ヤ　行

優先劣後構造　162
ユーロ　56, 62, 66, 91, 168, 176

ユーロ円　90, 93, 129
ユーロ円債　92
ユーロ・カレンシー　90
ユーロ危機　180
ユーロ圏　90, 174, 190
ユーロ債　90, 130
ユーロ市場　91
ユーロシステム　177
ユーロ・ドル　90, 93

ラ 行
リーズ・アンド・ラグズ　142, 150

リスク・プレミアム　39
リージョナル・インバランス　188
リーマン・ショック　161
流動性危機　183
流動性のジレンマ論　65
レーガノミックス　42
レバレッジ　98, 164
労働の移動性　175, 176

ワ 行
ワラント債　131

著者略歴

中條誠一（なかじょう　せいいち）
1949 年，新潟県生まれ。
1973 年，中央大学大学院経済学研究科修士課程修了後，日商岩井株式会社入社。その後，大阪市立大学商学部助教授・教授を経て，1996 年より中央大学経済学部教授に就任し，現在に至る。
商学博士（大阪市立大学）。
日本国際経済学会（元常任理事），日本金融学会，日本貿易学会に所属。
専門は，国際金融論，外国為替論。
主要著書に，『変動相場と為替戦略』（共著，金融財政事情研究会，1981 年），『貿易企業の為替リスク管理』（東洋経済新報社，1990 年），『ゼミナール為替リスク管理 — 新外為法下の戦略・新版』（有斐閣ビジネス，1999 年），『東アジアの地域協力と経済・通貨統合』（共編著，中央大学出版部，2011 年），『アジアの通貨・金融協力と通貨統合』（文眞堂，2011 年），『人民元は覇権を握るか—アジア共通通貨の実現性』（中公新書，2013 年）などがある。

新版　現代の国際金融を学ぶ　　理論・実務・現実問題

2012 年 1 月 20 日	第 1 版第 1 刷発行
2015 年 10 月 10 日	新　版第 1 刷発行
2017 年 3 月 10 日	新　版第 2 刷発行

　　著　者　　中　條　　誠　一
　　　　　　　なか　じょう　　せい　いち

　　発行者　　井　村　寿　人

　　発行所　　株式会社　勁　草　書　房
　　　　　　　　　　　　けい　　そう

112-0005　東京都文京区水道2-1-1　振替　00150-2-175253
　　　（編集）電話 03-3815-5277／FAX 03-3814-6968
　　　（営業）電話 03-3814-6861／FAX 03-3814-6854
　　　　　　　日本フィニッシュ・中永製本

©NAKAJO Seiichi　2015

ISBN978-4-326-50414-5　　Printed in Japan

JCOPY　〈㈳出版者著作権管理機構　委託出版物〉
本書の無断複写は著作権法上での例外を除き禁じられています。複写される場合は，そのつど事前に，㈳出版者著作権管理機構（電話 03-3513-6969，FAX 03-3513-6979，e-mail: info@jcopy.or.jp）の許諾を得てください。

＊落丁本・乱丁本はお取替えいたします。
　　　　http://www.keisoshobo.co.jp

宮内惇至
金融危機とバーゼル規制の経済学
リスク管理から見る金融システム
A5判 4,800円
50411-4

田中素香 編著
世界経済・金融危機とヨーロッパ
A5判 3,000円
50340-7

井村喜代子
世界的金融危機の構図
四六判 2,200円
55062-3

馬田啓一・木村福成・田中素香編著
検証・金融危機と世界経済
危機後の課題と展望
A5判 3,300円
50335-3

高橋基樹
開　発　と　国　家
アフリカ政治経済論序説
A5判 4,200円
54602-2

黒崎　卓
貧困と脆弱性の経済分析
A5判 3,400円
54601-5

戸堂康之
技術伝播と経済成長
グローバル化時代の途上国経済分析
A5判 3,300円
54600-8

ポール・デ・グラウエ／田中素香・山口昌樹訳
通貨同盟の経済学 ［原書第8版］
ユーロの理論と現状分析
A5判 4,800円
50356-8

―――――――勁草書房刊

＊表示価格は2017年3月現在、消費税は含まれておりません。